Dieter Emeis

Grundriss der Gemeinde- und Sakramentenkatechese

mit Beiträgen von Franz-Peter Tebartz-van Elst und Thomas Kiefer

Deutscher Katecheten-Verein e.V., München 2001

Dieter Emeis, Dr. theol., Dr. rer. nat., geb. 1933, war Professor für Pastoraltheologie und Katechetik in Münster, ist Verantwortlicher für die Priesterweiterbildung in den Bistümern Hamburg und Osnabrück und Subsidiar in einer Gemeinde am Stadtrand von Osnabrück.

Thomas Kiefer, Dr. theol. und Dipl.-Päd., Pastoralreferent, geb. 1962, ist Diözesanreferent für Gemeindekatechese im Bistum Speyer.

Franz-Peter Tebartz-van Elst, Dr. theol. habil., geb. 1959, ist Domvikar in Münster, Privatdozent und Lehrbeauftragter für Homiletik an der Katholisch-Theologischen Fakultät der Universität Münster, Rundfunkbeauftragter des Bistums Münster für den öffentlich-rechtlichen Rundfunk und Berater der Unterkommission „Grundfragen der Gemeinde- und Sakramentenpastoral“ der Deutschen Bischofskonferenz

Titelgestaltung: Margret Russer, München

Druck: Schoder-Druck GmbH, Gersthofen

ISBN 3-88207-332-2

Deutscher Katecheten-Verein e.V., Preysingstraße 83c, 81667 München

Inhalt

B. DIDAKTIK DER GEMEINDEKATECHESE

C. SAKRAMENTENKATECHESE

Anhang:

Fragen über Fragen ...

Wunsch nach einer grundlegenden Orientierung

„Grundriss der Gemeinde- und Sakramentenkatechese“ – ist ein solches Buch hilfreich oder gar not-wendend in einer Situation, wo die katechetischen Wege immer problematischer, unübersichtlicher und differenzierter werden? Erfordern die Vielfalt der Glaubens- und Lebensgeschichten unserer Zeitgenossen sowie die unterschiedlichsten pastoralen Situationen in den Pfarreien nicht je eigene sehr situationsbezogene katechetische Vorgehensweisen? Muss man nicht sogar fragen, ob das Konzept einer „Katechese durch die Gemeinde“ selbst fragwürdig geworden ist?

Wer oder was ist denn „Gemeinde“, die Träger der Katechese sein soll? Sind es die ehrenamtlichen Mitarbeiter/innen, die hauptamtlichen Seelsorger/innen, die Sonntagsgemeinde ...?

Fragen über Fragen, die sich angesichts der Entwicklung der Gemeindekatechese heute stellen.

Im Jahr 1977 haben Dieter Emeis und ich den ersten „Grundkurs Gemeindekatechese“ als Versuch einer systematischen Orientierung angesichts einer äußerst lebendigen katechetischen Aktivität in vielen Gemeinden vorgelegt. Zehn Jahre später zeichneten sich weitere Konturen der Praxis in der katechetischen Arbeit ab und hatten sich in der Theorie Konzepte entwickelt, die uns ermutigten, ein „Handbuch Gemeindekatechese“ zu veröffentlichen, das durchaus als hilfreich für Studium und Praxis der Gemeindekatechese empfunden wurde. Inzwischen ist auch dies längst vergriffen.

Ein Handbuch solcher Art würde der heutigen Situation auch nicht mehr gerecht. Zu unterschiedlich sind die Voraussetzungen, denen sich die Katechese heute stellen muss. Dennoch scheint es angebracht, einige katechetische, theologische, pastorale und didaktische Perspektiven nicht aus dem Blick zu verlieren, wenn man in der Katechese wirklich Gott und den Menschen gerecht werden will. Ansonsten besteht die Gefahr einer verantwortungslosen Praxis, die entweder resignierend auf alles eingeht, „was die Leute wollen“ oder mit klerikalem Machtanspruch Wege „indoktrinierender“ Katechese durchzusetzen versucht.

Immer noch begegnen die meisten Menschen unserer Kirche aus sakramentalen Anlässen, auch wenn sie nicht wirklich ein Sakrament der Taufe, Erstkommunion, Firmung oder Ehe erwarten. Gerade für Begegnungen mit der großen Zahl derer, die in erster Linie „nur“ eine Feier und den Segen Gottes in bestimmten Lebenssituationen erwarten, habe ich im letzten Jahr ein kleines Buch unter dem Titel „Erfolgreiche Katechese“ (Kösel-Verlag, München 2000) veröffentlicht.

Im Gespräch mit Dieter Emeis ergab sich, dass darüber hinaus aber eine grundlegende katechetische Orientierung notwendig ist, um auch eine solche Praxis verantwortbar einordnen zu können. Dies hat nun Dieter Emeis mit dem vorliegenden Grundkurs in bewährter theologischer Kompetenz und mit katechetischer Sensibilität unternommen.

Ausgehend von den Fragen einer Katechese der Gemeinde im Teil A entfaltet er im Teil B eine Didaktik der Gemeindekatechese und konkretisiert dies im Teil C für den Bereich der Sakramentenkatechese.

Dankenswerterweise haben zwei jüngere Kollegen das Projekt mit ihrer besonderen Fachkompetenz unterstützt und ergänzt: Franz Tebartz-van Elst in dem aktuellen Kapitel „Katechumenat“ und Dr. Thomas Kiefer mit der Literaturübersicht im Anhang sowie vielen entsprechenden Lesehinweisen in den einzelnen Kapiteln. Leopold Haerst hat dem Ganzen eine lesefreundliche Form gegeben.

Wir hoffen und wünschen, dass damit wieder eine für Studium und Praxis der Gemeindekatechese hilfreiche Grundorientierung vorliegt.

Paderborn, Juni 2001
Karl Heinz Schmitt
Vorsitzender des Deutschen Katecheten-Vereins e.V.

A. Die Katechese der Gemeinde

1. Rückblick in die Geschichte der Gemeindekatechese

1.1 Die Würzburger Synode

Katechese auch und vor allem außerhalb der Schule

Die Synode in Würzburg verabschiedete als eines ihrer ersten Dokumente den Beschluss „Der Religionsunterricht in der Schule". In den begleitenden Beratungen wurde zunehmend bewusst, dass damit nur ein Teil dessen bedacht wurde, was zum kirchlichen Handlungsfeld der Glaubensvermittlung gehört. Vor allem zwei Entwicklungen galt es aufzunehmen und zu verstärken.

Die Erwachsenen als Adressaten der Katechese

(1) Es gab seit der Mitte der 60er Jahre einen vielerorts wirksamen Aufbruch, *Erwachsene* in ihrem Glauben zu fördern. Die Glaubensvermittlung war dadurch aus ihrer Engführung auf Kinder und Jugendliche herausgeholt. Motiviert waren relativ breite Kreise der Erwachsenen durch das vorhergehende Konzil. Es ging ihnen darum, die Intentionen des Konzils aufzunehmen und mitzutragen. Wichtig war vielen zudem, die Öffnung der Kirche für neue Wege der Schriftauslegung mit zu vollziehen. Theologische Erwachsenenbildung galt nicht nur im deutschen Sprachraum als vorrangig bedeutsam für die kirchliche Erneuerung. Kennzeichnend dafür war, dass die holländischen Bischöfe als erste nachkonziliare katechetische Orientierung nicht einen neuen Kinderkatechismus vorlegten, sondern ihren 1966 erscheinenden Erwachsenenkatechismus. Dieser hat die Erwachsenenkatechese im deutschen Sprachraum intensiv beeinflusst. Wenn auch im zeitlichen Abstand, wurde auch in Deutschland eine neue Ausrichtung auf die Erwachsenen deutlich im Evangelischen Er-

wachsenen-Katechismus von 1975 und im Erwachsenen-Katechismus der deutschen Bischöfe von 1985.

Mit der Eucharistiekatechese fing es an.

(2) Insbesondere bei der Hinführung der Kinder zur Erstkommunion hatten Pfarreien begonnen, die Kinder nicht mehr nur oder vorrangig im schulischen Religionsunterricht vorzubereiten, sondern auch in den *Gemeinden* zu versammeln. Dabei kam es bald zur Bildung kleinerer Gruppen, in denen sog. Tischmütter ehrenamtlich mitwirkten. Im Hintergrund standen Entwicklungen, die regional unterschiedlich früh einsetzten und unterschiedlich intensiv fortschritten. Die gewohnte Verflechtung von Schule und Pfarrgemeinde löste sich auf. Wo Schule und Pfarrgemeinde integriert waren, bildeten sie gemeinsam einen Lernort, an dem ein Hineinwachsen in die kirchliche Glaubensgemeinschaft durch schulische Lernprozesse begleitet werden konnte. Wo sich die Schulen immer mehr zu Sonderwelten entwickelten, nahmen die Gemeinsamkeiten mit den Lebenswelten der Schülerinnen und Schüler und mit der Glaubenswelt der kirchlichen Gemeinden ab. Zumal bei der Hinführung zur Erstkommunion wurde deutlich, dass diese nicht zuerst in eine von der Gemeinde abgelöste Schule, sondern in die Eucharistie feiernde Gemeinde selbst gehört. Es wuchs das Bewusstsein, dass die Aufgabe der Weitergabe des Glaubens an die nachwachsende Generation nicht mehr allein oder vorrangig an den schulischen Religionsunterricht delegiert werden kann, sondern auch und sogar zuerst als Herausforderung der kirchlichen Gemeinden aufgenommen werden muss.

Insbesondere diese Überlegungen führten in der Kommission I der Synode zur Erarbeitung des Arbeitspapiers „Das katechetische Wirken der Kirche“. Dass dieses nicht den Rang eines Beschlusses der Gesamtsynode bekam, lag daran, dass die Vollversammlung nicht noch weitere Beratungsgegenstände aufnehmen konnte. Die Wichtigkeit des Anliegens war nicht umstritten.

1.2 Von der Pfarrei zur Gemeinde

Gemeinde wird Subjekt der Katechese.

Das Doppelwort Gemeinde-Katechese bildete sich erst nach der Würzburger Synode heraus. In einer anderen Kommission als der, die das katechetische Wirken beriet, fanden praktisch- und bibel-theologische Entwicklungen Eingang, die die christliche *Gemeinde* als konkreten kirchlichen Lebensort herausstellen. Davon ist der Beschluss „Die pastoralen Dienste in der Gemeinde“ geprägt. Vor allem will er eine Erneuerung anstoßen, in der Wege von einer pastoral versorgten Pfarrei zu einer Gemeinde gegangen werden, in der alle ihr Charisma einbringen und mitgestaltende Verantwortung für das gemeindliche Leben übernehmen. Anders als in der klerikerzentrierten Pfarrei sollen in der Gemeinde möglichst alle als Subjekte des gemeinsamen Lebens beteiligt sein.

Diese Intention entsprach den im Katechese-Dokument formulierten Aussagen, dass die Katechese nicht an einige wenige zu delegieren ist, sondern dass die Kirche als ganze (man sprach noch nicht so geläufig von „Gemeinde“) die Katechese zu tragen hat. Entwicklungen in der Praxis hatten bereits zur Beteiligung Ehrenamtlicher – vor allem unter den Müttern – geführt und ermutigende Erfahrungen mit der *Gemeinde als Subjekt ihrer Katechese* ermöglicht. Wenn bald das Wort Gemeindekatechese allgemein gebräuchlich wurde, fand darin einen konzentrierten Ausdruck die Absicht, die Gemeinde als *Lernort des Glaubens* und als Trägerin der Katechese zu sehen und in Dienst zu nehmen. Den Verantwortlichen war dabei durchaus bewusst, dass die bisher pastoral und auch katechetisch vor allem versorgten Pfarreien nicht von heute auf morgen zu Subjekten der Pastoral und Katechese werden können. Wie groß die vor allem in gesellschaftlichen Prozessen begründeten Schwierigkeiten sein würden, konnte man allerdings noch nicht übersehen. Sie wurden auch erst im Laufe der 80er Jahre allgemein wirksam, so dass sich zunächst der Raum öffnete für eine viele engagierte Kräfte ergreifende katechetische Bewegung. Diese fand Ausdruck in den Katechetischen Kongressen von Freiburg 1983 und München 1987. Ein Dialogpapier „Gemeindekatechese an ihren Grenzen?“ verabschiedete der Deutsche Katecheten-Verein schon

1992. Dass die Erfahrung der Grenzen nicht zur Resignation führen muss, wohl aber zu einem nüchternen Realismus zwingt[1], prägt die neueren Bemühungen um die Gemeindekatechese und fand Beachtung auf dem letzten Katechetischen Kongress im Würzburg 1997.

Zusammenfassung:
In dem Doppelwort Gemeinde-Katechese fanden zwei Entwicklungen im kirchlichen Leben zusammen. Zum einen wurde eine fast ausschließliche Konzentration auf den schulischen Religionsunterricht aufgebrochen durch eine neue Aufmerksamkeit für Erwachsene und durch Herausforderungen, Heranwachsende im Leben der Pfarreien zu beheimaten. Zum anderen wurde die Gemeinde von Christen als der Lebensort des Glaubens wahrgenommen, der im Zusammenwirken unterschiedlicher Geistesgaben zu gestalten ist. Als gemeinsam zu verantwortende Aufgabe kam die gemeindliche Katechese neu in den Blick.

1 Vgl. Ball, Matthias, Zukunft der Gemeindekatechese (s. Anhang, Nr. 1.2), S. 400-407

2. Wortfelder: Evangelisierung und Katechese

Wo von „Katechese" die Rede ist, wird nicht immer das Gleiche gemeint. So unterscheidet man bei uns z. B. die Katechese als Handlungsfeld in der Gemeinde vom Religionsunterricht als einem Fach in der Schule. In weiten Bereichen der Weltkirche gibt es diese Unterscheidung nicht, weil es dort keinen schulischen Religionsunterricht in unserem Sinne gibt. Manche Orientierungs- und Verstehensschwierigkeiten kommen insbesondere durch nicht geklärte Zuordnungen der Worte „Evangelisierung" und „Katechese".

2.1 Bedeutungen des Wortes „Evangelisierung"

Das Wort „Evangelisierung" wird nicht eindeutig gebraucht. Mit ihm werden drei Lebensvollzüge der Kirche benannt, die zwar zusammengehören, aber doch deutlich zu unterscheiden sind. Sie haben ihre je eigene Berechtigung und dürfen nicht gegeneinander ausgespielt werden.

Kirche unter dem Evangelium

(1) „Evangelisierung" kann die Verpflichtung der Kirche meinen, sich selbst dauernd unter der belebenden, reinigenden, stärkenden Kraft des Evangeliums zu erneuern.

Die Kirche darf sich zwar als einen Raum verstehen, in dem der aufrichtende und heilende Geist des lebendigen Gottes wirksam ist. Deswegen sprechen wir von der „heiligen" Kirche. Diese Kirche ist aber nur dann Raum für das Wirken des Geistes, wenn sie sich diesem dauernd öffnet. Das geschieht, wo sie sich die frohe Botschaft der neuen, versöhnenden Nähe Gottes zusagen lässt und sich ihr anvertraut. Die Kirche hat zwar die Zusage, dass der Auferstandene bei ihr bleibt bis zum Ende der Tage. Dazu aber müssen sich zwei oder drei in seinem Namen versammeln, und damit ist gemeint, dass sie sich seinem Einfluss übereignen und ihr Leben von seinem Leben erfüllen lassen. Dauernd ist die Kirche darauf angewiesen, dass sie durch den Geist wird, was sie in ihrer Berufung durch Gott ist: Licht für die Welt. Die Kirche hat kein anderes Licht als das Licht, das sie von Jesus Christus, dem Licht der Welt, empfängt. Nur durch ihre dauernde Selbstevangelisierung kann die Kirche Leuchtkraft gewinnen.

Der Auftrag der Evangelisierung der Kirche selbst findet seine besondere Gestalt in der 40tägigen österlichen Bußzeit. Ihr Anliegen ist die Erneuerung der Getauften in ihrer ursprünglichen Berufung. Im Hören auf das Wort sollen die Christen sich dessen vergewissern, wer sie als Getaufte sind. Sie sollen ihre Würde als Kinder Gottes neu finden und ihren Auftrag in der Welt neu entdecken. Gemeinsam soll die Kirche in ihren Glaubensgemeinschaften neu in ihrer Identität als „Volk Gottes" und „Leib Christi" erstehen, und das nicht aus eigener Kraftanstrengung, sondern in der Kraft des Geistes ihres Herrn. Dass dafür die 40 Tage der österlichen Tauferneuerung hervorgehoben werden, soll nicht vom dauernden Auftrag ablenken. Die 40 Tage sollen vielmehr daran erinnern, dass die Kirche nur lebt, wenn sie sich dauernd vom Geist beleben lässt. Das Johannesevangelium veranschaulicht dies im Gleichnis vom Weinstock. Das wichtige Stichwort ist hier „bleiben". Frucht tragen können nur Trauben, die dem Weinstock verbunden bleiben. Gedacht ist dabei nicht nur an das Hören des Wortes, sondern auch an die Teilhabe am eucharistischen Leib und Blut des Herrn. Durch die immer neu gesuchte Gemeinschaft mit Jesus Christus werden die Christen von seinem Geist erfüllt und können so eine Lebensgestalt ausprägen, durch die andere etwas von der machtvoll heilenden und versöhnenden Kraft Gottes erfahren können.

Das Evangelium als Licht für die Welt

(2) „Evangelisierung" kann den Vorgang meinen, in dem die Kirche Inspirationen, Impulse, Hoffnungskräfte in das Leben einzelner Menschen und in ihr kulturelles Umfeld abgibt.[2]

2 Näherhin entfaltet wird dieser Vorgang von den französischen Bischöfen in ihrem Schreiben „Proposer la foi dans la société actuelle", in: Den Glauben anbieten ... (siehe Anhang, Nr. 1.1)

Im Matthäus-Evangelium werden die Jünger „Licht der Welt" und „Salz der Erde" genannt. Damit wird die Erwartung ausgesprochen, dass von Menschen, die vom Geist des Evangeliums erfüllt sind, etwas ausgeht. Durch das empfangene Licht erleuchten sie den Raum, den sie mit anderen teilen. Durch die Liebe, aus der sie leben dürfen, bekommen Menschen im Umgang mit ihnen „Geschmack" an dem Leben, das durch das Evangelium eröffnet wird. Etwas näher wird davon weiter unten im Zusammenhang mit dem Lebens- und Wortzeugnis der Christen die Rede sein. Hier ist zunächst zu beachten, dass das Bild von Vorgängen spricht, in denen nicht alle „Licht" und „Salz" werden, wo aber doch alle – auf durchaus unterschiedliche Weise – etwas teilhaben können an dem, was von Christen ausgeht.

Auch wenn die Kirche zugestehen muss, dass wegen mangelnder Selbstevangelisierung von ihr nicht nur Licht, sondern auch viel Dunkel in das Leben von Menschen und Völkern getragen wurde, so ist doch auch an positiven Beispielen zu veranschaulichen, was Evangelisierung als ein Leuchtenlassen des Lichtes meinen kann. Wo das Evangelium als Botschaft für die Armen nicht nur verkündet, sondern auch gelebt wurde und heute gelebt wird, hat sich das soziale Klima von Gesellschaften verändert und verändert es sich heute. Wo das Evangelium verkündet wurde, verbreitete sich eine Kultur der Zuwendung zu den Kranken. Wo die Botschaft der Versöhnung Christen durchdrang und heute durchdringt, wurden sie Friedensstifter und werden sie es heute. Oft werden es einzelne Christen sein, von deren Zuwendung aufrichtende und heilende Kraft in das Leben anderer eingeht.

Evangelisierung im hier angesprochenen Sinn ist eine kritische Kraft. Sie ermutigt zur einen Seite hin alles, was im Evangelium als Weg Gottes mit den Menschen ausgerufen wird. Damit tut sie heute das, was uns im Evangelium mit den Seligpreisungen Jesu überliefert wird. Sie gibt Menschen Recht und sagt ihnen im Namen des lebendigen Gottes Hoffnung zu, wo diese Menschen den guten Eingebungen des Geistes in ihren Herzen folgen. Zur anderen Seite hin muss all dem widersprochen und Widerstand entgegengesetzt werden, was sich den Wegen Gottes mit den Menschen verschließt. Dem entsprechen im Evangelium die Weherufe. Wo auf Kosten anderen Lebens gelebt wird, wo die, die stark und mächtig sind, die Schwachen und Armen nicht zu ihrem Leben kommen lassen, ist falsches Leben, das keine Zukunft hat. Das ist aufzudecken und anzumahnen um des wahren Lebens willen.

Neue Zeugen des Evangeliums

(3) Mit „Evangelisierung" kann der mehrstufige Prozess des Christwerdens bezeichnet werden und damit der Auftrag, neue Trägerinnen und Träger des Evangeliums zu gewinnen und zu sammeln.

In diesem Sinne spricht die Enzyklika „Evangelii nuntiandi" von Evangelisierung. Die sechs Stufen des Prozesses der Evangelisierung sind kurz zu vergegenwärtigen, weil sie wiederholt der Orientierung im Aufgabenfeld der Katechese dienen können.

Das Lebenszeugnis

Am Anfang steht die Begegnung mit dem Lebenszeugnis ❶ von Christen. Im Unterschied zu Evangelisierungskonzepten, die ganz auf die Wortverkündigung ausgerichtet sind (z. B. Evangelisierungskampagnen in Zeltmissionen), hebt die Enzyklika die Bedeutung der gelebten christlichen Botschaft hervor. Menschen müssen die Chance haben, durch das Leben von Christen angerührt und angezogen zu werden. Einige Sätze der Kennzeichnung des Lebenszeugnisses seien hier zitiert. Das Zeugnis „geschieht z. B., wenn ein einzelner Christ oder eine Gruppe von Christen inmitten der menschlichen Gemeinschaft, in der sie leben, ihre Verständnis- und Annahmebereitschaft,
ihre Lebens- und Schicksalsgemeinschaft mit den anderen,
ihre Solidarität in den Anstrengungen aller für alles, was edel und gut ist,
zum Ausdruck bringen.

Ferner auch dadurch, dass sie auf ganz einfache und spontane Weise
ihren Glauben in Werte bekunden, die über den allgemeingängigen Werten stehen, und
ihre Hoffnung in etwas, das man nicht sieht und von dem man nicht einmal zu träumen wagt." (Evangelii nuntiandi 21)

Einige Elemente in diesen Sätzen seien noch etwas hervorgehoben:

a) Das Lebenszeugnis können sowohl einzelne Christen als auch Gruppen von Christen geben.
b) Zuerst geht es nicht um die Abgrenzung der Christen von einem falschen Leben in der „Welt". Vielmehr wird davon ausgegangen, dass es positive Bemühungen um ein Miteinander der Menschen gibt, in die Christen sich mit ihrem Zeugnis einbringen.
c) Dann aber ist auch an eine Art Überbietung dessen gedacht, was sonst von den Menschen gelebt wird. Es ist zu fragen nach den über den allgemeingängigen Werten stehenden Werten im Glauben der Christen. Es ist zu fragen nach der Hoffnung der Christen, von der man ohne das Licht des Evangeliums nicht einmal zu träumen wagt. Das muss weiter unten geschehen. Denn hier geht es um die Beweggründe für das Christsein und Christwerden in einer Gesellschaft, in der das Christsein nicht mehr vorgegeben, sondern gewählt wird.

Eine *Schwierigkeit* für das christliche Lebenszeugnis in unserer Situation ist hier bereits anzumerken. Unsere Gesellschaft ist mitgeprägt durch eine lange Wirkungsgeschichte des Evangeliums. Unter dem Einfluss des Evangeliums sind Werte allgemeingängig geworden, die – wie z.B. die soziale Gerechtigkeit – der antiken Gesellschaft fremd waren. Dies erschwert es den Christen, in unserer Gesellschaft positiv aufzufallen. Zudem engagieren sich auch außerhalb der christlichen Glaubensgemeinschaft einzelne und Überzeugungsgruppen auf eine beeindruckende und die Christen nicht selten beschämende Weise für Werte, die es in der großen Mehrheit unserer Gesellschaft schwer haben. Nicht gegen diese, sondern für sie ist den Christen in ihrem Lebenszeugnis das Zeugnis der Hoffnung aufgetragen.

Das Wortzeugnis

Zum Lebenszeugnis muss das *Wortzeugnis* ❷ hinzukommen. Zu erinnern ist hier an die Aufforderung im ersten Petrusbrief, dass die Christen anderen Rechenschaft geben sollen von der Hoffnung, die sie erfüllt. Das Wortzeugnis ist von einer systematischen Glaubenslehre dadurch unterschieden, dass in ihm Glau-

2.2 Was mit dem Wort „Katechese" verbunden werden kann[4]

(1) Katechese als Phase im Prozess der Evangelisierung

Katechumenat

Nimmt man die Vorstellung vom Christwerden Erwachsener auf, dann meint das Wort „Katechese" das Geschehen in der Zeit, in der Taufbewerber in das Christsein eingewiesen werden und ersten Anteil an den sakramentalen Feiern bekommen. Katechese in diesem engeren Sinn setzt die Vorentscheidung zur Glaubensteilhabe voraus. Menschen, die Christen werden wollen, sollen an Christen und mit ihnen das Christsein lernen können. Der Lernort für die Katechese ist die konkrete Glaubensgemeinschaft, bei der Taufbewerber um die Anteilhabe am Glauben bitten. Diese Glaubensgemeinschaft ist in ihrer Lebenspraxis, in ihrem Beten, ihren gemeinsamen Überzeugungen und ihren liturgischen Feiern der lebendige und gelebte Katechismus, also das Medium des Glaubenlernens. Mitgedacht ist dabei immer, dass die konkrete Glaubensgemeinschaft in Gemeinschaft mit den anderen Gruppen und Gemeinden in der Kirche lebt, so dass die Taufbewerber durch die Teilhabe an der jeweiligen konkreten Christengemeinschaft hineinfinden und hineingenommen werden in die umfassende Gemeinschaft der Kirche.

(2) Katechese als organisierte Begleitung Getaufter bei ihrem Heranwachsen in der Kirche

Katechese mit Kindern und Jugendlichen

Bei der Praxis der Kindertaufe ist das nachzuholen, was bei den Erwachsenen im Katechumenat der Taufe vorausgeht. Wachsen Kinder im Kontakt zu ihren christlichen Eltern und deren gemeindlichen Lebenszusammenhängen auf, dann bekommen sie auf vielfältige Weise in unorganisierten Vollzügen Anteil am kirchlich-gemeindlichen Leben. Diese unorganisierten Vorgänge werden in der Katechese aufgenommen, besprochen, in ihren Zusammenhängen bedacht, vor allem in ihrem biblischen Ur-

4 Vgl. die unterschiedlichen Schwerpunktsetzungen der Katechese im Allgemeinen Direktorium für die Katechese (siehe Anhang, Nr. 1.1), Nr. 60 ff.

sprung vergegenwärtigt. Diese katechetische Begleitung von als Kindern Getauften kann kontinuierlich gedacht und verwirklicht werden. So gab und gibt es z. T. bis heute in einigen Bistümern die sog. Seelsorgestunde. Verbreiteter ist im deutschen Sprachraum, dass die Hinführung der Kinder zur Erstkommunion und der Jugendlichen zur Firmung als Anlässe eines zeitlich begrenzten katechetischen Kontaktes aufgenommen werden. Es liegt auf der Hand, dass diese Praxis in ihrer Wirksamkeit davon abhängt, an welchen unorganisierten kontinuierlichen Vollzügen des Hineinwachsens in die Glaubensgemeinschaft sie anknüpfen kann.

(3) Katechese als lebenslanges Lernen der Christen in ihrem Glauben

Lebenslanges Lernen

Insbesondere in modernisierten Gesellschaften sehen sich die Menschen vor der Herausforderung eines lebenslangen Lernens. In Zeiten eines wenig beschleunigten Geschichtsprozesses konnte eine Lehrzeit unterschieden werden von der Zeit, in der das Gelernte angewandt wurde. Dies ist heute weder im beruflichen noch im gesellschaftlichen noch im privaten, ehelichen und familialen Leben denkbar. Im Bereich des sog. Lebenswissens, d.h. in dem Vertrautwerden mit dem, was das Leben gelingen lässt, gab es eigentlich nie Ausgelernte. Das gilt noch einmal verstärkt, wenn es um die Geschichte der Menschen mit Gott geht. Im Gottesvolk der Juden galt und gilt es bis heute, nie mit dem Lernen aufzuhören, sondern sich immer tiefer mit den Weisungen Gottes vertraut zu machen. Bei den Christen gab und gibt es zwar ein Anfangen, das mit dem begrenzten Prozess des Katechumenats zusammengedacht werden kann. Danach aber muss die dauernde Offenheit für das Bleiben und Wachsen in der geschenkten Geschichte Gottes mit den Menschen folgen. Das Bleiben und Wachsen geschah und geschieht zwar auf vielfältige Weise in unorganisierten kirchlich-gemeindlichen Lebensvollzügen. Es bedarf aber auch der organisierten Sicherung. Etwas davon ist bereits gegeben im liturgischen Leben beim Hören des Wortes und durch die Praxis der Homilie. Darüber hinaus zielt ein Katechese-Verständnis, das auch Erwachsene zu bewusst als Lernvorgänge angelegten Zusammenkünften versammeln will.

Die Enzyklika „Catechesi tradendae“ möchte diese lebenslange Bereitschaft zum Lernen im Glauben entschieden fördern.[5]

(4) Katechese als Chance, Menschen etwas vom Interesse Gottes in ihrem Leben mitzuteilen

Katechese im „Vorraum“ der Kirche

Faktisch ist Katechese bei uns gegenwärtig eine Begegnung mit Menschen aus Anlass der Sakramente. Diese werden von vielen als biographische Riten gewollt. Auf eine sehr gestufte Weise verbinden sie damit die Erwartung, dass die Kirche ihnen mit diesen Riten und der Vorbereitung auf diese etwas für sie Lebenshilfreiches sagen und geben kann. Es bleibt am Anfang meistens offen, wie weit sie sich selbst auf Gemeinschaft mit der Kirche einlassen wollen und können. Es ist so bei einem strengen Sprachgebrauch keine Situation für die Katechese, sondern für das Lebens- und Wortzeugnis. Es wird unten im Zusammenhang mit der Sakramentenkatechese näher zu erörtern sein, wie die Kirche im Umgang mit ihren Sakramenten Offenheit und Identität miteinander vermitteln kann. Hier ist zunächst deutlich zu machen, dass es eine breite katechetische Praxis gibt, die den Menschen entschieden offen begegnen, ihnen Erfahrungen mit einem Zeugnis von der Menschenfreundlichkeit Gottes ermöglichen und darin so viel wie möglich vom Licht des Evangeliums mitgeben will. Schon das Arbeitspapier der Würzburger Synode sprach von einer Katechese, die auch dann einen Sinn hat, wenn es nicht zu einem Mitleben mit der Kirche kommt. Es muss dabei allerdings im Bewusstsein bleiben, dass die Katechese im eigentlichen Sinn die Bereitschaft zur Glaubensgemeinschaft voraussetzt. Zwar spricht die Enzyklika „Catechesi tradendae“ davon, dass die Katechese nicht immer auf einer fundamentalen Glaubensbereitschaft aufbauen kann, sondern diese erst erwecken muss; aber dabei ist doch eine zumindest im katechetischen Prozess entstehende Verbindlichkeit intendiert. Bei einem von Situation zu Situation unterschiedlich großen Teil

5 Weiter geführt und ausgefaltet wird die Betonung der Erwachsenenkatechese im Allgemeinen Direktorium für die Katechese (siehe Anhang, Nr. 1.1), Nr. 172 ff.

gegenwärtiger katechetischer Praxis wird realistischer Weise nicht mehr als ein zeitlich relativ eng befristeter Kontakt mit einigen Katechetinnen und Katecheten erwartet.

Zusammenfassung:
Mit den Worten „Evangelisierung“ und „Katechese“ können unterschiedliche Aufgaben bezeichnet werden. Damit sind unterschiedliche Chancen und Herausforderungen verbunden, die nicht gegeneinander ausgespielt werden dürfen. Es muss allerdings geklärt und abgestimmt werden, in welchem Sinn die Worte in konkreten Handlungszusammenhängen gebraucht werden (sollen).

3. Theologie und Realität der Gemeinde

Mit dem Wort „Gemeinde“ verbanden sich in den 70er Jahren des vergangenen Jahrhunderts Visionen der kirchlichen Erneuerung. Die davon geleiteten Aufbrüche stießen auf große Schwierigkeiten. Diese zwingen dazu, die Vision mit den gegebenen Voraussetzungen auf eine realistische Weise zu vermitteln. Dabei bleibt die Vision wichtig, weil sie Erinnerungen an die ursprüngliche Berufung und Sendung der Kirche enthält. Die Treue zu diesem Ursprung ist zu unterschiedlichen Zeiten auf unterschiedliche Weise zu leben.

3.1 Die Vision der christlichen Gemeinde

Biblische Erinnerungen an die Gemeinde Jesu

Die Vision der christlichen Gemeinde lebt von biblischen Erinnerungen. In seiner Verkündigung wandte sich Jesus auf sehr unterschiedliche Weise an die Menschen. Er predigte dem ganzen Volk den Anbruch der alle aufrichtenden Nähe Gottes, seines Vaters. Zugleich sammelte er – nicht zuletzt unter dem Eindruck, dass sich das ganze Volk mit seinen Führern nicht sammeln ließ, – einen Kreis von Menschen um sich, die sich auf ihn einließen, ihm zuhörten und ihm folgten. Welche neue Wirklichkeit in dieser *Gemeinde Jesu* beginnen sollte, wird in der Szene deutlich, in der Jesu Verwandte diesen in den Familienverband zurückholten wollten. Nach dem Evangelisten Markus reagierte Jesus darauf mit folgenden Worten: „Wer sind meine Mutter, und wer sind meine Brüder?" Und er blickt auf die Menschen, die im Kreis um ihn herumsitzen und sagt: „Das hier sind meine Mutter und das sind meine Brüder! Denn wer den Willen Gottes tut, der ist mir Bruder, Schwester und Mutter." (3,33–35) Der Kreis um Jesus ist eine von Gott neu zusammengerufene Familie. Sie ist nicht zusammengebunden durch die Bande des Blutes, die immer nur begrenzte Gruppen von Menschen zu Räumen der Solidarität zusammenbringen. Die Gemeinde Jesu ist die neue Familie des einen Vaters aller Menschen. In ihr werden Menschen einander dadurch zu Schwestern und Brüdern, dass sie sich für den Willen des Gottes und Vaters Jesu Christi öffnen und gemeinsam Raum für sein Wirken werden.

Durch einen Umgang miteinander, in dem Gottes Wille geschieht, ist die Jüngergemeinde Salz der Erde und Licht der Welt (Mt 5,13–16). An ihr soll anschaulich werden, wie Gott durch das Evangelium die Menschen mit sich versöhnt und untereinander zur Einheit führt. Ein besonderes Zeichen des neuen Anfangs Gottes mit den Menschen soll es sein, dass bei denen, die sich Jesu Ruf öffnen, die *Herrschaft von Menschen überwunden und durch einen gegenseitigen Dienst abgelöst* wird. Das Evangelium kann so gar nicht von einzelnen allein gelebt werden; es ruft in einen von Gott her eröffneten Raum des Miteinanders und Füreinanders der Menschen. Als Vermächtnis übergibt Jesus dies nach dem Johannes-Evangelium in der Symbolhandlung der Fußwaschung (13,12–14). Die Welt ist krank, wo Menschen, statt einander mit ihren Gaben zu dienen, auf Kosten der anderen sich bereichern, sich übereinander erheben, unfähig werden zu teilen. Dass das Evangelium eine heilende Kraft ist, kann und soll sich bei denen, die es im Glauben annehmen, in einem neuen geschwisterlichen Umgang miteinander auswirken.

Dafür empfängt der Kreis der Jünger nach Ostern die „Kraft von oben", den Heiligen Geist. Durch die *gemeinsame Teilhabe an der Liebe Gottes* werden die religiösen, sozialen, nationalen oder kulturellen Schranken zwischen Menschen überwunden. Ins Leben gerufen ist das neue Volk Gottes aus den vielen Völkern. Konkret wird dies in der jeweiligen *Ortskirche* bzw. in deren Versammlung. Gefeiert wird die Versöhnung der Menschen mit Gott und der Menschen untereinander am ersten Tag der Woche im Herrenmahl. In ihm empfangen die Versammelten Anteil an Jesu Hingabe bis in den Tod und darin an seinem Geist. Dadurch werden sie untereinander als „Gemeinschaft am Heiligen" verbunden.

... und an die ersten christlichen Gemeinden

In den Gemeinden der frühen Kirche blieb eine *Kluft zwischen ihrer Berufung und ihrer Wirklichkeit.* Doch konnten die Gemeinden immer wieder an ihre Berufung erinnert werden. Den Korinthern wurde vorgehalten, dass sie das Herrenmahl verunehren, wenn sie Parteiungen untereinander dulden und wenn dazu noch die Satten nicht mit den Hungernden teilen (1 Kor 11,17–22). Die Gemeinde des Jakobusbriefes muss sich wegen Falschurteils tadeln lassen, weil sie den Reichen größere Achtung erweist als den Armen (2,1–9). Das Johannes-Evangelium reklamiert die Einheit der Christen, weil sonst die Welt an den Vater nicht glauben kann, den sie als nahe und wirksam in ihrer Einheit zu bezeugen habe (17,20–26). Die Gemeinde in Philippi kann von ihren Rivalitäten nur befreit werden durch die Vergegenwärtigung des Weges Jesu aus der Herrlichkeit Gottes in die Niedrigkeit des Kreuzestodes (Phil 2,1–11). Überall klingt durch: Die Gemeinde ist vom Auferstandenen gewollt und wird von ihm mit seinem Geist beschenkt, damit sie in der miteinander geteilten Würde der Kinder Gottes Schluss macht mit allen Brüchen und Trennungen, Rangunterschieden und Aufrechnungen unter den Menschen und die Kraft der Versöhnung Gottes darstellt.

Die gemeinsame Berufung der Christen in ihren Gemeinden wurde gelebt im Zusammenwirken des *Plurals der Charismen*. Allen in der Gemeinde wird vom Geist etwas gegeben, wodurch sie zum Gemeindeleben beitragen können. Jede und jeder muss bei sich selbst sehen, welche Fähigkeit ihr oder ihm für die Gemeinschaft gegeben ist. Und die Schwestern und Brüder müssen hochschätzen, was anderen als Geschenk für die Gemeinschaft gegeben ist. In dieser Wertschätzung aller Gnadengaben war es undenkbar, von einer „Amtskirche" zu sprechen. Das Amt in der Gemeinde war eine Gabe und Aufgabe unter anderen. Paulus reklamierte bei den Korinthern mit Nachdruck die konsequente gegenseitige Hochachtung der Geistesgaben (1 Kor 12). Und alle verwies er darauf, dass die verschiedenen Gaben alle nichts taugen, wenn sie nicht mit der einen wichtigen Gabe der Liebe verbunden sind und zur Wirkung kommen. (1 Kor 13).

Die Gemeinden der frühen Kirche verstanden sich nicht als Filialen einer Zentrale, sondern als die Kirche an ihrem Ort. Wohl standen sie mit anderen Gemeinden in einem *umgreifenden Liebeszusammenhang*. Sie lebten ein intensives Interesse aneinander und halfen einander – auch durch materielle Unterstützung. Diese Einheit der Gemeinden als Kirche entstand nicht durch einen nachträglichen Zusammenschluss, sondern kam aus ihrer gemeinsamen Gründung im Glauben der Apostel an den Herrn und aus ihrer Sendung, in der Welt das neue Volk Gottes aus den vielen Völkern zu bilden. So wirkten zusammen: die enge Verbundenheit in der Gemeinde, die Gemeinschaft mit den anderen christlichen Gemeinden und die Offenheit für die Menschen an dem Ort, wo die Gemeinde vom Geist versammelt wurde.

Das Ineinander der gemeindlichen Grundfunktionen

Im Nachdenken über die frühchristliche Praxis der Gemeinde werden drei Grundfunktionen unterschieden und gleichzeitig miteinander verbunden. In der *Martyria* stärken und fördern sich die Christen in der Gemeinde in ihrem Glauben durch das gegenseitige Glaubenszeugnis. In der *Diakonia* helfen sie einander und den Notleidenden, die in ihrem Umfeld leben. In der *Liturgia* feiern sie das Geheimnis ihres Glaubens, ihrer Hoffnung und ihrer Liebe in der dankbaren Freude an ihrem Gott. In all diesen Lebensvollzügen kommt ihre *Koinonia* zur Wirkung und baut sich gleichzeitig immer neu auf. Das griechische Wort „Koinonia“ wird im Lateinischen wiedergegeben mit „Communio“. Im Deutschen steht dafür „Gemeinschaft“. Es muss dabei immer mitgedacht werden, dass es um eine *„Gemeinschaft durch gemeinsame Anteilhabe“* geht. Die Gemeinschaft der Gemeinde entsteht dadurch, dass die Christen Anteil erhalten an dem einen Geist ihres Herrn und an der darin in ihre Herzen eingegossenen Liebe Gottes.

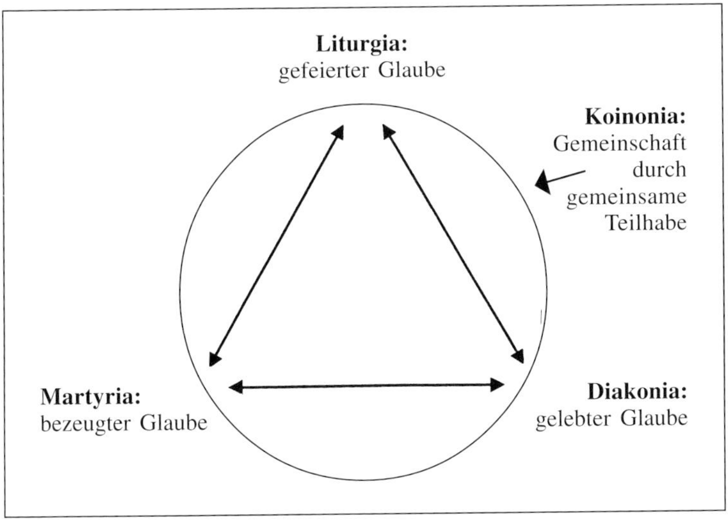

Die Lebensvollzüge der Diakonia, Liturgia und Martyria brauchen einander für ihre christliche Identität. Deshalb können sie nicht gegeneinander ausgespielt werden, sie müssen vielmehr zusammenwirken. Eine Liturgie, in der nicht mehr das Geheimnis des Glaubens gefeiert wird, wird zum beliebigen Ritual. Wo in die Liturgie keine Dienste am Nächsten eingebracht und ernährt werden, wird Liturgie zum folgenlosen Kult. Wo die Diakonia von der Liturgie und von der Martyria getrennt wird, verblasst das Bewusstsein, dass Christen in ihrer menschlichen Liebe die Liebe ihres Gottes mitteilen dürfen und sollen. Wo die Martyria nicht zur Diakonia anstiftet und nicht zur Glaubensfeier findet, verliert das Glaubenszeugnis seine Glaubwürdigkeit und verlieren die Worte die Kraft, das gute Geheimnis des Lebens aufzudecken.

3.2 Räume gemeindlichen Lebens innerhalb und außerhalb von Pfarreien

Minderheiten tragen das Gemeindeleben mit; Mehrheiten erwarten die pastorale Versorgung.

Die in der biblischen und praktischen Theologie (vor allem von N. Lohfink und F. Klostermann) erarbeiteten Orientierungen zur christlichen Gemeinde fanden auf der Synode in Würzburg Eingang in den oben bereits genannten Beschluss „Die pastoralen Dienste der Gemeinde". Dort findet sich der oft zitierte Satz: „Aus einer Gemeinde, die sich pastoral versorgen lässt, muss eine Gemeinde werden, die ihr Leben im *gemeinsamen Dienst aller* und in unübertragbarer Eigenverantwortung jedes Einzelnen gestaltet." (1.3.2) Die Vorstellung, man könnte herkömmliche Pfarreien zu Gemeinden im zitierten Sinn umbilden, erwies sich bald als unrealistisch. Wohl kam und kommt es weiter zu Aufbrüchen gemeinsamen Christseins, die von der Vision der Gemeinde inspiriert sind. Daran waren und sind aber Minderheiten beteiligt, während die Mehrheit in den Pfarreien *pastorale Versorgung* erwartet. Dies hängt nicht nur damit zusammen, dass die katholischen Christen in der traditionellen Pastoral Versorgungserwartungen erlernten und dass diese Erwartungen bis heute tradiert werden. Hinzu kommt, dass sich die Gesellschaft seit etwa Ende der 60er Jahre des vergangenen Jahrhunderts in einem beschleunigten Modernisierungsprozess befindet, der gegen Intentionen der Gemeindebildung wirksam ist.

Was dieser *Modernisierungsprozess* näherhin für die Lebenssituation der Menschen in unserer Gesellschaft bedeutet, kann hier nicht entfaltet, sondern nur in einigen Linien angedeutet werden:

(1) Es bildet sich ein wachsender *Plural* von Welten heraus, in denen die Menschen leben. Diese Welten sind kaum oder gar

nicht miteinander verbunden. Dies wird mit dem Stichwort *Desintegration* benannt.

(2) Das Leben in diesem Plural der Welten wird ermöglicht durch eine gewachsene und noch weiter wachsende *Mobilität*. Dabei ist nicht nur an eine Beweglichkeit im geographischen Raum gedacht, sondern auch die soziale, politische, berufliche, partnerschaftliche oder religiöse Mobilität.

(3) Der aufgelöste Lebenszusammenhang setzt Menschen frei in der Wahl ihres Lebensentwurfes. Dieser Gewinn an Freiraum ist damit verbunden, dass viele sich mit der Aufgabe, ihrem Leben eine Gestalt zu geben, allein gelassen erfahren. Dies zeigt das Wort *Individualisierung* an.

(4) Traditionen spielen zwar weiterhin eine Rolle; sie werden aber weniger als vorgegeben übernommen, sondern müssen *gewählt* werden. Dass sie gewählt werden, ist nur dort zu erwarten, wo sie sich als lebenshilfreich erweisen.

Vom Christwerden im Lebenszusammenhang zum Christwerden durch Berufung und Wahl

Unter den skizzierten Voraussetzungen kommt es zu einer tiefreichenden Veränderung in der Weise, wie Menschen Christen werden und ihr Christsein gestalten:

- Das Christwerden durch ein Mitleben im Lebenszusammenhang wird abgelöst von
- dem Christwerden durch die Erfahrung der Berufung und die Antwort des Glaubens.
- Ein vorgegebenes Christsein wird abgelöst von
- einem Christsein durch Wahl.

Ehemals wirksame Vorgaben für eine minimale Teilhabe am kirchlichen Leben (sog. Kirchengebote) verlieren ihre Kraft. Die Christen übernehmen eigene Kompetenz in der Frage, wie sie ihre Kirchlichkeit verstehen und leben wollen. Es kommt zu sehr gestuften Teilhabeformen. Eine von Ort zu Ort unterschiedlich große Mehrheit nimmt die Kirche als eine der Institutionen wahr, die für bestimmte Dienstleistungen zuständig sind. Von der Kirche erwartet sie die rituelle und pastorale Begleitung in biographischen Situationen. Zu verbindenden und verbindlichen Weisen gemeinsamen Christseins sammelt sich eine Minderheit. Ihr muss die Gemeinschaft im Glauben so wichtig geworden sein, dass sie diesen Lebenszusammenhang mit Entschiedenheit wählen. Dem muss vorausgegangen sein die Erfahrung von der Botschaft Jesu, von Gott innerlich ergriffen und angerührt und mit der Antwort des Glaubens beschenkt zu sein. Wo Christen nicht nur etwas von der Kirche wollen, sondern selber miteinander Kirche sein wollen, spricht man heute häufig von *Glaubensorten*. Diese können sich sowohl innerhalb von Pfarrgemeinden als auch unabhängig von Territorialpfarreien in kirchlichen Zwischenräumen bilden.

Nur Lebensorte des Glaubens können auch Lernorte des Glaubens sein.

Die hier in groben Linien vergegenwärtigte Realität der Gemeinden bzw. näherhin der weitgehend Pfarreien bleibenden Pfarrgemeinden zwingt zu einem *differenzierenden Sprechen von der Gemeinde als Lebens- und Lernort des Glaubens.* Es kann nicht davon ausgegangen werden, dass der Glaube in jeder Pfarrei bzw. in all ihren Räumen so gelebt wird, dass er dort an Christen und mit ihnen gelernt werden kann. Dabei ist mitzuberücksichtigen, dass die Territorialpfarrei in einer durch Mobilität geprägten Gesellschaft als ein Ort in einem größeren pastoralen Raum anzusehen ist. Möglichkeiten der Teilhabe an kirchlichem Leben suchen und finden Menschen im erweiterten Lebensraum nicht nur dort, wo sie durch ihren Wohnort zu einer Pfarrei gehören. Die einzelnen Pfarrgemeinden haben unterschiedliche Möglichkeiten, aber auch ihre Grenzen. Nicht selten muss für die Gemeindekatechese erst ein Ort des Glaubens gesucht oder gebildet werden. Darum sind katechetisch Engagierte auf vielfältige Weise bemüht. Für die kontinuierliche Beheimatung derer, die mit anderen Christen sein wollen, müssen sie auf Formen gemeindlichen Christseins verweisen können, die auf Dauer angelegt sind. Eine lebendige Sonntagsgemeinde kann ein solcher Glaubensort sein. Um Heranwachsende aufzunehmen, muss er für diese offen sein, d. h. die am Sonntag gefeierte Freude an Gott sprachlich, musikalisch und in symbolischen Handlungen so zum Ausdruck bringen, dass Kindern und Jugendlichen eine Teilhabe ermöglicht wird.

Zusammenfassung:
Mit dem Wort „Gemeinde“ verbindet sich die Vision eines geschwisterlichen Miteinanders und Füreinanders der Christen. Im Zusammenwirken der verschiedenen Geistesgaben lässt sich die Gemeinschaft der Christen aufrichten als ein Zeichen des heilenden und versöhnenden Nahekommens des Gottes des Lebens. Die Gemeinschaft lebt von der gemeinsamen Anteilhabe an dem bezeugten, gelebten und gefeierten Glauben. – Wo diese Vision Christen ergreift, bilden sich in und zwischen den Pfarreien Weisen gemeindlichen Lebens. Starke Mehrheiten in den Pfarreien erwarten eher pastorale Dienstleistungen. Dabei entwickeln sich in modernen Gesellschaften Formen gestufter Teilhabe am Leben der Kirche.

4. Gründe, andere durch Zeugnis und Katechese am Glauben teilhaben zu lassen

Die Sendung zu allen Menschen

Wo der christliche Glaube durch den Lebenszusammenhang nahe gelegt oder sogar als selbstverständlich mitgeteilt wurde, bedurfte die Teilhabe an ihm keines Beweggrundes. Wie intensiv sich Menschen darauf einließen, war allerdings immer abhängig davon, wie bewegend sich das christliche Glaubenszeugnis anderer in ihnen auswirkte und sie dazu drängte, Gemeinschaft mit dem „Leben in Christus“ zu suchen. Heute verliert der christliche Glaube an Selbstverständlichkeit bzw. hat er diese schon verloren. Das Leben als Christ gilt als eine unter vielen Möglichkeiten, dem Leben aus einer Grundüberzeugung heraus seine Gestalt zu geben. Zum christlichen Glauben gehört zwar die Hoffnung, dass Gott auf so vielen Wegen Menschen an sich ziehen kann, wie es Menschen gibt. Gleichzeitig aber gehört zum christlichen Glauben der Auftrag, die Lebensmöglichkeit des Glaubens allen Menschen zu bezeugen und ihnen die Teilhabe daran zu eröffnen. Wer in Jesus Christus den (nicht irgendeinen) Weg Gottes zu den Menschen und den Weg der Menschen zu Gott und zueinander geschenkt bekommen hat, muss aus innerer Notwendigkeit heraus anderen wünschen, an diesem Geschenk teilzuhaben.

Der Frage nach den *Beweggründen* für das christliche Zeugnis entspricht die andere Frage, welche Beweggründe andere – Heranwachsende oder Erwachsene – haben können, um an dem Leben, das ihnen Christen bezeugen, die Teilhabe zu suchen. Die beiden Fragen finden zusammen in der Frage, welchen Grund oder welche Gründe Christen hier und heute anderen geben können und sollen, sich auf die Möglichkeit des Christwerdens einzulassen. Im Feld dieser Fragen sind einige theologische Orientierungen wichtig.

4.1 Das Zeugnis als Teilhabe am Zeugnis Jesu

Auch wenn uns die Evangelien keine „Psychologie Jesu" ermöglichen, so lassen sie doch deutlich Gründe erkennen, die Jesus in seiner Zuwendung zu den Menschen bewegt haben. Zwei ganz tiefe Anliegen fanden offenbar zusammen.

Katechese aus Liebe zu Gott

(1) Das erste wird am Anfang des „Vater unsers" so formuliert: „Geheiligt werde dein Name!" Das klingt heutigen Ohren fremd oder sogar verschlossen und ist doch von grundlegender Bedeutung. Es meint etwa Folgendes: Jesus war von der Güte und Barmherzigkeit, von dem Licht und der Wärme, von dem inneren Reichtum und der alle umfassenden Liebe Gottes, seines Vaters, so erfüllt, dass es sein wichtigstes Anliegen war, den Menschen dieses ganz gute, alles heilende, alle miteinander versöhnende, alle Sehnsucht beantwortende Geheimnis ihres Le-

bens offen zu legen. Dadurch sollten endlich alle erfahren, in welchem wunderbar guten und machtvollen Willen sie ihren Ursprung und ihr Ziel haben. Das Zeugnis Jesu für Gott war darin begründet, dass durch ihn die Menschen etwas davon erfahren sollten, mit welcher Liebe Gott die Menschen sucht und mit sich und untereinander verbinden will. Geheiligt wird der Name Gottes dort, wo im Zeugnis von Menschen etwas von diesem Glanz Gottes aufleuchtet.

Das christliche Zeugnis hat wie das katechetische Engagement seinen ersten Grund darin, dass Christen – sehr einfach gesprochen – so vom *Geheimnis der Liebe Gottes* ergriffen sind, dass sie anderen durch ihr Leben und ihr Wort etwas davon leuchten lassen möchten. Es soll den Menschen nicht verborgen bleiben, wie wunderbar der wahre und lebendige Gott ist, wie nahe er den Menschen in der Hingabe des Sohnes kommen will und welche unbegreifliche Zukunft er allen in seinem Leben bereit hält. Wenn durch das christliche Zeugnis und durch die Katechese der Gemeinde der Name Gottes geheiligt werden soll, ist in dieser Perspektive enthalten, dass nur Gott selber der Träger dieser Heiligung seines Namens durch Zeugnis und Katechese sein kann, dass aber Menschen sich diesem seinen Tun mit den ihnen geschenkten Gaben verfügbar halten. Man kann dies in die Kurzformel bringen: Zeugnis und Katechese aus Liebe zu Gott.

Katechese aus Sorge um den Menschen

(2) Weil Gott, dessen Name geheiligt werden muss, ein Gott für die Menschen ist, hat die Zuwendung Jesu zu den Menschen ihren Grund im Erbarmen Gottes mit den Menschen. Weil Gott mit Macht und Güte will, dass der Mensch hier und in Ewigkeit leben soll, will er sich im Wirken Jesu rettend und heilend, aufrichtend und versöhnend, befreiend und erlösend mitteilen. Das hat mit dem Wort im „Vaterunser" zu tun: „Dein Reich komme!" Denn diese Bitte zielt darauf, dass Gott sich für die Menschen mit seiner alles erneuernden Kraft zur Wirkung bringt. Die unsichtbare und sichtbare Herrschaft all derer, die die Menschen an Leben hindern, die sie gegeneinander treiben statt sie zum Leben im Miteinander und Füreinander anzustiften, soll ihr Ende finden, und anbrechen soll ein *Leben unter der versöhnen-*

den und heilenden Macht Gottes. Weil diese Macht den Menschen unendlich gut tut, ist das christliche Zeugnis und die Katechese darauf ausgerichtet, Menschen in den Einflussbereich Gottes zu bringen. Dieser ist zwar nicht auf die Kirche begrenzt; aber er wird doch positiv dort erfahren, wo Menschen das Wort des Evangeliums und die Zeichen der Nähe Gottes miteinander teilen. Weil Menschen so vielen Einflüssen ausgesetzt sein können, die ihr Leben behindern oder sogar verletzen und verderben, können das christliche Zeugnis und die Katechese davon bewegt sein, Menschen an dem Raum teilhaben zu lassen, in dem bewusst das Wirken des Leben schenkenden Geistes Gottes gesucht und erwartet wird. Man kann dies auf die Kurzformel bringen: Zeugnis und Katechese aus Sorge um die Menschen. Wie diese Sorge nach der einen Seite in die Angst und nach der anderen Seite in Gleichgültigkeit abgleiten kann, sei im Folgenden aufgezeigt.

4.2 Heilssorge zwischen Heilsangst und Heilsindifferentismus

Sorge zwischen Heilsangst und Heilsindifferentismus

Gelegentlich sind bis heute Einstellungen wirksam, in denen die Annahme des christlichen Glaubens und das Mitleben mit der Kirche als so heilsnotwendig für den Menschen galten, dass man *Angst um das ewige Gelingen der Menschen* hatte, die nicht zum Mitglauben in der Kirche fanden. Es gibt nicht nur Bibelworte, die – aus ihrem Zusammenhang gelöst – als Aussagen über den ausschließlichen Heilsweg des Glaubens missverstanden werden können. Es gab auch eine bis in die jüngste Vergangenheit (und z. T. bis heute) gelebte Praxis, die Sakramente als die unverzichtbaren Zeichen der versöhnenden und heilenden Zuwendung Gottes zu empfangen. Die Heilsangst, in der nicht wenige Menschen lebten, ist heute sehr weitgehend abgelöst durch ein großes Vertrauen darauf, dass Gott auch die Wege der Menschen an sich ziehen kann, die nicht auf den Weg des christlichen Glaubens finden. Es gibt eine allgemeine Übereinstimmung in der Hoffnung, dass Gottes Geschichte mit den Menschen nicht auf seine Geschichte mit den Menschen in der Kirche begrenzt ist.

Die Kirche glaubt an den Gott, der der Gott aller Menschen und Völker ist und um sie mit einer unseren Augen verborgenen, aber in den Herzen aller Menschen wirksamen Liebe wirbt. Nicht aus Angst um die Menschen bezeugt die Kirche die frohe Botschaft.

Die frühere Heilsangst kann von einem *Heilsindifferentismus* abgelöst werden. Es können sich Einstellungen bilden, in denen es als gleich-gültig angesehen wird, ob und wie Menschen es mit der Religion halten. In der pluralistischen Gesellschaft stehen die unterschiedlichen religiösen Lebensentwürfe zwar in einer Konkurrenz. Fast allgemein gilt es aber als unerheblich, welchen Entwurf die Menschen wählen oder ob sie überhaupt auf Religion verzichten. Das Lebensgelingen in der Zeit wird eher von Bildung und Gesundheit als von der gewählten Gottesbeziehung abhängig gedacht. Die Frage eines ewigen Lebens hat wenig Chancen in einer auf eine möglichst erlebnisreiche Biographie ausgerichteten Aufmerksamkeit.

In einer Wahrnehmung von Wirklichkeit, die aus biblischen Erzählungen lebt, stehen Leben und Tod, Licht und Dunkel, Versöhnung und Hass, Solidarität und Ausbeutung anderer, Hoffnung und Resignation in spannungsreichen Auseinandersetzungen gegeneinander. Da ist es nicht gleich-gültig, welchen Mächten Menschen Macht über sich geben bzw. welchen Mächten Menschen ungewollt unterworfen sind. Es gibt nicht nur das Gelingen, sondern auch das Misslingen von Leben, von Beziehungen, von Aufbrüchen und Plänen. Es ist gar nicht sicher, ob die Kluft zwischen Wohlstand und Elend in unserer Welt durch Solidarität überwunden wird oder in einen mit Gewalt ausgetragenen Konflikt führt. Es ist nicht selbstverständlich, dass die drohende ökologische Katastrophe abgewehrt werden kann und die neueren biotechnischen Möglichkeiten dem Leben dienen werden. Auch ohne dass überhaupt die religiöse Frage im Blick ist, kann die Realität der Lebensgefährdung zugelassen werden. Im Blick des Glaubens gehören das Gelingen des Lebens in der Zeit und das ewige Leben zusammen. In diesem Blick gibt es die *Sorge um den Menschen*. Weil es mit dem Leben nicht so ohne weiteres gut geht, darf man damit nicht einfach unbesorgt umgehen. Der christliche Glaube geht von der Sorge Gottes um das Leben aus, und er bekommt im Glauben Anteil an dieser Sorge Gottes um die Menschen, ja darüber hinaus um die ganze Schöpfung. Die Sorge ist der Weg des Glaubens zwischen Angst und Gleichgültigkeit.

4.3 Die christliche Berufung und Sendung

Glaube ist Antwort auf eine Initiative Gottes: die Berufung.

In soziologischer Perspektive werden in unserer Gesellschaft Lebensentwürfe *gewählt*. Das unterscheidet unsere Situation von Gesellschaften, in denen Tradition alternativlos war und weitgehend fraglos übernommen wurde. Diese zutreffende Wahrnehmung ist durch eine theologische Erinnerung zu ergänzen, die im bisher Gesagten schon verschiedentlich anklang, hier aber eigens herausgestellt werden soll. Der biblisch-christliche Glaube ist die Antwort auf eine Initiative Gottes: die *Berufung*. Gott wollte eine Geschichte mit Abraham beginnen lassen und rief ihn aus seinem Lebenszusammenhang hinaus auf einen Weg mit ihm. Abraham wurde der Vater des Glaubens, weil er sich auf Gottes Weg mit ihm einließ. Im Johannes-Evangelium wird sehr deutlich formuliert: „Nicht ihr habt mich erwählt, sondern ich habe euch erwählt." (15,16) In Zeiten, in denen ein Leben im Glauben als eher selbstverständlich galt, wurde von „Berufung" erst dort gesprochen, wo es um die besonderen Wege Gottes mit Menschen in einer Ordensgemeinschaft oder im Weihepriestertum ging. Unsere gegenwärtige Situation lässt uns klarer wiederentdecken, dass es eine Berufung ist, wenn Menschen vom christlichen Lebens- und Wortzeugnis ergriffen werden und in sich das Verlangen erfahren, Anteil zu bekommen am Glauben an Gott in Jesus Christus. Die Gründe zum Glauben können nur wirksam werden durch die bewegende Macht des Geistes Gottes. Dieses berufende Handeln Gottes darf nicht als selbstverständlich für alle erwartet werden. Die Christen schulden zwar allen ihr Zeugnis; was dies in den Menschen auslöst, ist ihnen aber unverfügbar.

Von der Berufung zum christlichen Glauben ist zu unterscheiden die *Berufung aller Menschen* zu einem hier beginnenden und im Leben Gottes endgültig gelingenden wahren Leben. Gott wirbt in allen Menschen um die Antwort ihres Lebens. Dies wird von allen in der Herausforderung erfahren, nicht nur für sich, sondern auch für andere da zu sein. Jeder Mensch wird von Gott auf je eigene Weise angerufen und bewegt, sich nicht in der Angst um das eigene Leben festzuhalten, sondern es einzusetzen, damit auch andere zu ihrem Leben kommen. Das „eigene Leben" wird – das ist nicht nur christliche Erfahrung – nicht in irgendeinem „schönen Leben" gewonnen, sondern im Hinhören auf eine innere Lebensberufung. So kann z. B. das Eingehen einer Ehe, die Öffnung des Lebens für Kinder oder das Engagement für ein wichtiges gesellschaftliches Anliegen oder auch die Wahl des Berufes die gehorsame Beantwortung eines Werbens Gottes um die Hingabe eines Menschen sein. Wo sich Menschen zu einem Leben für andere wie für sich bewegen lassen, gehen sie auf Gottes Weg mit ihnen ein.

Hier ist noch einmal die Rede von der Sorge neu aufzunehmen. Menschen können nicht nur vom guten Geist Gottes bewegt werden, auch von *Gegenmächten* kann das Leben der Menschen ergriffen werden. So können Menschen ihr Leben verfehlen, wo sie skrupellos auf Kosten anderer ihre Karriere oder ihren Profit machen, wo sie mit der ernst gemeinten Liebe eines Partners oder einer Partnerin spielen, wo sie Mitleid und Mitfreude verweigern, wo sie ihre Welt auf ihre eigene kleine Welt begrenzen und sich dort ein schönes Leben machen mit dem Rücken zu denen, die im Elend einen langsamen Tod sterben. Menschen können so vom Markt beherrscht werden, dass sie daran gehindert werden, Hunger und Durst nach einer geschwisterlich miteinander teilenden Welt zu entwickeln. Und wo Menschen von Idealen erfüllt werden, können sie diese in einer widerständigen Welt verlieren oder verraten. Darum gibt es Grund zur Sorge um die Menschen. Es ist eben nicht gleich-gültig, welchen Mächten Menschen ausgeliefert sind bzw. sich überlassen.

Zur Berufung gehört die Sendung.

In diesem Zusammenhang ist zu ergänzen, dass zur christlichen Berufung die *Sendung* gehört. Das oben zitierte Wort aus dem Johannes-Evangelium sei nun ganz vergegenwärtigt: „... ich habe euch erwählt und dazu bestimmt, dass ihr euch aufmacht und

Frucht bringt und eure Frucht bleibt." Das ist wie bei Abraham, durch den „alle Geschlechter der Erde Segen erlangen" (Gen 12,3) sollen. Die Berufung zum Glauben empfangen Christen nicht nur für ihr eigenes Lebensgelingen, sondern auch als Licht und Kraft für die Menschen, mit denen sie auf dem Wege sind. Wozu sich Christen aufmachen und Frucht bringen sollen, sei an einem Früchtekorb aus dem Galaterbrief verdeutlicht: „Die Frucht des Geistes ist Liebe, Freude, Friede, Langmut, Freundlichkeit, Güte, Treue, Sanftmut und Selbstbeherrschung." (5,22) Das Lebens- und Wortzeugnis der Christen kann als Medium wirksam werden, durch das Menschen zum Glauben bewegt werden. Es kann aber auch dadurch wirksam werden, dass im Umfeld gelebten christlichen Glaubens alle die Kräfte gestärkt, ermutigt, inspiriert (mit Gottes Geist beatmet) werden, von denen heilender, versöhnender, für die Armen empfindsam machender, Hoffnung aufrichtender Einfluss auf die Menschen ausgeht. In der christlichen Sendung geht es nicht nur darum, Menschen in die Kirche zu rufen, sondern auch darum, dass Menschen sich durch Christen bejaht und gestärkt erfahren, wo sie auf das Lebensverlangen anderer Rücksicht nehmen und ihnen beistehen, wo sie versöhnende Dienste tun, wo sie die Liebe anderer ernst nehmen, wo sie ein Herz für andere haben, wo sie darauf drängen, dass alle teilhaben an den Lebensmöglichkeiten unserer Erde oder wo sie sich einsetzen, dass die Schöpfung bewahrt wird. Wie die Berufung zum Glauben auf einen Weg mit Gott führt und wie dieser Weg christlich gekennzeichnet werden kann, wird unten in 4.4. (5) angesprochen.

Diese mit der Berufung verbundene Sendung betrifft nicht nur die individuelle christliche Existenz. Wo Christen – verbunden durch den einen Geist – miteinander *Kirche* sind, sind sie gemeinsam gewollt als ein *wirksames Zeichen Gottes für die Menschen*. Das stellte das II. Vaticanum als Leitperspektive für die Kirche in der Welt heraus. „Die Kirche ist ja in Christus gleichsam das Sakrament, d. h. Zeichen und Werkzeug für die innigste Vereinigung mit Gott wie für die Einheit der ganzen Menschheit." (Lumen Gentium 1) An dieser umfassenden Sendung der Kirche haben Ortskirchen und Gemeinden, christliche Gruppen und Gemeinschaften in ihren jeweiligen Situationen Anteil. Auch wenn nicht alle gewonnen werden können für ein Leben im christlichen Glauben, sollen diejenigen, die im Glauben miteinander verbunden sind, für alle Menschen, mit denen sie leben, ein versöhnendes, zusammenführendes, Hoffnung aufrichtendes, solidarisierendes und auch kritisch reinigendes Zeichen von Gott sein. Das christliche Zeugnis und die Katechese stehen so nicht vor einem Alles-oder-nichts der Art, dass Menschen durch sie Christen werden oder nichts vom Evangelium empfangen. Menschen können vielmehr auf eine sehr gestufte Weise in der Geschichte, die Gott mit ihnen hat, angeregt und bejaht, mitgetragen und gefördert werden. Dadurch kann auch die Gesellschaft in dem Sinne evangelisiert werden, dass etwas und vielleicht sogar viel vom Licht des Evangeliums in sie eindringt.

4.4 Die Frage nach einer verbindenden christlichen Lebensart

Im gelebten Glauben Gottes Neuanfang mit den Menschen bezeugen

Oben wurde bereits die Schwierigkeit angesprochen, in unserer Gesellschaft ein auffälliges christliches Lebenszeugnis zu geben. Das Evangelium hat in unserer Gesellschaft eine spürbare Wirkungsgeschichte, durch die Christen in ihrer Lebenspraxis vieles mit anderen teilen können. Die christlichen Gemeinden können nicht einfach einen positiven Kontrast zu einer als negativ zu kennzeichnenden Lebenspraxis anderer gesellschaftlicher Gruppen bilden. Gleichwohl sind sie herausgefordert, in ihrer Lebensart den neuen Anfang Gottes mit den Menschen zu bezeugen und dabei den Glauben als eine reale Kraft gegen die auch in der heutigen Gesellschaft starken Gefährdungen des Lebens zu erweisen. Dabei muss und kann in Fragen der Lebenspraxis nicht alles spezifisch christlich sein. Spezifisch christlich ist und bleibt vor allem, aus welcher Quelle und in welcher Hoffnung dem Leben seine Gestalt gegeben wird. Dass die Christen ihre Lebensmöglichkeiten nicht ausreichend ergreifen und kaum Beweggründe zur Gemeinschaft mit ihnen geben, wenn sie sich auf das beschränken, was man geläufigerweise tut und lässt, liegt auf der Hand. Schwierig erweist es sich dennoch, eine verbindende Lebensart so zu beschreiben, dass Christen darin Identität und ein für andere erkennbares Profil gewinnen. Das folgende Beispiel möchte anschaulich machen, in welche Richtung eine gemeinsame Meinungsbildung zielen könnte. Es ist am Zehnwort des Alten Testamentes orientiert, ersetzt allerdings das 9. und 10. Wort durch besondere Anliegen des Evangeliums.

Wie wir leben möchten
oder
Ein Zehnwort für heutiges Christsein

Eine Übersetzung/ Aktualisierung des Dekalogs

Gott hat uns in unserer Taufberufung neues Leben geschenkt. Er bewegt und stärkt uns durch seinen Geist, dieses neue Leben sichtbar und wirksam werden zu lassen:

(1) So wichtig uns Ehe und Familie, Beruf und Haus, Gesundheit und Hobby sind, ganz wichtig soll uns – auch in all dem – unsere Geschichte mit Gott sein; denn er beginnt in all dem einen Weg mit uns, durch den er unser Leben schon hier und einmal in Ewigkeit gelingen lassen will.

(2) Wir wollen Gott nicht für uns gebrauchen, sondern für ihn und seinen guten Willen mit allen Menschen verfügbar sein.

(3) Wir feiern den Sonntag als den Tag der Auferweckung Jesu. Wir freuen uns an ihm gemeinsam, dass Gott begonnen hat, sich endgültig mit seinem Leben gegen den Tod, mit seiner Freude gegen die Trauer, mit seiner Liebe gegen alle Kälte unter den Menschen durchzusetzen. In unserer Versammlung ist der Auferstandene gegenwärtig und erneuert durch seine Hingabe seinen Geist in uns.

(4) Wir bemühen uns darum, in unseren Familien geduldig, vertrauensvoll und bereit zur Vergebung miteinander umzugehen. Wir suchen danach, unsere Konflikte ohne Gewalt zu lösen. Als Eltern besitzen wir nicht unsere Kinder; als Kinder lassen wir unsere alten Eltern nicht allein.

(5) Das Leben hat für uns als Gabe des Schöpfers großen Wert. Darum setzen wir uns dafür ein, dass alle – insbesondere die Schwachen und Armen – zu ihrem Leben kommen können. Wir

nehmen an den Bemühungen teil, die Schöpfung vor Ausbeutung und Zerstörung zu bewahren und kommenden Generationen als Geschenk Gottes zu übergeben.

(6) Wir bejahen die Ehe als die Lebensform, in der Mann und Frau einander in lebenslanger Treue Hilfe sind, sexuelle Gemeinschaft als Zeichen der Liebe leben und Kinder durch die Erfahrung verlässlicher Zuwendung Vertrauen lernen.

(7) Über die Achtung vor dem Eigentum anderer hinaus streben wir nach einem Umgang mit unserer eigenen Habe in Verantwortung für die Armen. Um die Lebensmöglichkeiten unserer Erde zu teilen, begrenzen wir unsere Ansprüche an nur materiellem Wohlstand und wehren wir uns gegen Zwänge, dauernd das Neuere und Perfektere haben zu müssen.

(8) Wir verpflichten uns zur Wahrheit – besonders wenn es um das Ansehen und das Leben anderer Menschen geht. Wir bemühen uns, durch kritische Informiertheit die Wahrheit zu erfahren, um mitverantwortlich denken, sprechen und handeln zu können.

(9) Wir wollen alles tun, damit uns ein anderer Mensch, eine andere Gruppe, ein anderes Volk nicht zum Feind wird. Darum suchen wir danach, Fremde zu verstehen und alles abzubauen, was Menschen voneinander trennt und gegeneinander treibt.

(10) Wir stehen dazu, wenn wir in der Mühe um die Lebensart, in die wir durch unsere Taufe gerufen sind und für die wir vom Geist gestärkt werden, versagen. Wir dürfen in der Vergebung Gottes immer neue Anfänge suchen. Die Erfahrung, dass wir Erbarmen finden, lässt uns Erbarmen üben mit unseren Mitmenschen und Mitchristen.

Es gibt andere Möglichkeiten, eine im biblischen Gottesglauben gründende Lebensart zu charakterisieren. Dabei bedarf die fundamentale Weisung der Gottes- und Nächstenliebe immer der Aktualisierung, um in ihrer Leben prägenden Kraft anschaulich zu werden. Angesichts der Bedrohung des Lebens formulierte z. B. E. Schockenhoff (Ethik des Lebens, Freiburg 1992) den Beitrag biblischer Tradition in den Grundhaltungen von Ehrfurcht und Staunen, Mitleid und Fürsorge und Selbstbegrenzung und

Maß. Eine davon bestimmte Lebenspraxis kann heute die Bedeutung einer Verwurzelung im Glauben sichtbar machen. Karl Heinz Schmitt (Erfolgreiche Katechese, München 2000, 59–68) fundamentalisiert die christliche Lebensart zunächst in der Teilhabe an dem Interesse Gottes am Wohl des Menschen in der Welt. Dieses Interesse gilt es – orientiert am Weg Jesu – zu leben in folgenden Grundvollzügen: anerkennen, heilen, vergeben, solidarisch sein.

4.5 Das christliche Wortzeugnis

Das subjektive Glaubenszeugnis und das kirchliche Glaubensbekenntnis gehören zusammen.

Beim Wortzeugnis können einzelne Christen oder Gruppen von Christen auf unterschiedliche Weise zum Ausdruck bringen, was für sie ihr christlicher Glaube an Gott bedeutet. So können *subjektive* Glaubensbekenntnisse entstehen, die durch sowohl inhaltliche wie sprachliche Aktualisierungen ein farbiges Spektrum konkreten christlichen Glaubens in unserer Zeit vergegenwärtigen. Je stärker in den Bekenntnissen die je eigene Biographie bzw. die je eigene Gruppensituation zum Ausdruck kommt, desto spürbarer wird, dass sie zwar Bekenntnisse in der Kirche sein, aber nicht ein die Kirche verbindlich verbindendes Bekenntnis ersetzen können. Das *gemeinsame* Wortzeugnis der Kirche, das nicht nur die Christen heute miteinander teilen, sondern sie auch mit ihrem Ursprung im Zeugnis der Apostel verbindet, ist das apostolische Glaubensbekenntnis.

Weil das Apostolicum als alter Text schwierig zu vermitteln ist, kann es in der Katechese nahe liegen, ein einfacheres gemeinsames Wortzeugnis an seine Stelle zu setzen. Damit wird eine ältere katechetische Tradition aufgenommen, wenn dieses einfachere Wortzeugnis das aufnimmt, was im Apostolicum bezeugt wird, also nicht ein eigenes Bekenntnis formuliert, sondern das in eine zugänglichere Sprache bringt, was das Apostolicum enthält. Dabei wurde auch schon in der Tradition ein Weg gegangen, der weiter unten im Zusammenhang mit dem didaktischen Anliegen der Fundamentalisierung näher erläutert wird. Im Vorgriff darauf sei hier ein Versuch vorgestellt, den Glauben des Apostolicums in einem gemeinsamen Wortzeugnis auszusagen.

Verbunden werden damit einige Wahrnehmungen, was der bezeugte Glaube angesichts der Chancen und Gefährdungen der gegenwärtigen Situation bewirken kann und soll.

An wen wir glauben
oder
Was wir bekennen, wenn wir das Glaubensbekenntnis sprechen[6]

Das alte Credo in neuer Sprache

Wir glauben an den Gott,
der sich Menschen vor uns als das Geheimnis gezeigt hat, das alles ins Dasein rief und darin trägt. Diesem guten Geheimnis im Grunde unseres Daseins vertrauen wir uns in Freude und Leid, im Leben und im Sterben mit dem Gebet „Vater unser!" an. – Wo dieser Glaube verblasst, sehen wir die Gefahr, dass das Leben der Menschen an Halt und Tiefe verliert. Die Erinnerung daran, dass wir die Schöpfung und uns selbst dem guten Willen des Schöpfers verdanken, ruft uns in die Demut des Geschöpfes und lässt uns die Schöpfung nicht nur nutzen, sondern sie auch bewahren. Wir können sie nicht nur erforschen, sondern auch angesichts ihres Reichtums und ihrer Schönheit staunen.

Wir glauben an Jesus Christus
als den, in dem Gott sich mit seinem machtvollen Willen, die Menschen mit sich und untereinander zu versöhnen, endgültig in unserer Geschichte zur Wirkung bringt. In den Worten und im Wirken Jesu zeigt sich Gott als das mütterlich-väterliche Geheimnis, dem am Leben aller Menschen liegt – insbesondere am Leben der Armen und Schwachen, der Schuldbeladenen und Verirrten. – Darin erfahren wir eine starke Kraft gegen den Trend, nur auf das eigene schöne Leben bedacht zu sein, und gegen die Gefahr, das schwache, behinderte oder verwundete Leben abzuwerten und auszugrenzen.

6 Siehe auch Emeis, Dieter, Anleitung zum Glaubensbekenntnis (siehe Anhang, Nr. 1.2)

Wir glauben Jesus sein Zeugnis von Gott, seinem Vater, weil Jesus den Menschen die Liebe Gottes schenkte bis in seinen Tod und weil Gott ihn in seinem Sterben aufnahm in sein Leben ohne Tod. Durch Jesu Weg ist uns schon hier und heute der Weg geöffnet aus dem falschen Leben auf Kosten anderer in das wahre Leben im Miteinander und Füreinander der Menschen. – Das Gedächtnis des Todes Jesu beantwortet zwar nicht alle schweren Fragen nach dem Leid der Menschen, kann aber den Leidenden Kraft für ihren Weg geben und in die Solidarität mit den Leidenden rufen. Das Gedächtnis der Auferstehung Jesu kann eine Hoffnung begründen, die nicht von menschenmöglichen Erfolgen abhängt, sondern auf die grenzenlosen Möglichkeiten Gottes baut. Er kann uns Menschen versöhnen und heilen, aus dem Tod retten und trösten.

Wir glauben an den Heiligen Geist,
der die Liebe Gottes ist. Mit ihr ruft Gott alles ins Leben; durch sie wirkt er überall und in allen vergebend und heilend, aufrichtend und erneuernd. Uns hat Gott durch seinen Geist in der Kirche zusammengerufen und so damit angefangen, seine eine Familie der Menschen aus allen Völkern zu vereinen. Durch den Geist ist der Auferstandene mit der Liebe seines Vaters da bei uns, wo wir beten und sein Wort hören, wo wir einander leben helfen und wo wir miteinander das Mahl feiern, in dem Jesu Hingabe Gegenwart wird und uns in ihm bleiben und wachsen lässt. – Wo wir uns dem Wirken des Geistes öffnen, lässt er uns in den Zeichen der Zeit unterscheiden, wo Menschen dem Tod oder dem Leben, der größeren Gerechtigkeit oder der Kluft zwischen den Armen und den Reichen, der Versöhnung oder dem Hass, der Hoffnung oder der Resignation dienen.

Wir glauben an den Gott, der alle und alles an sich zieht und in sich endgültig vereint. Alles Gute, das er in der Geschichte mit den Menschen begonnen hat und beginnt, soll in ihm vollendet werden. Wir glauben an die Liebe Gottes als letztes Ziel der Geschichte – der Geschichte jedes Menschen und der gemeinsamen Geschichte aller Menschen. Diese Hoffnung auf Gott lässt uns unserer Sehnsucht Recht geben, die uns nicht nur nach „ein bisschen Frieden“ und dem Glück einiger verlangen lässt, sondern nach einem alle und alles umfangenden Frieden und nach einer heilenden Gerechtigkeit für die, die in der Zeit nicht zu ihrem Leben kamen und kommen.

Zusammenfassung:
Im religiösen Pluralismus der entfalteten Moderne ist es Christen nicht gleichgültig, ob Menschen zum Glauben an das Evangelium finden oder nicht. In ihrem Lebens- und Wortzeugnis geht es ihnen darum, dass der wahre und lebendige Gott als das tragende, belebende, versöhnende und Hoffnung stiftende Geheimnis des Lebens entdeckt wird. Auch wenn sie darauf vertrauen, dass Gott seinen Weg mit allen Menschen sucht und geht, müssen sie möglichst vielen Menschen Anteil an dem Licht geben, das für sie im Evangelium aufgeleuchtet ist.

5. Lernorte des Glaubens

Unterschiedliche Lernorte ermöglichen unterschiedliche Weisen der Kommunikation.

Die Lernorte beeinflussen die Chancen und Grenzen der jeweiligen Lernmöglichkeiten. Es kann nicht alles in jedem Ort gelernt werden. Von Bedeutung sind dabei nicht nur die Räumlichkeiten (z.B. Wohnung, Klasse, Gemeindehaus, Freizeitstätte usw.), sondern auch die am Ort verfügbare Zeit (z.B. 45 Min. oder ein Wochenende). Vom Lernort ist vor allem abhängig, welche *Kommunikation* zwischen den am Lernen beteiligten Personen ermöglicht wird. Welche hervorragende Bedeutung dem gerade beim Glaubenlernen zukommt, wird gleich zu erläutern sein. Hier ist zunächst noch darauf hinzuweisen, dass nicht nur dort gelernt wird, wo Menschen bewusst zum Lernen zusammenkommen. Der Mensch kann überall lernen, wo er lebt. Viele Anteile menschlichen Lernens vollziehen sich unorganisiert. Das gilt insbesondere für das Leben in Beziehungen und damit für die Lernprozesse, die beim Glaubenlernen besonders beansprucht werden. Beim organisierten Lernen ist mitzubedenken, welche Lernprozesse andernorts unorganisiert vorangehen, mitgehen oder folgen.

5.1 Lernen an Glaubenden und mit Glaubenden

Glauben lernen durch Mitglauben

Es wird weiter unten im Zusammenhang mit Zielen und Inhalten der Katechese ein Plural unterschiedlicher Lernvorgänge (etwa der Aufbau kognitiven Glaubenswissens oder die Fähigkeit zu leibhaftigem symbolischen Handeln) zu benennen sein. Hier soll zunächst die fundamentale Perspektive des Glaubenlernens herausgestellt werden. Menschen kommen dadurch zum Glauben, dass sie *Anteil bekommen* am Glauben der Kirche, wie er in Glaubenden heute lebendig ist. Lebendig ist der Glaube dort, wo die biblischen Geschichten Gottes mit den Menschen – besonders die Geschichte Jesu Christi – so vergegenwärtigt wird, dass sie Menschen in Gottes Geschichte mit ihnen heute hineinrufen. Das Hören auf das Wort und die gelebte Antwort des Glaubens wird an Glaubenden gelernt.

Beim Glaubenlernen geht es also um einen Vorgang der *Mitteilung*, der Kommunikation. Die Kommunikation muss so sein, dass Menschen in ihr etwas von dem zeigen können, woraus sie in der Tiefe leben, was ihnen ganz wichtig ist, was sie trägt und inspiriert, woraufhin sie nicht nur leben, sondern auch sterben können. Dazu ist in der Regel eine *Annäherung* erforderlich, in der zunächst eine vertrauensvolle gegenseitige Annahme und Offenheit aufgebaut wird. Gleichsam „zwischen Tür und Angel" lässt sich Glaube nicht mitteilen. Es ist wie bei allem sog. Lebenswissen, d. h. bei Lernvorgängen, in denen Menschen lernen, mit ihren Möglichkeiten und Grenzen, mit sich selbst und anderen, mit Freude und Leid, mit Eigentum, Macht und Sexualität so umzugehen, dass sie dadurch zu ihrem Leben kommen. Dabei schauen sich Menschen nach Menschen um, die so leben, wie es sie zu leben verlangt.

Beim christlichen Glauben ist noch etwas näher in den Blick zu nehmen, dass in der Mitteilung des Glaubens die gemeinsame Beziehung zu dem „Lehrer des Lebens", Jesus Christus, eröffnet wird. Glauben lernen meint christlich, Anteil zu bekommen an denen, die *sich in Jesu liebende Beziehung zu Gott und zu den Menschen hineinnehmen lassen*. Das wird mit dem Wort „Jüngerschaft" ausgedrückt. Sagt dieses Wort doch aus, dass Menschen bei einem Meister des Lebens Lehrlinge sind. Jünger Jesu bleiben übrigens Jünger. Darum kann von der Katechese als lebenslangem Prozess gesprochen werden. Und darum gibt es nach der Weisung Jesu unter seinen Jüngern keine Lehrer außer dem einen, dessen Jünger sie alle sind. Glauben lernen ist so nicht nur ein Vorgang des Lernens an Glaubenden, sondern auch ein Anteilbekommen an einem unabschließbaren Lernen mit ihnen.[7]

Das Lernen an Glaubenden und mit Glaubenden kann sich auf unterschiedlichen Ebenen vollziehen. Das Verlangen, an den

7 Nach Bernd Lutz muss es Aufgabe einer zukunftsfähigen Katechese sein, lebensbegleitend anschlussfähige Lebenssituationen aufzugreifen. Vgl.: Ders., Perspektiven einer lebensbegleitenden Gemeindekatechese, in: Bitter, Gottfried/Gerhards, Albert (Hrsg.), Glauben lernen ... (siehe Anhang, Nr. 1.2), S. 235-252

Lebensmöglichkeiten des Glaubens Anteil zu bekommen, geht nicht selten von der *Begegnung mit einem einzigen Zeugen* bzw. bei Kindern durch die Erfahrung der Eltern aus. Dieser „untersten" Ebene entspricht auf der anderen Seite das Lernen auf der „obersten" Ebene der *Weltkirche*. Auf ihr ermöglicht die Globalisierung eine gegenseitige Anregung und Bereicherung der unterschiedlichen christlichen Inkulturationen. In der unmittelbaren Erfahrung kommt dem Austausch in der *Gruppe von Glaubenden* besondere Bedeutung zu. In ihr wird die Nähe möglich, in der Menschen einander mitteilen können, woraus sie leben. In ihr können unterschiedliche Lebens- und Glaubensbiographien einander ergänzen. In ihr gibt es die Erfahrung des Zusammenwirkens unterschiedlicher Begabungen. Die Beheimatung in der größeren Glaubensgemeinschaft der Kirche geschieht oft über die Beheimatung in einer Gruppe, wobei es gegen die Gefahr der Sektenbildung wichtig ist, dass sich die Gruppe bei aller berechtigten und im kirchlichen Pluralismus sogar wünschenswerten Eigenart als Gruppe in der Kirche versteht und verwirklicht.

5.2 Die Familie als Lernort des Glaubens

(1) Zur Situation

Veränderte Familiensituation

Kirchengeschichtlich wurde die Familie zum zeitlich primären Lernort des Glaubens, als die Kirche Volkskirche und die Säuglingstaufe allgemeine Praxis wurde. Die einzelne Familie stand in dieser Zeit allerdings nicht allein mit ihrer Aufgabe. In der familial strukturierten, weitgehend homogenen christentümlichen Gesellschaft wurde sie vom Gesamtlebenszusammenhang ergänzt und getragen. Im sog. katholischen Milieu war sie integriert mit anderen Lernorten des Glaubens. Vor allem drei Veränderungen bestimmen unsere Situation:

- Die Gesellschaft ist nicht mehr familial strukturiert, sondern in einen Plural inhomogener Lebenswelten ausdifferenziert. Die Familienmitglieder leben nur einen Teil ihrer Zeit gemeinsam in der Familie.
- In der pluralistischen Gesellschaft befinden sich die Christen in einer unterschiedlich weit fortgeschrittenen Diasporasitua-

tion, in der sie sich nicht von anderen mitgetragen, sondern von ihnen als „Fremde“ angefragt erfahren.

- Die Familien sind dem Gemeindeleben auf eine sehr gestufte Weise verbunden. Viele Eltern erwarten zwar von der Kirche Dienstleistungen für ihre Kinder – insbesondere im Kindergarten und während der Grundschulzeit; aber die Eltern, denen die Weitergabe ihres Glaubens an ihre Kinder sehr wichtig ist, bilden eine Minderheit. Wo die Familie als privater Rückzugsort gegenüber allem Institutionellen gesucht und gelebt und die Kirche vor allem als Institution erfahren wird, liegen distanzierende Einstellungen nahe.“ Wo Christen nicht tief im Glauben verwurzelt sind, verliert bei der Partnerwahl die Frage an Bedeutung, ob in der Ehe Glaubensgemeinschaft möglich sein wird. Konflikte werden fast immer zugunsten ehelicher Harmonie gelöst.

(2) Eltern als Katecheten

Kinder können als erstes von ihren Eltern leben und glauben lernen.

Die Rede von den Eltern als „ersten Katecheten“ ihrer Kinder kann nicht meinen, dass sie gleichsam Privatlehrerinnen oder -lehrer ihrer Kinder zu sein haben. Es geht vielmehr um eine *katechetische Dimension in der Elternrolle*. Das Spezifische des Lernortes Familie liegt darin, dass an ihm – trotz der modernen Teilzeit- und nicht mehr Vollzeitgemeinschaft – alltägliches Leben miteinander geteilt werden kann. In der Familie ist eine kontinuierliche Nähe möglich, wie sie an anderen Orten nicht gegeben ist. Kinder können an ihren Eltern leben lernen, und dabei können sie auch am Glauben der Eltern teilhaben lernen.[8]

8 Gegenwärtig ist der Trend festzustellen, die katechetische Funktion der Eltern mehr als bisher zu betonen. So bieten die Verlage zu den Kommunion-Kinder-Mappen oft auch ein eigenes Elternbuch an. Besonders deutlich wird von Albert Biesinger die Aufgabe der Eltern gegenüber ihren Kindern herausgestellt unter der Überschrift „Familienkatechese“. Siehe dazu:
- Scheidler, Monika/Emeis, Dieter/Biesinger, Albert, Konkurrenz zwischen Gemeindekatechese und Familienkatechese? (siehe Anhang, Nr. 3)
- Biesinger, Albert, Gott in der Familie (siehe Anhang, Nr. 3)
- Roos, Klaus, Mein Kind geht zur Erstkommunion (siehe Anhang, Nr. 3)

den katholischen Schulen und dem Gruppenleben in der Pfarrei bzw. den katholischen Vereinen und Verbänden relativ fest vorgegeben. Die fortgeschrittene Desintegration der Lebensräume macht es heute riskanter, dass Kinder, die in ihren Elternhäusern eine christliche Glaubensgeschichte beginnen konnten, Christen finden, mit denen sie im Glauben bleiben und wachsen können.

5.3 Die Schule als Lernort des Glaubens

Die sachkundliche und katechetische Dimension des Religionsunterrichtes

Die Möglichkeiten und Grenzen des Glaubenlernens in der Schule können von Schule zu Schule sehr unterschiedlich sein. Das gilt schon im Blick darauf, ob eine ganze Schule in kirchlicher Trägerschaft ist oder nur der Religionsunterricht in ihr etwas mit der Kirche zu tun hat. Trotz der Unterschiede lassen sich doch fast allgemein zwei Veränderungen wahrnehmen, die allerdings nicht überall gleichzeitig und gleich intensiv wirksam werden:

- Die Schulen werden zu Sonderwelten, die weniger mit den Lebenswelten der Kinder und der Lehrenden zu tun haben.
- Darum lösen sich auch die vormals oft engen Verbindungen zwischen der pfarrgemeindlichen Glaubenswelt und den Schulen im Raum der Pfarrgemeinden.

Spürbar werden diese Veränderungen u. a. in den veränderten Rollen der Lehrerinnen und Lehrer. Diese waren zur Zeit integrierter Lebensräume nicht nur auf die Schule begrenzt; Lehrerinnen und Lehrer waren zugleich wichtige Träger der Ortskultur und des pfarrgemeindlichen Lebens. Heute haben sie oft – z.T. schon in den Grundschulen beginnend – wenig oder nichts mit dem Leben der von ihnen Unterrichteten außerhalb der Schule zu tun und leben woanders als ihre Schülerinnen und Schüler.

Zweifellos liegt die besondere Chance des Lernortes Schule bzw. etwas enger des Religionsunterrichtes darin, Heranwachsenden eine *Sachkunde* für den Bereich Religion und Glaube zu vermitteln. Ob und wie weit darüber hinaus auch Vorgänge des Glaubenlernens angestoßen und begleitet werden können, hängt davon ab, ob und wie weit Lehrende und Lernende einander nicht nur in ihren Rollen, sondern auch mit ihren Erfahrungen, wie es ihnen mit ihrem Leben ergangen ist und ergeht, begegnen können und wollen. Grundsätzlich wollen sehr viele der Lehrerinnen und Lehrer mehr als Sachkunde vermitteln; sie wollen *Lebenshilfe* geben, und dazu wollen sie den Heranwachsenden etwas von dem *Interesse Gottes* in deren Leben mitteilen. Und auch Schülerinnen und Schüler erwarten nicht selten von ihren Religionslehrerinnen und -lehrern ein *Zeugnis* ihres Lebens, das zu gegebener Zeit auch in ein Wortzeugnis finden kann. Das kann geschehen, weil in der Schule nicht nur gelernt, sondern auch miteinander gelebt wird. Die Möglichkeiten dazu werden in manchen Schulen bewusst ausgeweitet durch die Mühe um die sog. *Schulwelt*. In manchen kirchlich getragenen Schulen können zu dieser Schulwelt Räume und Begegnungen gehören, in denen diejenigen zusammenfinden, die Erfahrungen mit dem Leben im Glauben machen und austauschen wollen.

Auch wenn die zuletzt genannten Möglichkeiten nicht ausgeschlossen sind, muss doch nüchternerweise zugelassen werden, dass die katechetischen Chancen des Lernortes Schule in der Regel darauf beschränkt sind, Heranwachsenden etwas vom Licht des Evangeliums in ihr Leben mitzugeben, manchmal sie etwas wenigstens ahnen zu lassen vom guten Geheimnis ihres Lebens, da und dort den Schutt von Vorurteilen abzuräumen, der sie daran hindert, etwas mit der Kirche zu tun haben zu wollen. Es gibt zwar so etwas wie eine *katechetische Dimension* des Religionsunterrichtes und katechetische Lernräume in kirchlichen Schulen; aber der Auftrag, Heranwachsende in ihrem Glaubenlernen zu begleiten, kann nicht mehr vorrangig an die Schule delegiert werden.

5.4 Die Gemeinde als Lernort des Glaubens

Katechese kann nur vermitteln, was in der Gemeinde gelebt wird.

Im Doppelwort Gemeinde-Katechese wird der enge Zusammenhang zwischen der Katechese und dem Lernort Gemeinde angezeigt. Oben wurden bereits die Aufbrüche vergegenwärtigt, in denen die katechetische Neuorientierung und die Vision von Gemeinde zusammenfanden. Hier sei dazu noch eine Stimme neu aufgenommen, die schon 1966 sehr deutlich formulierte, dass die katechetische Aufgabe an Kindern und Jugendlichen nicht in von der Gemeinde getrennten Lernräumen anzugehen ist: *„Nicht eine innerkatechetisch immer subtiler gepflegte Katechese, sondern deren organische Einordnung in das umgebende Erwachsenenleben der Gemeinde ist die Grundforderung, die heute an uns gestellt ist. Die Katechese ist gleichsam ein Zwiegespräch zwischen der Gemeinde der getauften Kinder und der Gemeinde der erwachsenen Getauften ... Da das Gottesvolk der Ortsgemeinde als Ganzes das Leben des Glaubens und des Gottesdienstes, das Leben der Bruderliebe und des Apostolates verantwortlich darstellt und vollzieht, kann in sinnvoller und fruchtbarer Weise nur etwas katechesiert werden, was in der Gemeinde realisiert wird, und umgekehrt: Was in der Gemeinde an Glauben und christlichem Leben realisiert wird, kann fruchtbar in der Katechese interpretiert werden.“* (Bruno Dreher, in: ders., A. Exeler, K. Tilmann, Katechese und Gesamtseelsorge, Würzburg 1966, 71f)

Diese Vorstellung von der Gemeinde als Lebens- und Lernort des Glaubens ist zu vermitteln mit der oben skizzierten Spannung zwischen der Vision und der Realität der Gemeinde. Damit ist die Einsicht zu verbinden, dass das Anteilgeben am Glauben der Kirche eine Kommunikation erfordert, die nur in nahen Beziehungen wachsen kann. In den gemeindekatechetischen Bemühungen seit der Würzburger Synode wurden unter diesen Perspektiven einerseits wichtige Schritte getan, wurden andererseits aber auch Grenzen spürbar.

Wenn man auch nicht davon sprechen kann, dass ganze Pfarrgemeinden sich als Lernorte des Glaubens anbieten bzw. erneuern konnten, so ist es doch vielerorts gelungen, Erwachsene aus den Pfarrgemeinden an der Katechese mit den Heranwachsenden zu beteiligen. Vor allem Frauen, bei der Firmkatechese aber auch Männer nehmen mit Kindern und Jugendlichen Beziehungen auf, in denen sie etwas von dem mitteilen können, was ihnen am Glauben wichtig ist. Mancherorts ist es darüber hinaus anlässlich der Firmung Konzept geworden, das Leben der Pfarrgemeinde in ihren Grundfunktionen zu erkunden und Jugendlichen Teilhabemöglichkeiten zu eröffnen. Damit ist zumindest der Anfang gemacht, die Katechese mit Heranwachsenden in einen *Austausch mit dem Glaubensleben von Erwachsenen* zu bringen.

Distanzierte Formen der Teilhabe an der Kirche werden oft unorganisiert gelernt.

Die Wirksamkeit dieser Impulse wird vor allem dadurch geschwächt, dass sehr viele Kinder und Jugendliche an ihren Eltern und an anderen Erwachsenen unorganisiert und dauernd mehr oder minder *distanzierte Teilhabeformen* am gemeindlichen Leben lernen. Sich mit anderen durch das Evangelium zu einer Gemeinde von Christen zusammenrufen zu lassen und in sie die eigene Lebens- und Glaubensbegabung einzubringen, wird als gelebte Praxis meistens nur bei einer Minderheit und damit als Ausnahme wahrgenommen. Dieses Minderheitenverhalten kann durchaus Anziehungskraft entwickeln. Nüchternerweise kann aber nicht erwartet werden, dass davon sehr viele von denen ergriffen werden, die sonst nur sehr entfernt oder gar nicht in Kontakt mit christlichem Lebens- und Wortzeugnis kommen.

Erfahrungen mit den Grenzen der Gemeindekatechese widerlegen nicht die Einsicht, dass eine zukunftswirksame Katechese auf ein gemeindliches Leben angewiesen ist, an dem teilzuhaben Glaubenswillige lernen können. Die Suche nach weiteren Wegen für die Katechese muss sich darum verbinden mit der Suche nach gegenwärtigen und künftigen *Orten gemeindlichen Christseins*. Dabei ist sowohl an lebendige Christengemeinschaften innerhalb der herkömmlichen Pfarrgemeinden als auch an von Pfarreien unabhängige Vergemeinschaftungen von Christen zu denken. Das Katechese-Dokument von Würzburg brachte bereits deutlich zum Ausdruck, dass es in der Katechese nicht nur um die Vermittlung dessen geht, was in der Pfarrgemeinde faktisch geglaubt, gelebt und gefeiert wird; die katechetische Herausforderung sollte vielmehr auch als Impuls zur Reform aufgenommen werden, damit in der Katechese überzeugtes und überzeugendes Christsein weitergegeben werden kann. Dass kirchliche Erneuerung unter sich tiefgreifend verändernden gesellschaftlichen Voraussetzungen eine phantasievolle, reflektierte und geduldig-treue Suche nach ungewohnt neuen Weisen der Verwirklichung von Kirche für die Menschen unserer Zeit bedeutet, wird nicht nur in der Katechese immer unausweichlicher erfahren.

5.5 Neuorientierung in kirchengeschichtlicher Übergangszeit

Das Abschmelzen des sog. katholischen Milieus

Vormodernes Leben ist dadurch charakterisiert, dass die Menschen in *einer* Welt lebten. In dieser einen Welt lernten sie alles, was sie zum Mitleben und darin zum Mitglauben brauchten. Dabei vollzog sich das Lernen weitgehend unorganisiert. Wo sich organisierte Lernformen bildeten, gehörten diese zunächst zu der einen Welt, in der die Menschen lebten – etwa die Dorf- oder die Klosterschule. Als sich mit der Modernisierung des Lebens die Welten, in denen Menschen heranwachsen und leben, pluralisierten, waren diese doch oft noch auf vielfache Weise miteinander verbunden. Im katholischen Milieu waren Familie und Pfarrei, Schule und katholische Vereine nicht eigentlich ein Plural von Lernorten, sie ergänzten sich eher in dem einen Lernort Milieu. Mit dem Abschmelzen des Milieus in der entfalteten Moderne geht eine Zeit der Kirchengeschichte zu Ende. Die Neuorientierung wird davon auszugehen haben, dass Menschen in einem zunehmend unverbundenen Plural von Welten leben. Ein lebendiges Bleiben und Wachsen von Menschen im Glauben ist nur dort zu erwarten, wo ihnen die Anteilhabe an der Christusgemeinschaft in der Welt des Glaubens (biblisch: die Verbundenheit mit Christus als Weinstock) ganz wichtig ist – so wichtig, dass sie dafür auf Lebensmöglichkeiten in anderen Welten verzichten können. Das wird z. B. konkret in der Frage, ob die Freizeitwelt des Wochenendes so organisiert wird, dass in ihr Raum ist für die eucharistische Gemeindeversammlung am Sonntag. Es kann konkret werden, wo Christen sich Zeit nehmen, um eine Beziehung zur Bibel als dem Glaubensbuch der Kirche aufzubauen und zu leben. Es wird konkret in der Freiheit von Christen, Kraft für ein caritatives Engagement verfügbar zu haben. Es lassen sich mehr Beispiele formulieren, in denen es immer um die *Wahl eines Lebensschwerpunktes* geht.

Sammlung von Christen in neuen Glaubensmilieus

Die *neuen Glaubensmilieus*, in denen Christen zusammenfinden, die vom Evangelium ergriffen sind und sich darauf mit Entschiedenheit einlassen, werden die Orte sein, an denen die Lebensmöglichkeiten des christlichen Glaubens an Gott überliefert werden. Möglich bleibt eine gestufte Teilhabe an dieser

Überlieferung für die, denen die Welt des Glaubens zwar nicht ganz wichtig ist, die die Beziehung zu ihr aber doch nicht ganz aufgeben wollen. So erwarten insbesondere viele Eltern einen guten Einfluss der Kirche auf ihre Kinder über den Kindergarten, die Schule bzw. den Religionsunterricht, Familiengottesdienste und Sakramentenkatechese. Sehr oft bleibt ihnen die Welt des Glaubens eine Welt unter anderen – eine Welt, aus der man sich auch nach einer begrenzten Familienphase zurückzieht, wenn andere Welten (z. B. die Welt eines Ferienhauses) mehr Gewicht bekommt.

Wenn eine Re-Integration der im vergehenden katholischen Milieu verbundenen Lebenswelten als unrealistisch anzusehen ist, muss doch neu nach Möglichkeiten der *Sammlung der gemeindlichen Familien* gesucht werden, deren Eltern bzw. Elternteilen die Weitergabe des Glaubens an ihre Kinder sehr oder sogar ganz wichtig ist. Auch wenn es nur wenige oder sogar sehr wenige Eltern sind, die in der Gemeinde gegenseitige Stärkung im Glauben und Glaubensräume für ihre Kinder suchen, ist deren Sammlung der Ort, an dem die Lernorte Familie und Gemeinde in neuen Kleinmilieus zusammenfinden können.

Zur pastoralen und katechetischen Neuorientierung muss darüber hinaus eine *missionarische Aufmerksamkeit* für die Menschen gehören, die erst als Jugendliche oder Erwachsene von dem angezogen werden, was ihnen im Zeugnis von Christen nahe kommt. Die Zeit, in der die Bevölkerung bei uns unter den Konfessionen aufgeteilt war und die Katechese fast ausschließlich in der kirchlichen Integration des eigenen Nachwuchses bestand, geht ihrem Ende entgegen. Die Kirchen leben mit sehr vielen Menschen zusammen, die keiner christlichen Glaubensgemeinschaft angehören. In dieser Situation stellt sich allen Kirchen nicht nur die Frage der Anziehungskraft für die Kinder der eigenen Kirchenmitglieder, sondern auch die Frage, wo und wie sie Menschen außerhalb ihrer Kreise das christliche Zeugnis nahe bringen und ihnen, wenn sie sich ihrerseits den Christen annähern wollen, in Eingangshallen entgegenkommen können. Das Neuland, das hier katechetisch zu betreten ist, soll nach dem II.

Vaticanum im Erwachsenenkatechumenat wieder fester Teil kirchlichen Lebens werden. Von ihm empfangen inzwischen auch andere Handlungsfelder der Katechese wichtige Anregungen.

Zusammenfassung:
Christlich an Gott glauben wird in Beziehungen gelernt, in denen Menschen am Glauben von Glaubenden Anteil bekommen. Solche Beziehungen sind an unterschiedlichen Lernorten auf unterschiedliche Weise möglich. Die Lernorte Familie, Schule und Gemeinde konnten dort, wo sie integriert waren, zusammenwirken. Meistenorts bilden sie heute Sonderwelten, in denen auf je eigene Weise danach gesucht werden muss, wie in ihnen Zugänge zu einem Leben im Glauben eröffnet werden können. Die spezifischen Chancen der Gemeindekatechese sind von Glaubensorten abhängig, an denen Menschen, die mit glauben wollen, eine kontinuierliche Anteilhabe ermöglicht wird.

6. Der Erwachsenen-katechumenat

von Franz-Peter Tebartz-van Elst

6.1 Neue Aufmerksamkeiten für den Erwachsenenkatechumenat

Jeder äußere Anlass verdient eine innere Beachtung.

Wenn Erwachsene heute nach der Taufe fragen, haben sie nicht selten Anwege, die unter volkskirchlicher Perspektive wie Abwege erscheinen. Was Menschen aus scheinbar glaubensfernen Biographien an Fragen und Suchbewegungen in den Glauben einer Gemeinde einbringen können, braucht Orte der Versprachlichung und der Veranschaulichung, damit solche Erfahrungen des Lebens zu Zeugnissen des Glaubens reifen können.

Die Anlässe, die heute eine Aufmerksamkeit für Glauben und Kirche hervorbringen, sind vielfältig: Die Beziehung zu einem katholischen Lebenspartner und die Vorbereitung auf die Hochzeit, Umsiedlung aus dem Osten mit dem Wunsch der Integration in die neue westliche Gesellschaft, die Geburt eines Kindes und die Überlegung, es taufen zu lassen, aber auch Krankheit, Beziehungsverluste, Misserfolg und Erfahrungen persönlichen Scheiterns sind Kontexte, in denen das Bedürfnis nach Orientierung geweckt wird.[10] Fragen, die sich in solchen Zusammenhängen auftun, sind aber nicht theoretisch, sondern praktisch hervorgerufen und ausgerichtet. Neue und offene Lebenssituationen wollen begangen und auf solchen Wegen „bewohnt" werden. In diesem Sinn ist die Suche nach Orientierung der Wunsch nach Beheimatung. Es geht um Worte, Zeichen, Symbolhandlungen und Riten, die die Fragen des Menschen so aufnehmen, dass er sich darin aufgehoben erfährt, und es geht um Kommunikationsräume, die freisetzen, was im Menschen ist. In dieser Ausrichtung kann sich aus scheinbar vordergründigen Anlässen die Einsicht in darunter liegende Motive einstellen. Sie sind die

10 Vgl. F.-P. Tebartz-van Elst, Warum Erwachsene sich taufen lassen, in: Entschluss, Nr.7–8, 52 (1997), 35–39.

eigentlichen Schätze im Acker einer Lebensgeschichte, von Gott dort so eingesenkt, dass der Mensch sich auf die Suche danach macht, ohne im Vorhinein schon zu wissen, „warum“ und „wie“ (vgl. Mt 13,44).

Motive reifen im Katechumenat zu Motivationen.

Die Motive, die heute zu einer Entscheidung für den Glauben der Kirche führen, sind nachhaltiger, komplexer und langwieriger. Deshalb braucht es auch mehr Zeit, sie wahrzunehmen, sie wahrhaben zu wollen um sie mitteilen zu können. Hinter manchem Wunsch, „soziologisch dazuzugehören“ offenbart sich erst auf dem Weg einer längeren Annäherung und Auseinandersetzung die innere Einwilligung, in sich einzukehren, um umzukehren. „Conversio“ und „confessio“ sind gleichermaßen die Einbrüche und Aufbrüche, die ein inneres Motiv freilegen. Lebenserfahrungen, die zu Glaubenserfahrungen gereift sind, drängen danach, sich auszudrücken. Hier setzt die Liturgie und Katechese an und gewinnt eine maieutische Funktion. Sie hilft, das ans Licht zu bringen, was von Gott her immer schon gegeben ist. Ihre Aufgabe besteht darin, dem Christusgeheimnis des Glaubens so Ausdruck zu geben, dass darin das Lebensgeheimnis von Menschen angerührt wird. Wo das geschieht und gelingt, ist Liturgie mystagogisch und nur wo sie mystagogisch ist, wirkt sie katechetisch. Die Stufenfeiern des Katechumenates werden in diesem Verständnis im Französischen als „rites de passage“ bezeichnet. Als Durchgangs- bzw. Übergangsriten haben sie einen transformatorischen Charakter. Sie greifen auf, was im Leben aufgebrochen und gewachsen ist und sie stellen es so in den Deutungshorizont des christlichen Glaubens, dass es einen tieferen Sinn und ein neues Bewusstsein ergibt. Die katechumenalen Stufenriten bekommen deshalb auf der Suche nach der Weise, wie der christliche Gott in nachchristlicher Gesellschaft gefeiert werden kann, in doppelter Hinsicht eine erschließende Bedeutung.

Katechumenale Riten des Glaubens an den Bruchstellen des Lebens

1. Sie setzen dort an, wo heute die Frage nach dem christlichen Glauben und der Kirche wach wird: in persönlichen Notsituationen, an Zäsuren in den jeweiligen Biographien, in dem postmodernen Bedürfnis nach ästhetischen (d.h. auch ausdrücklich gestylten) Formen von Fest und Feier, in einer damit verbunde-

nen Aufmerksamkeit für entsprechende Symbole und symbolhafte Kommunikationsformen[11] sowie in der Suche nach Kontrasterfahrungen zur konkreten gesellschaftlichen Wirklichkeit.

Katechumenale Riten im Vorraum sakramentaler Liturgie

2. Sie verstehen sich nicht als auf das Leben gesetzte, ihm übergestülpte bzw. nachgehende Riten, sondern als Träger einer Dynamik, die dort freigesetzt wird, wo das Leben zur Frage wird und sich für die Botschaft des christlichen Glaubens öffnet. Diese katechumenale Schubkraft verweist auf ein theologisches Bewusstsein, das nach G. Kretschmar davon ausgeht, dass es auch „ein Christsein vor der Taufe" gibt.[12] Damit ist nicht die sakramentale Existenz und Identität des Glaubenden gemeint, wohl aber jene mystagogische Wirklichkeit angesprochen, die mit K. Rahner davon ausgeht, dass Gott als Schöpfer immer schon bei seinem Geschöpf ist; der Mensch aber zeit seines Lebens gerufen bleibt, in dieses Geheimnis hineinzufinden.[13] Diese suchende und glaubende Dynamik hat also eine ausdrücklich anthropologische Dimension. Aus ihr heraus ergibt sich die Ausrichtung auf die sakramentale Anziehungskraft der Kirche, die wiederum in die menschliche Wirklichkeit hineinsprechen und -handeln möchte. Damit verbindet sich ein Bewusstsein, das die Sakramente ausdrücklich als positive und nicht als exklusive Heilszeichen versteht. Sie verkörpern und veranschaulichen in dieser Welt, was allen verheißen ist, die sich suchend und glaubend auf den Weg machen.[14] In diesem Verständnishorizont bekommen gerade die „vor"-sakramentalen Stufenfeiern eine propädeutische Funktion. Ihre Liturgie veranschaulicht und führt gleichzeitig schrittweise in die sakramentale Fülle des christlich-kirchlichen Glaubens ein, die ihrerseits nicht Selbstzweck ist, sondern auf die Sendung und Bezeugung der Reich-Gottes-

11 Vgl. B. Kranemann, „Feiertags kommt das Vergessene ..." Zu Deutung und Bedeutung des christlichen Festes in moderner Gesellschaft, in: LJ 46 (1996), 3–22.

12 So in: F.-G. Friemel/F. Schneider, Katechumenat in Geschichte und Gegenwart, Leipzig 1987, 7.

13 Vgl. dazu weiterführend: H. Haslinger, Was ist Mystagogie? Praktisch-theologische Annäherung an einen strapazierten Begriff, in: St. Knobloch/H. Haslinger, (Hg.), Mystagogische Seelsorge. Eine lebensgeschichtlich orientierte Pastoral, Mainz 1991, 15–75, hier bes.: 28ff.

14 Vgl. D. Emeis, Sakramentenkatechese, Freiburg 1992, 49ff.

Botschaft in dieser Welt abzielt. Diese umfassende glaubend-sakramentale Dynamik wird in ihrer theologischen, spirituellen, katechetischen und pastoralen Bedeutung von einer Liturgie getragen, die ihr in vorchristlicher Gesellschaft zugewachsen ist. Für eine angemessene Liturgie auf dem Weg zum Glauben und zur Taufe in nachchristlicher Gesellschaft kann eine liturgiegeschichtliche Vergewisserung deshalb herausfordernd und inspirierend zugleich werden.

6.2 Die Institution des Erwachsenenkatechumenates

6.2.1 Liturgiegeschichtliche Vergegenwärtigung

Sprachliche Wurzel und inhaltliche Bestimmung

a) Das Wort „Katechumenat" hat von seiner griechischen Sprachwurzel 'katechein' her die Bedeutung von „entgegentönen". Das Wesen des Katechumenates besteht in katechetischer und liturgischer Hinsicht darin, pastoraler Klangkörper zu werden für die Botschaft von Ostern.

Verwendet man das Wort „katechein" im transitiven Sinn, bekommt es die Bedeutung von „unterrichten" (vgl. lat.: catechizare). In diesem Sinne versteht sich der Katechumenat als fundamentale, ganzheitliche Einführung in das Symbolon des christlich-kirchlichen Glaubens, so dass der einzelne Christ einen persönlichen Glauben im Sinne des „credo" zu finden lernt.

Gesellschaftliche Kontexte bedingen katechetische Konzepte.

b) Die Sakramentenpastoral und -liturgie der frühen Kirche verfolgt dieses grundlegende Lernziel. Sie ereignet sich zunächst in einem gesellschaftlichen Kontext, der dem Christentum in Verfolgung und Ablehnung, später dann in vorsichtiger Toleranz gegenübersteht. Diese Kontrasterfahrung bedingt Formen der Glaubenseinführung und -gestaltung, die Christwerden und Christbleiben vor allem als Bildung und Bewährung einer Glaubensidentität verstehen. In einer so gearteten Umwelt den eigenen Standort zu kennen, hilft dezidierte Standpunkte einzunehmen. Eine solche Entschiedenheit braucht gerade unter den Umständen eines gesellschaftlichen Gegenwindes Schutzräume und Erkundungswege, die die Schritte zum Glauben und zur Kirche als einen Wachstumsprozess verstehen, der einer längeren Zeitdauer und institutioneller Hilfen bedarf. In diesem Sinn entwickelt sich vom 2. Jahrhundert an der Katechumenat[15] als ein Glaubensweg in doppelter Hinsicht: Zuerst bezeichnet er einen Weg der Hinführung zum Glauben und einer Einführung in das Glaubensbekenntnis der Kirche, die mehr ist als Unterricht. Dadurch, dass dieser Weg inmitten der Gemeinde seinen originären Ort hat, bezieht er die bereits Getauften mit ein. Wo diese zu Wegbegleitern werden, bewirkt diese Gefährtenschaft eine Vertiefung und Bestärkung der eigenen Glaubensidentität.

Frühkirchliche Praxis als inspirierende Bewegung

c) Diese wechselseitige Inspiration schafft hier eine kommunikative Form der Glaubensverortung, die sich in der frühen Kirche in folgender Weise institutionalisiert: Taufbewerber wurden durch Gläubige, die für sie bürgten (Paten) in die Gemeinde eingeführt. Wenn sie nach einer ersten Orientierung, entsprechenden Begegnungen mit anderen Christen und einer daraus erwachsenen Entschiedenheit an diese Schwelle gelangt waren, folgte in einem ersten Stufenritus die Aufnahme in den Katechumenat. Von dieser Zäsur an sah die Kirchenordnung des Hippolyt eine dreijährige Teilnahme am sonntäglichen Wortgottesdienst der Gemeinde vor, bei der jeweils die Entlassung der Katechumenen nach der Verkündigung und Auslegung der Hl. Schrift in der Homilie erfolgte. Daran wird inhaltlich und formal die Bedeutung der schriftbezogenen Katechese in der Liturgie des Kirchenjahres ablesbar, die das katechetische Prinzip dieses Weges der Taufvorbereitung insgesamt ausmachte. Etwa sechs Wochen vor dem Osterfest begann nach der katechetischen Unterweisung die unmittelbare und intensive spirituelle Vorbereitung auf den Empfang des einen Initiationssakramentes in seiner dreifachen Ausgestaltung (Taufe, Firmung, Eucharistie). Diese weitere Schwelle innerhalb des Katechumenats wurde durch einen weiteren liturgischen Stufenritus „begangen". Die Bewerber wurden nach einer Prüfung ihres Lebenswandels jetzt (vom Bischof in den westlichen Stadtkirchen) als „electi" im Namen der

15 Vgl. dazu weiterführend: B. Kleinheyer, Sakramentale Feiern I. Die Feiern der Eingliederung in die Kirche, in: GdK, Handbuch der Liturgiewissenschaft, hg. v. H. B. Meyer u.a. Regensburg 1989, 57ff.

Kirche zur Spendung der Eingliederungssakramente in der folgenden Osternacht erwählt. Hinter diesem Tun verbirgt sich die theologische Überzeugung, dass der Mensch den Glauben nicht machen kann, sondern dass er Geschenk ist. Gott ist es, der den Glauben gibt. Dies will die Kirche im zweiten katechumenalen Stufenritus der Zulassung zur Taufe (bzw. der Feier der „Erwählung“) in seinem Namen zum Ausdruck bringen. In der ostkirchlichen Tradition erhielt die mit diesem Ritus beginnende unmittelbare Vorbereitungszeit den Namen „Photizomenat“. Der inneren Erleuchtung und Klärung im Sinne der Bildmetaphorik des Johannesevangeliums über die Schritte zum Glauben dienten in der Zeit der frühen Kirche auch andere liturgische Handlungen, wie Exorzismen, Handauflegung, Bezeichnungen mit dem Kreuzzeichen, Übergabe des Glaubensbekenntnisses und des Vaterunsers. Hinter dieser Praxis steht entwicklungsgeschichtlich und nach wie vor zutreffend die Erfahrung, dass institutionalisierte Prozesse stützende Feiern brauchen, die bündeln, was „unterwegs“ gewachsen ist und die in allen Mühen gleichzeitig den Ausblick auf das eröffnen bzw. wach halten, was als Ziel noch aussteht. Die schon erwähnte katechumenale Dynamik kann sich nur entfalten, wo es Wegmarken gibt, die der Prozesshaftigkeit menschlichen Lebens und Glaubens entsprechen.

Volkskirchliche Umstände verdrängen den Katechumenat.

d) Im Verlust dieser Praxis besteht letztlich auch das eigentliche pastoralliturgische Defizit, das sich mit der gesellschaftlichen Wende in nachkonstantinischer Zeit und dem damit ausgelösten Massenzustrom zur Kirche ergibt. Nicht nur der Katechumenat in seiner von den Kirchenvätern auf die unterschiedlichen jeweiligen ortsspezifischen Gegebenheiten hin adaptierten Gestalt wird allmählich ausgehöhlt. Viel umfassender und nachhaltiger geht mit dieser Form kirchlicher Sakramentenpraxis ein theologisches Bewusstsein vom konstitutiven Gemeindebezug der Sakramente verloren. Die Folge davon ist ein häufig privatisiertes und individualisiertes Verständnis von den Sakramenten als Heilsmittel. Mit einer solchen Verkürzung ist gleichzeitig die Gefahr eines zu statischen Missverständnisses gegeben, das die ursprüngliche sakramentale Dynamik, wie sie im frühkirchlichen Katechumenat zum Ausdruck kam, auch in der gemeindebildenden und gemeindeerneuernden Bedeutung zu wenig wahrnimmt. Von der mittelalterlichen bis zur neuzeitlichen Kirchengeschichte lässt sich in sakramententheologischer, vor allem aber in sakramentenpastoraler Hinsicht durchgehend diese Problemanzeige feststellen.

Quellen der Wiederbelebung des Katechumenats

e) Erst durch das mit der Liturgischen Bewegung neu entfachte Bewusstsein von der Sakramentalität der Kirche in der Feier der Gemeinde wurde ein theologisch-pastoraler Kontext wiederbelebt, vom dem weitere Suchbewegungen ausgehen konnten, die die Eingliederungssakramente der Kirche wieder in ihrem ursprünglichen Feierzusammenhang erscheinen lassen. Die u.a. dadurch mitbewirkte und inspirierte Wiederbelebung des kirchlichen Katechumenates durch das Zweite Vatikanische Konzil (vgl. SC 64,66–69 und AG 13–14) ist ein theologie- und pastoralgeschichtlicher Einschnitt im Gesamt der Kirchengeschichte, mit dem Denk- und Handlungswege aufgetan sind, der frühchristlichen Kirchendynamik durch die Liturgie zu einer neuen zeitgemäßen Praxis zu verhelfen. Der 1972 für die gesamte Kirche in Kraft gesetzte Ordo Initiationis Christianae Adultorum (OICA) verweist in den pastoralen Vorbemerkungen ausdrücklich auf die Notwendigkeit pastoraler Adaptionen. Diese obliegen zuerst dem jeweiligen Ortsbischof, womit der OICA formal und inhaltlich an die erwähnte Praxis der Prägung des Katechumenates durch die Kirchenväter anknüpft, die als Bischöfe und Lehrer ihrer Gemeinden um eine dogmatisch-systematische und pastoralkatechetische Zusammenführung von Glaubensinhalten und Glaubenswegen in liturgischer Praxis bemüht waren. Mit der Auflösung von christlich-volkskirchlich umrissenen Lebenswelten hin zu einer offenen, pluralen nachchristlichen Gesellschaft lassen sich gerade aus diesen pastoralgeschichtlichen Vergegenwärtigungen Impulse gewinnen, die zu pastoralliturgischen Orientierungen in der gegenwärtigen kirchengeschichtlichen Übergangssituation werden können.

6.2.2 Liturgiekatechetische Orientierung

Mit der Entwicklung des erwähnten eigenen Ritus für die Feier der Eingliederung Erwachsener in die Kirche ist 1972 weltweit gen in die Liturgie der Kirche Eingang finden, entzündet sich an dieser Konkretheit das Bedürfnis, mehr darüber zu erfragen, sich neu zu hinterfragen und auf diese Weise den Glauben in der Gemeinde einander mitzuteilen.

Kirchlicher Glaube als Beheimatung vielfältiger Lebenswirklichkeit

Ferner vermitteln die katechumenalen Stufenfeiern gerade innerhalb des aufgezeigten Spannungsgefüges. Sie sind keine fromme „Absegnung" einer beliebigen Lebenssituation bzw. irgendeines verzweckten und damit u.U. zweifelhaften Lebensbedürfnisses. Sie verstehen sich zuerst als die „Ankündigung" einer verheißenen Glaubenswirklichkeit auf die je konkrete Lebensgeschichte hin. Das macht die Verkündigung dieser Liturgien aus und darin besteht ihre unverwechselbare Identität. Sie sprechen von dem Ziel, auf das der Weg hin ausgerichtet ist. Diese Entschiedenheit auf der einen Seite ermöglicht Offenheit auf der anderen Seite. Der Katechumenat lehrt, dass es Zeit, Prozesse, Phasen und Stufen braucht, um in die kirchliche Identität so hineinwachsen zu können, dass der suchende Mensch in postmoderner Gesellschaft entdeckt: Sinnstiftende Heimat vermittelt der Christusglaube der Kirche gerade darin, dass er in seinem Bekenntnis umfassender ist als nur die je eigenen Plausibilitäten abzudecken. Die Liturgie, die vermittelt, dass der gefeierte Glaube der Kirche den jeweils konkret feiernden Glaubenden noch übersteigt, vermag die Vielfalt postmoderner Lebenswirklichkeit überhaupt erst zu beheimaten. Deshalb darf in liturgischen Symbolhandlungen immer mehr anklingen, als unmittelbar rezipierbar erscheint. Deshalb muss in ihnen aber auch immer soviel Lebenswirklichkeit angesprochen werden, wie eine existentielle Identifikation mit dem bezeichneten Weg möglich wird. Aus dieser Forderung ergibt sich ein liturgiekatechetischer Handlungsimpuls, der situationsbezogen je neu zu leisten ist und hier anhand der katechumenalen Stufenfeiern konkretisiert werden soll.

6.2.3 Symboldidaktische Ausgestaltung

Der konziliare Auftrag zur Wiederbelebung des Katechumenates hat seit Mitte der 1970er Jahre in unterschiedlichen Ortskirchen zu pastoralliturgischen Konkretionen geführt, die in vergleichender Perspektive für die pastorale Praxis in Deutschland zu inspirativen und innovativen Aufbrüchen geworden sind. Waren es zunächst Impulse aus Frankreich, die vor allem in liturgietheologischer Ausrichtung in den deutschsprachigen Ländern zu einer ersten Aufmerksamkeit für den Katecheumenat führten[17], so haben pastoralliturgische Erfahrungen des wiederbelebten Erwachsenenkatechumenates in den USA[18] vor allem in praktischer Hinsicht die Bemühungen um eine katechumenale Pastoral und Liturgie hierzulande seit Anfang der 1990er Jahre wesentlich geprägt. Gerade der hohe Stellenwert, der der Liturgie in der nordamerikanischen Katechumenatspraxis zukommt, hat dazu beigetragen, in der liturgiekatechetischen Vorgehensweise eine mystagogische Qualität zu entdecken. Darauf zu vertrauen und auf dieses originär theologische Profil in der Glaubenshinführung und -weitergabe zu setzen, verlangt eine entsprechende Aufmerksamkeit für die einzelnen Symbolhandlungen, wie sie z.B. in den nachfolgend skizzierten Stufenfeiern enthalten sind. Die hier vorgestellten praktischen Möglichkeiten für weitere symboldidaktische Erschließungen spiegeln den Entwicklungsstand der Wiederbelebung des Erwachsenenkatechumenats in Deutschland wider.

(1) Erste Stufenfeier:

Die Feier der Aufnahme in den Katechumenat

Dieser erste Stufenritus innerhalb des gesamten katechumenalen Prozesses „begeht" die Schwelle von einer ersten mehr unverbindlichen Orientierungsphase (Präkatechumenat) zur verbindlicheren Zeit der katechetischen Vorbereitung im Katechumenat. An dieser Zäsur geht es um die Grunderfahrung eines

17 Vgl. P. Thomas, Pour une mémoir catéchumenale, Paris 1992; D. Zimmermann, Erfahrungen mit dem erneuerten Katechumenat in Frankreich, in: Die Feier der Eingliederung Erwachsener in die Kirche, hrsg. von den Liturgischen Instituten Salzburg/Trier/Zürich, Freiburg 21986, 265–270.

18 Vgl. F.-P. Tebartz-van Elst, Der Erwachsenenkatechumenat in den Vereinigten Staaten von Amerika. Eine Anregung für die Sakramentenpastoral in Deutschland, (MThA 28), Altenberge 1993, hier bes.: 467 ff.

herzlichen und ernst gemeinten Willkommens mit der eigenen Lebensgeschichte und Person im Raum der Kirche und Gemeinde. Die Liturgie dieses ersten Stufenritus hat deshalb das Entgegenkommen Gottes im Entgegenkommen der Kirche so zu verkörpern, dass die Hineinnahme des ganzen Menschen mit all seinen Sinnen, seiner Geschichte und seinen noch offenen Glaubens- und Lebensmöglichkeiten in den Leib Christi, als den sich die Kirche versteht, glaubwürdig wird.

Vier ausdrückliche Symbolhandlungen stehen im Dienst dieser Grundbewegung:

Das Zeugnis von Taufbewerbern und Paten

a) Leibhaftiges Entgegengehen der Kirche den Taufbewerbern gegenüber beginnt bei der Aufnahme in den Katechumenat z.B. damit, dass die Taufbewerber mit ihren Glaubensbegleitern (Paten) an der Kirchentür abgeholt werden. Die dort ausgesprochene Begrüßung und der gemeinsame Einzug in die Kirche kann dann zum Bild für das werden, worum es insgesamt geht: vor Gott zu treten mit dem bisherigen Leben und die bisherige Biographie mit all ihrer u.U. bisher enthaltenen Glaubens- und Kirchenferne in den Raum der Gemeinde zu tragen. Auch die **Bereitschaftserklärung der Paten** sollte durch ein ausführlicheres Wort der Empfehlung zum Ausdruck kommen, bei dem der Weg, der beide zusammengeführt hat, aber auch alle anfanghaften Unsicherheiten, Zweifel und Ängste ausgesprochen werden sollten.

Die Bezeichnung der Sinne mit dem Kreuzzeichen

b) Der Ritus der Feier der Eingliederung Erwachsener in die Kirche sieht eine ausgedehnte **Bezeichnung aller Sinne des Menschen mit dem Kreuzzeichen** vor, wozu darauf verweisende Deuteworte gesprochen werden. Mit dieser Berührung soll angedeutet werden, dass sich der ganze Mensch in seinem Auffassungs-, Bewegungs-, und Handlungsvermögen für die Botschaft des Glaubens öffnen soll und mit seiner Einwilligung dafür von Gott in Dienst genommen wird. Davon geht für die mitfeiernde Gemeinde der Impuls aus, mit allen Sinnen zu glauben.[19]

Die Überreichung der Bibel

c) Mit allen Sinnen den Glauben zu lernen, heißt vor allem, dass Wort Gottes in der biblischen Bezeugung aufzunehmen. Als Ausdruck dieser Erwartung der Kirche an die Taufbewerber sieht der Ritus die **Überreichung der Heiligen Schrift** nach der Wortverkündigung und -auslegung (Homilie) vor. Die Überreichung der Bibel als „Ur-Kunde" des Glaubens sollte widerspiegeln, welche Bedeutung der Hl. Schrift als katechumenales Curriculum zukommt. Wo die Katechumenen das Buch des Glaubens als eine Schrift kennen lernen, in der ihr Leben aufgehoben ist, und die Worte und Ereignisse der biblischen Bücher von ihnen als eine Wirklichkeit entdeckt werden, in der sie sich als Suchende wiederfinden, wird die Übergabe der Bibel in der Liturgie zur Weitergabe des Glaubens.[20]

Die Überreichung des Kreuzes

d) Das offizielle Ritenbuch sieht keine eigene **Überreichung des Kreuzes** vor, betont aber in der pastoralen Einführung die Notwendigkeit und Bedeutung von Adaptionen, für die hier auch Kriterien zur Orientierung entwickelt werden (vgl. Art. 64–67). Die „dem Spender zustehenden Anpassungen" (vgl. Art. 67) lassen Raum für eine über die Bezeichnung mit dem Kreuzzeichen

19 Literaturhinweise für die Praxis (siehe auch Anhang, Nr. 5.2): In den folgenden Lesehinweisen werden folgende Abkürzungen verwendet:

FEE, 1991: Die Feier der Eingliederung Erwachsener in die Kirche (nach dem neuen Rituale Romanum), hrsg. v. d. Liturgischen Instituten Salzburg/Trier/Zürich, Freiburg 31991.

Werner, 2000: E. Werner, (Hg), Erwachsene fragen nach der Taufe. Eine katechetisch-liturgische Handreichung zur Gestaltung des Katechumenats, München 2000.

Teb.-v.Elst, 1995: F.-P. Tebartz-van Elst, (Hg.), Öffne uns den Brunnen der Taufe. Die Feiern der Eingliederung in die Kirche, Stuttgart 1995.

Ball u.a., 1997: M. Ball/F.-P. Tebartz-van Elst/A. Waibel/E. Werner, Erwachsene auf dem Weg zur Taufe. Werkbuch Erwachsenenkatechumenat, München 1997.

Teb.-v.Elst, 2001: F.-P. Tebartz-van Elst, Handbuch der Erwachsenentaufe. Liturgie und Verkündigung im Katechumenat, Münster 2001.

Lesehinweise zur praktischen Umsetzung (Bezeichnung der Sinne):
- FEE, 1991, Art. 68-69, hier: bes.: Art 83ff.
- Werner, 2000, vgl. Kapitel F2
- Teb.-v.Elst, 1995, S. 22-34, hier: S. 29f.
- Ball u.a., 1997, S. 87-93, hier: S. 90
- Teb.-v.Elst, 2001

20 **Lesehinweise zur praktischen Umsetzung (Überreichung der Bibel):**
- FEE, 1991, Art. 93.
- Werner, 2000, vgl. Kapitel F2.
- Teb.-v.Elst,1995, S. 31.
- Ball u.a., 1997, S. 90.
- Teb.-v.Elst, 2001.

hinausgehende Übergabe dieses christlichen Symbols. Als Erinnerungs- und Bekenntniszeichen kann es im alltäglichen Lebensraum die Botschaft dieser Aufnahmefeier wach halten und den Blick aus dem äußerlichen Vielerlei, das Menschen umgibt, auf die österliche Verheißung der Taufe richten, die dem Leben eine innere Eindeutigkeit geben will.[21]

Prozessstützende Riten

Weitere Riten und Feiern während der folgenden Phase der entfernteren Vorbereitung (Katechumenat) sind: Gebete/Segnungen (vgl. FEE 119ff.) und Salbungen mit dem Katechumenenöl.

Der Ritus zur Feier der Eingliederung Erwachsener in die Kirche sieht vor, dass die **Salbung mit dem Katechumenenöl** mehrfach begangen werden kann (vgl. FEE Art. 128). Bereits im Rahmen der Aufnahme in den Katechumenat (1. Stufenritus) kann sie am Ende des Wortgottesdienstes gestaltet werden. Im weiteren Prozess der Vorbereitung auf die Sakramente der Eingliederung bekommt die Katechumenensalbung aber gerade dort eine wichtige unterstützende Bedeutung, wo einzelne Taufbewerber sich mit inneren oder äußeren Widerständen bzw. Ermüdungen auseinander zu setzen haben.[22]

***(2) Zweite Stufenfeier:* Die Feier der Zulassung zur Taufe**

Diese zweite Stufenfeier im katechumenalen Prozess bekommt schon durch ihren zeitlichen Ansatz am Beginn der österlichen Bußzeit eine exponierte Mittlerfunktion zwischen den Taufbewerbern und der Gemeinde der Getauften. In diese Liturgie fließen einmal die zurückgelegten Wege der Taufbewerber ein, was

21 **Lesehinweise zur praktischen Umsetzung (Überreichung des Kreuzes):**
- Teb.-v.Elst, 1995, S. 22-34, hier: S. 32f.
- Ball u.a., 1997, S. 87-93, hier: S. 90f.
- Teb.-v.Elst, 2001

22 **Lesehinweise zur praktischen Umsetzung (Segnungen und Salbungen):**
- Werner, 2000, vgl. Kapitel F2.
- Teb.-v.Elst, 1995, S. 70–78.
- Ball u.a., 1997, S. 87-93, hier: S. 113f.
- Teb.-v.Elst, 2001

Vielfalt und aktuelle Lebensbezogenheit garantiert. Dadurch, dass die Gemeinde der Getauften diese Zeugnisse der Taufbewerber entgegennimmt, wird sie gleichzeitig in die Spur der eigenen Tauferinnerung geführt. Damit schafft diese Liturgie eine Verbindlichkeit in doppelter Hinsicht.

Als bischöfliche Feier auf der diözesanen Ebene veranschaulicht diese Liturgie, dass es in nachchristlicher Gesellschaft der Sammlung einzelner Christen und Gemeinden bedarf, um eine bestärkende Ermutigung nach innen sowie eine einladende Strahlkraft nach außen entwickeln zu können.
Gleichzeitig wird in der Zulassung der Taufbewerber durch den Bischof die Ortskirche als eine lebendige Vernetzung von Gemeinden erfahren, die einmal den Taufbewerbern die Erfahrung vermittelt, nicht allein zu sein, und gleichzeitig Kirche als eine Größe erleben lässt, die über manchen gemeindlichen Provinzialismus hinaus eine befreiende Perspektive von Glauben vermittelt. Im **Ritus der Sendung durch die Gemeinde** und im **Ritus der Zulassung durch den Bischof** bekommt die zweite liturgische Stufenfeier im Katechumenat eine kommunikative Weite, die der Vielfalt von Lebensbezügen und -bewegungen ausdrücklich entgegenkommt.

Der Ritus der Sendung durch die Gemeinde

a) Der **Ritus der Sendung** hat seinen Ort in der Gemeinde und richtet sich aus ihrer Mitte an den Bischof. Was inmitten der Glaubenden vor Ort bei den Taufbewerbern an Entschiedenheit und Vertrautheit gewachsen ist, verträgt es, als eine Frucht des Glaubens der Gemeinde in die Gemeinschaft der Ortskirche eingebracht und beim Namen genannt zu werden. Diese Empfehlung, für die die jeweilige Ortsgemeinde bürgt, bedarf einer entsprechenden Symbolhandlung, um nach außen begreifbar zu werden. Hier hat sich vom amerikanischen Beispiel inspiriert die Praxis ausgeprägt, die Bitte der Bewerber um die Zulassung zur Taufe durch die Eintragung ihrer Namen in ein Sendschreiben öffentlich zum Ausdruck zu bringen. In Anlehnung an 2 Kor 3,1–3 werden die Taufbewerber einer Gemeinde zum *„Brief Christi, geschrieben nicht mit Tinte, sondern mit dem Geist des lebendigen Gottes ...“*, weil sie mit ihren Namen ebenfalls für den lebendigen Glauben einer Gemeinde einstehen. Es sind diese persönlich gefärbten Zeugnisse der jeweiligen Gemeinde, die erst gemeinsam den Reichtum der Ortskirche ausmachen.[23]

Der Ritus der Zulassung durch den Bischof

b) Der **Ritus der Zulassung** der Taufbewerber zum Empfang der Initiationssakramente auf diözesaner Ebene enthält dementsprechend mehrere Teilhandlungen, die die Vielfalt unterschiedlicher Anwege als vernetzte Einheit in den Blick rücken. Schon die Vorstellung der einzelnen Bewerber durch die jeweiligen Gemeindevertreter und die persönliche Begrüßung durch den Bischof zeigt ein lebendiges Kommunikationsgeschehen und macht deutlich, dass zur Liturgie auch das Ankommen und das Willkommen gehören. Die Überreichung der gemeindlichen Sendschreiben an den Bischof veranschaulicht die ausdrücklich kirchliche Bewegung, die hier vollzogen wird. Die Zeugnisse der Gemeindevertreter auf die Frage des Bischofs nach dem Vorbereitungsstand und der Bereitschaft der Taufbewerber bringen die Vielfalt heutiger Lebenswelten und -vollzüge so zur Sprache, dass Personen, Gemeinden und die Ortskirche durch rituell-symbolisches Handeln ein Gesicht bekommen, ohne zu sehr exponiert zu werden. Die unmittelbare Zulassung durch die persönliche Handauflegung des Bischofs bei den Bewerbern lässt in dieser unmittelbaren persönlichen Begegnung und leibhaftigen Geste die Erwählung Gottes in der segnenden Zuwendung der Kirche erfahren.[24]

---

23 **Lesehinweise zur praktischen Umsetzung (Sendung durch die Gemeinde):**
- FEE, 1991, Art. 68-69, hier: bes.: Art 133ff.
- Werner, 2000, vgl. Kapitel F4.
- Teb.-v.Elst, 1995, S. 22-34, hier: S. 35ff u. S. 44–48.
- Ball u.a., 1997, S. 106.
- Teb.-v.Elst, 2001

24 **Lesehinweise zur praktischen Umsetzung (Zulassung durch den Bischof):**
- FEE, 1991, Art. 133–151.
- Werner, 2000, vgl. Kapitel F4.
- Teb.-v.Elst, 1995, S. S. 35ff u. S. 48–55.
- Ball u.a., 1997, S. 106–111.
- Teb.-v.Elst, 2001
- Tebartz-v. Elst, Vielfältige Chancen. Die mystagogische Kraft des Katechumenats am Beispiel der diözesanen Zulassungsfeier, in: Gottesdienst 35 (2001), 9–11.

Prozessstützende Riten:

Weitere Feiern während des Katechumenats

Die Feier der **Übergabe von Glaubensbekenntnis** und **Vaterunser** bringen zum Ausdruck, dass die Taufbewerber in den christlich-kirchlichen Glauben hineingefunden und sich der Gebetsgemeinschaft der Kirche angeschlossen haben. Damit blickt dieser Ritus zurück auf das, was während der katechumenalen Katechese an Glaubenseinsicht und Gebetsvertrautheit gewachsen ist. Diese Feiern sind insofern auch ein Akt der Bekräftigung und spirituellen Deutung und haben in der unmittelbaren Vorbereitungszeit auf die Taufe ihren ursprünglichen Ort.
Für den 3., 4. und 5. Fastensonntag sieht der Ritus die **Feier der Skrutinien** vor. Hier handelt es sich um Riten, die innerhalb des Wortgottesdienstes der Eucharistiefeier (nach der Wortverkündigung und -auslegung) gestaltet werden. Sie bestehen aus einem Gebet in Stille, einem Fürbittgebet, das die Situation und Verfasstheit der Taufbewerber beinhaltet und dem Gebet um Befreiung, bei dem der Priester den Bewerbern unter Stillschweigen die Hände auflegt.
Auch die **Riten der unmittelbaren Taufvorbereitung** am Karsamstag richten sich auf die innere Bereitung der Bewerber für den Empfang der Sakramente der Eingliederung. Dazu gehören die Wiedergabe des Glaubensbekenntnisses in der Weise, dass die erwachsenen Täuflinge das Apostolicum vor der Gemeinschaft sprechen, der Effata-Ritus, der auf die Öffnung aller Sinne für den Empfang der Gegenwart Gottes in den Sakramenten zielt und ggf. die Wahl eines christlichen Namens bzw. eine weitere Salbung mit dem Katechumenenöl.[25]

***(3) Dritte Stufenfeier:* Die Spendung der Sakramente des Christwerdens (Taufe, Firmung, Eucharistie)**

Die Feier der Osternacht ist nicht nur liturgietheologisch, sondern auch in symboldidaktischer Hinsicht der bevorzugte Ort

25 **Lesehinweise zur praktischen Umsetzung (prozessstützende Riten):**
- FEE, 1991, Art. 160–207.
- Werner, 2000, vgl. Kapitel F3 und F5.
- Teb.-v.Elst, 1995, S. 70–78.
- Ball u.a., 1997, S. 113f.
- Teb.-v.Elst, 2001

für die sakramentale Eingliederung Erwachsener in die Kirche. Die Ausstrahlung, die davon auf die mitfeiernden Getauften ausgeht, bedingt bei ihnen das Interesse und die Bereitschaft, die Einzelriten dieser Feier so zu erfassen, dass der eigene Taufglaube dadurch bewusst gemacht und vertieft werden kann. Die Weise, wie die Taufe von Erwachsenen inmitten der Gemeinde gefeiert wird, hat Auswirkungen darauf, wie sehr die pastoralliturgische Chance der Tauferinnerung in dieser Feier wahrgenommen wird. Um die besondere Gestalt und Atmosphäre dieser Nachtfeier für die Verkündigung fruchtbar zu machen, ist es unverzichtbar, die herausgehobenen Symbole dieser Feier, Licht und Wasser, auch in ihrer naturhaften Fülle sprechen zu lassen und sie nicht zu Zeichen eines Zeichens zu verkürzen. In diesen Elementen die Vorausbilder für das österliche Heilsereignis der Auferstehung Jesu Christi zu erfahren und zu verstehen, wird in liturgischer und katechetischer Hinsicht durch die einzelnen Teile der Osternachtfeier erschlossen. Lichtfeier, Wortgottesdienst, Tauffeier mit Tauferinnerung und die Feier der Eucharistie schaffen in ihrer inneren Abstimmung aufeinander eine geistliche Dynamik, die den Neugetauften und der Gemeinde das innere Wesen christlich-kirchlicher Glaubensidentität eröffnet. Die Einheit der drei Initiationssakramente, Taufe, Firmung und Eucharistie, vermittelt sich gerade in diesem Zusammenhang. Bei der Taufhandlung selbst sollte gerade nach der Verkündigung der Lesung vom Durchzug des Volkes Israel durch das Rote Meer (vgl. Ex 14,15–15,1), die als Vorzeichen der Taufe verstanden wird, reichlich Wasser fließen und für die Taufbewerber wie die Gemeinde sichtbar und hörbar werden.

Diese grundlegenden Zusammenhänge verdeutlichen einzelne Symbolhandlungen der feierlichen Spendung der Eingliederungssakramente im Gesamtaufbau der Osternachtliturgie.

Die Spendung der Taufe

a) Vor der Tauffeier, die mit der Allerheiligenlitanei eröffnet wird, ziehen die Taufbewerber mit ihren Paten und den übrigen Mitgliedern der Katechumenatsgruppe in einer Prozession zum Taufbrunnen. Der Lobpreis und die Anrufung Gottes über dem Wasser, die dort vom Priester gesungen wird, hebt die zentralen Ereignisse der Heilsgeschichte noch einmal hervor. Die Absage an

das Böse und das Bekenntnis des Glaubens an den dreifaltigen Gott werden unmittelbar vor der Taufspendung zum sprechenden Ausdruck der innerlich im Katechumenat gewachsenen Glaubensentschiedenheit und -einbindung.
Die Spendung der **Taufe** durch dreimaliges Übergießen des Hauptes mit dem geweihten Wasser ist sichtbarer Ausdruck des Sterbens und der Auferstehung mit Christus. Das Unter- oder Eintauchen bzw. das Übergießen mit Wasser ist der eine Teil der zentralen Symbolhandlung; das Reinwaschen bzw. Auftauchen der andere. Dadurch, dass der Priester die versammelte Gemeinde der Getauften einlädt, die eigene Taufe zu erinnern und das Taufversprechen zu erneuern, vollziehen die Christen diese geistliche Grundbewegung der Taufe neu auf ihr persönliches Lebens. Wo die Raumverhältnisse es zulassen, können sich die Getauften dazu am Taufort versammeln. Die Überreichung des Taufkleides (ein weißer Taufschal) und der Taufkerze mit dem österlichen Licht werden zu weiteren Ausdruckshandlungen, die die geschenkte Glaubenswirklichkeit im ausdeutenden Zeichen begreifen lassen.

Die Spendung der Firmung

b) Wo die Salbung mit wohlriechendem Chrisamöl nach der empfangenen Taufe so erfolgt, dass das Gesicht der Neugetauften damit eingerieben wird, kommt das, was die **Firmung** bezeichnet, den Neugetauften ausdrücklicher zu Bewusstsein und in der Gemeinde deutlicher zur Geltung. Wie die Spendung der Taufe sollte auch der Empfang der Firmung durch einen festlichen Antwortruf seitens der Gemeinde bekräftigt werden.

Der Empfang der Eucharistie

c) Die Spendung des dritten Sakramentes der Eingliederung, die **Eucharistie**, erfolgt durch die Kommunion unter beiderlei Gestalten. Dazu tragen die Neugetauften ebenfalls den Taufschal. Sie treten zum Altar und empfangen dort die Eucharistie bevor die übrigen Gläubigen kommunizieren.[26]

26 **Lesehinweise zur praktischen Umsetzung (Sakramente des Christwerdens):**
- FEE, 1991, Art. 208–239.
- Werner, 2000, vgl. Kapitel F6.
- Teb.-v.Elst, 1995, S. 81–94.
- Ball u.a., 1997, S. 118–123.
- Teb.-v.Elst, 2001

6.3 Das Anregungspotential für die Gemeindekatechese

Die liturgiekatechetische und symboldidaktische Entfaltung der Institution des Erwachsenenkatechumenates hat die Grunddynamik eines Weges von Christ- und Kirchewerden aufgezeigt, der ein vielfältiges Anregungspotential für die Sakramentenkatechese insgesamt enthält. Der Versuch einer näheren Systematisierung lässt sechs Anregungskontexte formulieren.

6.3.1 Der biographische Kontext

Das Interesse an der Lebensgeschichte des Katechumenen

Zur katechumenalen Katechese gehört die Aufmerksamkeit für die unterschiedlichen Lebensgeschichten, die die Taufbewerber einbringen. Präkatechumenale Glaubenshinführung im Vorraum der Kirche wird damit zu einer wiederentdeckten Ebene innerhalb der kirchlichen Katechese. Ihr fundamentales Ziel besteht in der Evangelisierung, die sich dadurch ereignet, dass die jeweilige persönliche Biographie mit der Hl. Schrift in Beziehung gebracht wird.

Dem Austausch eigener Lebenserfahrungen in einer kleineren Katechumenatsgruppe kommt auf diese Weise eine katechetische Bedeutung zu. Die Einübung in eine biographisch rückgebundene Kommunikation, die davon ausgehen kann, dass jeder Teilnehmer seine eigene Lebensgeschichte hat, macht ihn dadurch kompetent, darüber zu sprechen. Die eigentliche katechetische Vermittlung besteht darin, die eigene Biographie gleichsam in der Bibel und der kirchlichen Tradition wiederzufinden. Die spezifische liturgiekatechetische Dimension dieser Vorgehensweise besteht vor allem in der Einbindung dieser Praxis (Leben teilen – Glauben teilen) in Wortgottesdiensten auf der Ebene der Präkatechumenats- bzw. Katechumenatsgruppe und bei letzterer vor allem in der engen Zuordnung zum beschriebenen Entlassungsritus aus der Gemeindeversammlung am Herrentag nach der Schriftverkündigung und -auslegung. Von Beginn des katechumenalen Weges an kommt es so zur Ausbildung einer lebensgeschichtlich fundierten Katechese in enger Verwobenheit mit angemessenen liturgischen Ausdruckshandlungen. Eine vom Lebenslaufbewusstsein mit allen dazugehörigen Brüchen und Krisen inspirierte, biographisch verankerte Katechese verändert damit eine sie begleitende Liturgie insofern, als das Rituelle von einem statischen Missverständnis befreit und Stufenriten hier mehr als eine Vergegenwärtigung dessen erlebt werden, was „unterwegs“ bereits gewachsen ist. Eine erste Anregung des Erwachsenenkatechumenates für die Gemeinde- und Sakramentenkatechese besteht damit in dem Impuls, präkatechumenale Räume wieder aufzutun. Darin gilt es Formen einer Evangelisierung zu entwickeln, die an die faktische Situation vieler Familien von Glaubens- und Kirchenferne bzw. diffuser Glaubensvorstellungen anknüpfen.

6.3.2 Der prozessorientierte Kontext

Die Dynamik des Kirchenjahres

Der beschriebene Verlauf des Erwachsenenkatechumenates, der zeitlich und inhaltlich auf das Kirchenjahr bezogen ist, macht bereits deutlich, dass es sich dabei nicht um irgendein pastorales Aktionsprogramm handelt, sondern hier ein ganzheitlicher Lernprozess angezielt wird. Gerade die Vernetzung von Wachstumsphasen und bestätigenden Stufenriten zeigt, wie die Ausbildung einer neuen Glaubensidentität über eine „nur“ deduktiv angelegte Glaubensunterweisung hinausgeht. Die Liturgie des Kirchenjahres wird zum katechumenalen Curriculum schlechthin, indem sich Schriftverkündigung, Schriftauslegung und Schrift-Teilen so in der Heilsdynamik der Herrenfeste und Herrentage ereignen, dass hier die eigene Lebens- und Glaubensdynamik widergespiegelt werden und auch Kirchendynamik erfahrbar wird. Aus dem Leben im jeweiligen biographischen Kontext ergeben sich die Fragen und der „Stoff“ für eine Katechese, die in der Orientierung an der Leseordnung des Kirchenjahres in die Grundaussagen des christlich-kirchlichen Credos einführen. Auf diese Weise „erleben“ die Katechumenen wie das Glaubensbekenntnis der Kirche einen Prozess der Verdichtung von Glaubenssuche und -ausdruck widerspiegelt, den sie in analoger Weise in ihrer eigenen Lebensgeschichte mit all’ ihren Brüchen und Auseinandersetzungen im Katechumenat vollziehen. Die katechumenalen Stufenriten der Schriftübergabe bei der Aufnahme in den Katechumenat und der Übergabe des Credos bzw. des

Herrengebetes nach der Feier der Zulassung zur Taufe bringen liturgisch diese Prozessdynamik zum Ausdruck.
In der Dynamik des Kirchenjahres wieder den Grundduktus von Katechese und ihr inhaltliches Curriculum zu entdecken wird damit zu einer weiteren Inspiration für die Gemeinde- und Sakramentenkatechese. Als kritische Infragestellung von katechetischen Konzepten und Arbeitsmappen, die textlastig beliebige Schwerpunktsetzungen vornehmen, spurt die Liturgie des Kirchenjahres dagegen einen Weg des Glaubenlernens, der die Glaubensinhalte wieder in ihrer originären Feiergestalt entdecken lässt und vermitteln hilft.

6.3.3 Der bibelorientierte Kontext

Die Bibel als Buch des Lebens

Wo die Liturgie des Kirchenjahres zum katechetischen Curriculum wird, werden gleichzeitig das Bewusstsein und die Praxis wachgerufen, die Bibel als den Urkatechismus des Glaubens zu begreifen. Wo sich im Katechumenat die Praxis des Schrift-Teilens zu einer eigenen liturgiekatechetischen Methode profiliert, die z. B. in den USA als „breaking open the word" bezeichnet wird, wächst ein neues Anregungspotential für die Gemeindekatechese insgesamt.
Der beschriebene katechetische Ansatz, sich mit der eigenen Biographie in den Perikopen der Schrift wiederzufinden, macht die Bibel selbst zu einem katechetischen Buch und zum Bewusstseinsspiegel der Gemeinden.
Derzeit aber muss kritisch festgestellt werden, dass die Bibel kaum als elementares Erfahrungs- und Glaubensbuch unserer Gemeinden gesehen wird. Die z.T. zu beobachtende gedankenlose Umgangsweise mit dem Evangeliar in unseren Liturgien, offenbart auch das pastorale Defizit einer schriftbezogenen Katechese. Die direkte Zuordnung der Schrift zur Liturgie kann demgegenüber dazu beitragen, gerade die Liturgie als originären Lernort christlichen Glaubens in der Kirche wiederzuentdecken.

6.3.4 Der liturgische Kontext

Das alte theologische Axiom „lex orandi – lex credendi", d. h. was wir feiern, zeigt, was wir glauben, hat bereits in der anfäng-

Liturgie als Ziel und Ausgangspunkt der Katechese

lich wiederbelebten Praxis des Erwachsenenkatechumenates eine noch differenziertere Ausfaltung erfahren. Sie kann gerade für die Sakramentenkatechese in Deutschland zu einem wichtigen Korrektiv werden. Demnach müsste es heißen: *Wie* wir feiern, zeigt *wie* wir glauben. Mehr als wortgewaltige Predigten hat die Liturgie eine identitätsstiftende Wirkung im Glauben.
In diesem Sinne greift der Erwachsenenkatechumenat das liturgiemystagogische Prinzip der frühen Kirche wieder auf. Es geht davon aus, dass das Gefeierte erst in der nachfolgenden gemeinsamen Deutung zu einer inneren Erfahrung wird. Nicht eine vorausgehende kognitive Erklärung allein hilft, Liturgie zu erschließen, sondern erst der Austausch über das Erfahrene und Gefeierte lässt die Zeichen, den Raum und alle Bewegungen zu einem Glaubensbewusstsein werden. Mystagogisch ist eine solche Liturgiekatechese im doppelten Sinn:

1. Gemäß der mystagogischen Katechesen der Kirchenväter (vor allem eines Cyrill von Jerusalem) ereignet sich hier Vertiefung durch das Ineinander von Zeichen und Wort.
2. Nach dem mystagogischen Verständnis Karl Rahners findet der Mensch so zum Geheimnis seines eigenen Lebens, indem er Gott als den zuvor und schon immer Gegenwärtigen in seiner eigenen Biographie begreift.

Wo die liturgische Versammlung der Gemeinde am Herrentag in diesem Horizont zum primären Lernort des Glaubens wird, stellt dieser Schritt eine Praxis der Sakramentenkatechese, die sich weitgehend isoliert von der Gottesdienstgemeinde in separaten Nebenkapellen bzw. Nischen eingerichtet hat, kritisch in Frage.[27] Die bisherigen Erfahrungen mit dem Katechumenat belegen auch, dass solche katechetischen Wege inmitten der liturgischen Versammlung eine Bewegung in alle Bereiche des gemeindlichen Lebens auslösen. Diese Wirkung muss deshalb zu einer unmittelbaren Inspriation für eine Sakramentenkatechese mit allen Altersgruppen werden.

27 Vgl. D. Emeis, Gemeindekatechese im Blick auf die 90er Jahre, KatBl 115 (1990) 642-646.

6.3.5 Der Kontext einer „Umkehr als Prozess“

Erneuerung der ganzen Gemeinde

Die wohl nachhaltigste Anregung einer katechumenalen Katechese und Pastoral besteht in der paradigmatischen Auswirkung des Umkehrweges einzelner Taufbewerber auf die Gemeinde der Getauften. Am Vorbereitungsweg eines einzelnen Katechumenen können die Vielen in ihre zweite Bekehrung finden, indem sie ihre eigene Taufe neu entdecken und geistlich „ratifizieren“. Umkehr wird in einem solchen katechetischen Kontext im biblischen Sinne als „metanoia“ eingeübt und im beschriebenen mystagogischen Kontext als bleibende Berufung über die Taufe hinaus wahrgenommen. Dadurch, dass gerade die Neugetauften und Vollinitiierten solche Erfahrungen in alle Bereiche und Gruppen der Ortsgemeinde hineintragen, erfasst diese Erneuerungsbewegung die gesamte Gemeinde. Was so theologisch als Ekklesiogenese (als kontinuierliches Hervorbringen von Kirche) bezeichnet wird, bekommt seinen Anregungswert gerade darin, dass Erneuerungsprozesse nicht von außen Pfarrgemeinden aufoktroyiert werden (vgl. z.B. einmalige Evangelisierungsaktionen), sondern von unten und innen her spirituell verwurzelt sind und langsam wachsen. Nicht zuletzt im Blick auf die Bußkatechese sind von einer katechumenalen Pastoral Anregungen zu erwarten, die den ekklesiologischen Kontext dieses Sakramentes wieder deutlicher in den Blick heben. Die Wiederbelebung des frühkirchlichen Bußritus in den USA als „Re-Membering Church Prozess“ wird für diese Denkrichtung zu einer deutlichen Ermutigung.

6.3.6 Der Kontext einer „Pastoral des Weges“

Die Richtung muss stimmen!

Auf die gegenwärtige Krise der Sakramentenpastoral in Deutschland, die häufig in der Aporie zwischen Laxismus und Rigorismus gesehen und verhandelt wird, hat die Pastoralkommission der Deutschen Bischofskonferenz bereits im Juli 1993 mit einem eigenen Positionspapier reagiert, in dem sie feststellt: *„Eine einheitliche Normierung pastoralen Handelns ist in der derzeitigen Übergangssituation nicht zu erwarten. Die Prozesse der Gemeindebildung in den Pfarreien geschehen nicht zeitgleich; die Einstellungen vieler Menschen beruhen auf z.T. traditionel-*

len Verstehensmodellen, die in Jahrhunderten gewachsen sind. All dies lässt sich zwar nicht in einigen wenigen Gesprächen verändern, aber trotzdem braucht es dringend Schritte in Richtung einer wachsenden Verbindlichkeit in der Sakramentenpastoral."[28]

Die Praxis des Erwachsenenkatechumenates zeigt, wie diese pastoralliturgische Dynamik eine identitätsstiftende Sammlungsbewegung innerhalb der einzelnen Ortsgemeinde bewirken kann. Dieser erste Schritt in Richtung einer wachsenden Verbindlichkeit kann konkret in der Tauf-, Erstkommunion- und Firmvorbereitung unserer Gemeinden greifen, indem die Vorbereitung darauf zeitlich wie inhaltlich auf den Rhythmus des Kirchenjahres ausgerichtet wird und die katechumenalen Stufenriten wie z.B. die Überreichung des Vaterunsers und des Credos auf die jeweilige Situation und die Teilnehmer hin adaptiert werden könnten. Diese Feiern würden solche quasikatechumenalen Wege strukturieren und zugleich inmitten der sonntäglichen Gemeindeversammlung sowohl eine neue Dynamik und Anschaulichkeit wachsender Verbindlichkeit als auch ein neues Bewusstsein dafür schaffen, dass die gesamte Gemeinde Träger der Liturgie und der Sakramentenpastoral ist. Solche Schritte lassen sich sicher nicht für alle verfügen. Es gilt vielmehr die zu sammeln, die sich auf diese Dynamik einlassen wollen, um den anderen, die eher „volkskirchliche Serviceleistungen einfordern" anschaulich zu machen, welche Veränderungen von einem miteinander geteilten und gefeierten Glauben ausgehen.

28 Die deutschen Bischöfe, Pastoralkommission (Hg.), Sakramentenpastoral im Wandel. Überlegungen zur gegenwärtigen Praxis der Feier der Sakramente – am Beispiel von Taufe, Erstkommunion und Firmung, Bonn 1993, S. 33.

Zusammenfassung und Ausblick:
Das Allgemeine Direktorium für die Katechese von 1997 versteht den Katechumenat ausdrücklich als Inspiration der Katechese in der Kirche (vgl. Art. 91). Die diesem Dokument zugrunde liegende klare und bewegende missionarische Option ist gerade an der strukturellen Mehrstufigkeit und der inhaltlichen Prozesshaftigkeit des Katechumenates ausgerichtet. Gerade diese umfassende Prägung des Katechumenates vom Paschamysterium her, wird als Chance zur inneren Erneuerung der Kirche über einen katechetischen Weg begriffen. Dabei hebt das Katechetische Direktorium die inkulturative Notwendigkeit hervor, die bei einer katechetischen Entfaltung der kirchlichen Initiationskatechese entsprechend der ortskirchlichen Gegebenheiten bedacht werden will. Die Betonung des Katechumenates als *„Prozess der Bildung und wahren Schule des Glaubens"* ist hier mit dem direkten Verweis auf den Stufencharakter und der vorangehend herausgestellten Bedeutung von *„Riten, Symbolen und Zeichen, besonders der biblischen und liturgischen"* (Art. 91) verbunden. Auch die hier angemahnte ständige Bezogenheit des Katechumenates auf die christliche Gemeinde unterstreicht noch einmal die genannten Dimensionen des vorangehend aufgezeigten Anregungsspektrums. Die für die Gemeinde- und Sakramentenkatechese in Zukunft gleichermaßen zu erwartende und erhoffende Prägung durch das katechumenale Paradigma hat dabei aber immer folgendes Gefüge zu beachten: *„Die Katechese nach der Taufe braucht die Gestalt des Taufkatechumenats nicht äußerlich nachzuahmen und soll das Getauftsein der Glaubensschüler anerkennen. Doch würde sie gut daran tun, sich von dieser Vorschule des christlichen Lebens inspirieren und von ihren kennzeichnenden Hauptelementen befruchten zu lassen."* (Art 91)

7. Dienste in der Gemeinde-katechese

Im Folgenden ist an die Katechese im engeren Sinne gedacht, also an den Weg, auf dem Glaubenswillige Anteil bekommen am Leben, Glauben und Feiern der Kirche in einer konkreten Gemeinde. Dabei kann es sich um Jugendliche oder Erwachsene handeln, die einen katechumenalen Weg gehen, oder um als Säuglinge getaufte Kinder, die in ihrem Heranwachsen ihren Ort in der Kirche suchen und finden wollen. Mitzunotieren ist der Dienst in Situationen, in denen nicht dauernde Glaubensgemeinschaft, sondern ein begrenzter Kontakt mit der Kirche gesucht wird.

7.1 Die annehmende Gemeinde

Die Gemeinde, die Anteil gibt an ihrem christlichen Miteinander

Es ist eigentlich selbstverständlich und bleibt doch sehr oft unberücksichtigt, dass der erste Dienst in der Katechese von einer Gemeinde zu verrichten ist, die sich auf neu zu ihr Hinzukommende hin öffnet, sie mit ihren Freuden und Leiden, Hoffnungen und Ängsten annimmt und sich auf einen Weg gegenseitiger Mitteilung einlässt. Diese fundamentale Perspektive bleibt wohl darum oft ausgeblendet, weil es realistischerweise von unseren Pfarrgemeinden in der Regel nicht zu erwarten ist, dass sie als Ganze annehmend handeln können. Offen und annehmend kann eine Pfarrgemeinde sich wohl nur in einer kleineren *Gruppe* Menschen anbieten, die an ihr interessiert sind. Es bleibt gleichwohl von hoher klimatischer Bedeutung, ob sich die kleinere katechetische Gruppe von der Pfarrgemeinde gewollt und getragen weiß und dann einen Weg nicht nur in das Gruppenleben, sondern auch in den *größeren Raum der Gemeinde* und darüber hinaus der Kirche begleiten kann.

Anschaulich und wirksam wird dies im Erwachsenenkatechumenat bei den mit den Katechesen verbundenen liturgischen *Stufenfeiern*. Sie finden *in der Gemeindeversammlung* statt und fordern die Gemeinde heraus, sich zu öffnen, sich mitzuteilen und neu Hinzukommenden mit ihren Erfahrungen Raum zu geben.

Ähnliches gilt, wenn die Erstkommunion von Kindern als Aufnahme in die Eucharistiegemeinschaft der Pfarrgemeinde gefeiert wird und wenn die Firmung die mit der Taufe begonnene Gemeinschaft mit der Kirche in einer Gemeinde festigt und bestärkt. Wo die jeweilige Pfarrgemeinde von dem, was in ihren katechetischen Gruppen geschieht, unberührt bleibt, können die in den Gruppen gegangenen Wege nicht in die Gemeinde hineinführen. Es kommt – wie in der Praxis oft zu beobachten ist – zu Sondergemeinden, die sich an einem zeitlich begrenzten Projekt versammeln und danach wieder auflösen. Wo dies geschieht, liegt es allerdings nicht nur an der Ausblendung der eigentlich zur Aufnahme herausgeforderten Pfarrgemeinde, sondern auch daran, dass von sehr vielen nur ein zeitlich begrenzter katechetischer Kontakt und nicht die Gemeinschaft mit einer Gemeinde gesucht wird. Darüber darf die unverzichtbare Bedeutung einer annehmenden Gemeinde dort nicht vergessen werden, wo Eltern mit der Bitte um die Taufe oder die Erstkommunion das Verlangen nach einem Raum des Glaubens für ihre Kinder verlangen, oder wo Firmlinge einen Ort suchen, an dem sie auf Dauer Glaubensgemeinschaft finden, oder wo Erwachsene teilhaben wollen an dem, was die Kirche verbindet.

7.2 Ehrenamtliche Katechetinnen und Katecheten

Christen, die anderen Anteil geben an ihrem Glauben

Im Erwachsenenkatechumenat bleibt der leitende Katechet nicht allein mit den Katechumenen. Ehrenamtliche Katechetinnen und Katecheten bilden mit ihm bzw. ihr ein *katechetisches Team.* Ähnlich hat sich bei uns in der Kinder- und Jugendkatechese anlässlich der Hinführung zu den Sakramenten die Praxis herausgebildet, dass Erwachsene aus der Gemeinde – bei der Erstkommunion vorwiegend Mütter der Kinder – in den katechetischen Austausch mit den Heranwachsenden einbezogen werden.

In Gruppen von Taufeltern bringen Eltern als ehrenamtliche Katecheten ihre Erfahrungen in die Gespräche ein. Dabei ist es wichtig, die Rolle zu klären, die diese Ehrenamtlichen haben.

Die ehrenamtlich Mitwirkenden in der Katechese haben nicht die Aufgabe, Unterricht zu erteilen und dadurch einen Mangel an Hauptamtlichen zu ersetzen bzw. überlasteten Hauptamtlichen zu helfen. Ihre Bedeutung liegt auch nicht in der methodischen Möglichkeit, den Frontalunterricht einer größeren Gruppe durch die Aufteilung in Kleingruppen zu vermeiden und darin Sozial- und Arbeitsformen zu praktizieren, die die Beteiligten aktivieren. In den Ehrenamtlichen sollen diejenigen, die Anteil an der Gemeinde suchen, Christen begegnen, die ihnen *Anteil an ihrem Glauben, Leben und Feiern in der Gemeinde geben* wollen. In ihnen nimmt die Gemeinde Beziehung auf zu denen, die den Weg zur Glaubensgemeinschaft gehen wollen. Das katechetische Team ist das personale Angebot der Gemeinde, gleichsam der lebendige Katechismus.

Miteinander geteiltes und einander erzähltes Leben

Eine treffende Kennzeichnung für die Aufgabe der ehrenamtlichen Katechetinnen und Katecheten ist „*Begleiter auf dem Glaubensweg*“. Dabei ist allerdings wichtig, dass sich die Ehrenamtlichen nicht als Menschen darstellen, die den Weg gleichsam hinter sich haben. Sie sind auf dem Weg und bleiben auf dem Weg. Auf diesem Weg begegnen sie denen, die Gemeinschaft mit der Kirche wollen, auf deren Weg. Beide können voneinander lernen, wenn sie anfangen, sich über ihre Wege auszutauschen und sich mitzuteilen, wie es ihnen ergangen ist und ergeht. Darin wird ganz deutlich, dass es nicht um eine Beziehung zwischen Lehrern und Schülern geht und dass die Beteiligten nicht eigentlich miteinander arbeiten (Arbeitsmappen durchnehmen) sollen. Anzustreben ist vielmehr eine *gegenseitige Lebensanteilnahme*. Wo man nicht unmittelbar miteinander lebt, kann diese Anteilnahme vor allem über das *Erzählen* geschehen. Damit ist nicht ein Erzählen von Geschichten gemeint, sondern ein Erzählen, in dem Menschen sich mit ihrer Geschichte einander zeigen. Die Grundfähigkeit dazu wird überall dort gelernt, wo Menschen in Beziehungen heranwachsen und leben, in denen sie sich füreinander interessieren und so voneinander hören wollen, wie es ihnen geht und welche Erfahrungen sie gemacht haben. Wo Kinder Vertrauen zu ihren Eltern haben, wollen sie ihnen erzählend mitteilen, was sie außerhalb der Familie gelebt haben. Wo

Partner einander wichtig sind, werden sie erzählend die Zeit miteinander zu teilen suchen, die sie nicht gemeinsam verbracht haben.

Ungewohnt und ungeübt kann es trotz dieser erzählerischen Grundkompetenz sein, sich erzählend über den Glaubensweg auszutauschen. Dazu muss nicht nur gelernt werden, sich offen mitzuteilen und gleichzeitig das eigene Lebensgeheimnis zu schützen. Es muss auch eine *Sprache* entwickelt werden, in der Menschen sich als Glaubende ausdrücken können. Diese Sprache wird dort gefunden, wo Menschen z. B. davon zu sprechen beginnen, warum ihnen eine bestimmte biblische Perikope nahe ist, in welchen Lebenssituationen sie für sie Bedeutung bekam, welche Erinnerungen sie damit verbinden, wie sich die Beziehung zu ihr möglicherweise gewandelt hat usw.. Glaubenssprache entsteht dort, wo – um noch ein anders Beispiel zu nennen – Glaubende davon zu erzählen beginnen, wie es ihnen in der Mitfeier der Liturgie ergeht, welche Schwierigkeiten sie da haben, was sie trotzdem immer wieder dahin zieht, warum sie anderen wünschen, dazu einen Zugang zu bekommen usw. Der Mut dazu wächst, wo die Katechetinnen und Katecheten das Missverständnis überwinden, sie hätten die Rolle von Menschen zu spielen, die den Glauben haben und nicht mehr suchen. Was sie denen, die sie auf ihrem Weg begleiten voraus haben, ist die Tatsache, dass sie schon länger auf dem Wege sind.

Für die skizzierte Mitwirkung in der Katechese bedarf es keiner eigenen Beauftragung oder Bevollmächtigung. Alle, die durch ihre *Taufe und Firmung* hineingenommen sind in die durch den Geist verbundene Gemeinschaft der Gemeinde, sind dazu gesandt und ausgerüstet, neu zur Gemeinde Hinzukommenden entgegenzugehen und ihnen Anteil zu geben an ihrem Glauben. Die innere Dynamik von Taufe und Firmung will nicht nur dazu drängen, gleichsam draußen in der Welt durch das Lebens- und Wortzeugnis das Interesse Gottes am Leben der Menschen zu vergegenwärtigen; sie kann auch daran beteiligen, die Menschen zu empfangen und zu begleiten, die durch die Tür in den Innenraum des Glaubens eintreten wollen.

7.3 Die Paten

Amtlich bestellte Glaubensbegleiter

In unserer gegenwärtigen Praxis treten die Paten fast ausschließlich in den liturgischen Feiern – bei der Taufe und bei der Firmung – in Erscheinung. Ihre Beteiligung bei der Katechese ist eher die Ausnahme. Dabei ist die Mitwirkung der Paten in der Feier der Sakramente darin begründet, dass sie *die amtlich bestellten Begleiter* auf dem Weg in die Glaubensgemeinschaft und sogar darüber hinaus sind. Eine Aufwertung des Patenamtes ist gegenwärtig sicher nicht allgemein möglich. Das sollte nicht daran hindern, die Chance dieses Amtes dort zu nutzen, wo Menschen die Begleitung auf ihrem Glaubensweg ein wichtiges Anliegen ist. So können Eltern sehr bewusst für ihre Kinder eine Bezugsperson wollen, die sie in ihren Möglichkeiten, Anteil am Glauben zu geben, ergänzt und unterstützt. Es können Jugendliche und Erwachsene auf dem Weg zum Glauben im katechetischen Team oder neben ihm bei einem speziell für sie bestellten Paten Hilfe und Weggeleit suchen. Aktualität kann dies als Alternative zu einer in unserer Gesellschaft verbreiteten Praxis bekommen, in der Menschen einander mit der Frage ihres Lebensweges allein lassen. An der Katechese beteiligt können die Paten entweder bei den katechetischen Versammlungen oder in diese ergänzenden Einzelgesprächen sein.

Die ursprüngliche Bedeutung des Patenamtes wird dort anschaulich, wo sie in dem oben vorgestellten Erwachsenenkatechumenat wiederentdeckt ist. Das Patenamt ist ein vermittelndes Amt. Zum einen werden Paten von der Gemeinde her als deren Repräsentanten gegenüber den neu Hinzukommenden bestellt. Zum anderen sind sie für die letzteren die Bürgen und Anwälte der Gemeinde gegenüber. Sie dienen damit der Aufnahme gegenseitiger Anteilhabe, also dem Wachsen kirchlicher Communio. Von daher lässt sich Verständnis gewinnen für die kirchenrechtliche Vorschrift, dass das Patenamt nur von Mitgliedern der katholischen Kirche übernommen werden kann, die selber bereits getauft und gefirmt sind. Die Verantwortung der Paten für die ihnen Anvertrauten endet nicht mit der Feier der Sakramente. Weil der Weg in der Feier von Taufe, Firmung und Eucharistie nicht zu Ende geht, sondern in die Weggemeinschaft der Kirche hineinführt, bleiben die Paten Begleiter in dieser Weggemeinschaft. In einer mobilen Gesellschaft, in der die Wege vieler Menschen nur begrenzte Zeit an ein und demselben Ort verbunden bleiben, kann es schwierig sein, eine länger dauernde Begleitung zu verwirklichen. Gleichwohl gibt es Möglichkeiten der Weggemeinschaft auch bei räumlicher Distanz.

7.4 Neben- und hauptamtliche Katecheten und Katechetinnen

Beauftragte für leitende Dienste

Es gibt Gemeinden, in denen alle Dienste – nicht nur der Katechese – durch Ehrenamtliche mit ihren unterschiedlichen Charismen versehen werden. In anderen Gemeinden sind noch gar keine Ehrenamtlichen an der Katechese beteiligt. Allgemein verbreitet ist ein Zusammenwirken von ehrenamtlichen mit haupt- bzw. nebenamtlichen Katecheten. Letzteren kommen dabei in der Regel folgende Aufgaben zu:

- Sie konzipieren und organisieren im Austausch mit der Gemeindeleitung die katechetischen Vollzüge in der Gemeinde.
- Sie gewinnen die Ehrenamtlichen und begleiten diese in ihrem Dienst. Dabei ist eine geistliche Begleitung ebenso wichtig wie der Austausch und die Reflexion der in der Katechese gemachten Erfahrungen.
- Sie verschaffen sich eine Übersicht über die verfügbaren katechetischen Hilfen, prüfen diese und wählen sie im Austausch mit den Ehrenamtlichen aus.
- Sie sorgen für die Integration der Katechese in die anderen Lebensfunktionen der Gemeinde; bei der Sakramentenkatechese achten sie insbesondere auf das Ineinander von Katechese und Liturgie.
- Sie übernehmen im katechetischen Team die Aufgaben, für die eine eigene didaktische und theologische Qualifikation erforderlich ist.

In all den genannten Aufgaben geht es um *Leitung*. Damit ist eine Nähe, wenn nicht sogar eine Beteiligung am gemeindlichen Leitungsamt gegeben. Ausdruck findet dies oft in einer eigenen *Beauftragung*, die Verantwortung für die Katechese der

Gemeinde zu übernehmen. So hat sich die Gemeindekatechese als ein Handlungsfeld entwickelt, in dem eine weitgehend eigenständige Teilhabe am Leitungsamt in der Gemeinde Wirklichkeit ist und sich bewährt hat. Voraussetzung für die Beauftragung mit der Leitung der Gemeindekatechese ist, dass durch Aus- und Weiterbildung folgende Fähigkeiten entwickelt und gepflegt werden:

- die Fähigkeit, Ehrenamtliche fachlich und geistlich zu begleiten,
- die Fähigkeit, Lernprozesse im Glauben mit Hilfe didaktischer Kategorien zu analysieren und zu planen,
- eine geübte Vertrautheit mit unterschiedlichen Methoden, wobei der Umgang mit Gruppen besondere Bedeutung hat,
- eine fundamentale Orientiertheit in biblischer, systematischer und praktischer Theologie.

7.5 Der Theologe bzw. die Theologin

Die Theologie als Bezugswissenschaft der Katechese

Theologie kann vom Träger des Weiheamtes oder von neben- bzw. hauptamtlichen Katecheten, gelegentlich sogar von Ehrenamtlichen in die Katechese eingebracht werden. Unabhängig davon, wer die theologische Rolle übernimmt, seien hier zwei Aufgaben skizziert, für die theologische Kompetenz erforderlich ist.

(1) Gemeindliche Glaubensgemeinschaft in der Kirche

Die inhaltliche Ausrichtung der Katechese auf die Lebens- und Glaubensgeschichten der Beteiligten muss verbunden werden mit der *biblischen und kirchlichen Überlieferung*. Soll durch die Teilhabe am Glauben der jeweiligen Gemeinde auch Kirchengemeinschaft wachsen, dann muss darauf geachtet werden, dass im Lebens- und Wortzeugnis der Katechetinnen und Katecheten exemplarisch der Glaube der Kirche mitgeteilt wird. Das soll nicht durch eine Kontrolle der Rechtgläubigkeit geschehen, sondern dadurch, dass die ausgetauschten Geschichten in eine Beziehung gebracht werden zu den biblisch überlieferten Glaubensgeschichten, zur Frömmigkeitsgeschichte der Kirche, zu den gewachsenen dogmatischen Orientierungen und zu der heute in der größeren Ortskirche und der darüber hinaus in der Weltkirche gelebten Geschichte des Glaubens. Anwalt des Glaubens der Kirche ist die Theologin bzw. der Theologe also dadurch, dass sie oder er bestärkt, wo für den Glauben der Kirche Fundamentales zur Sprache kommt, und dort aus der umfassenderen Kirchengemeinschaft Hilfen einbringt, wo zu ergänzen, zu klären oder weiterzuführen ist.

(2) Sachkundliche Aufgaben in der Katechese

In der Zeit, in der Menschen Anteil bekommen am Glaubensleben der Kirche in einer Gemeinde, stehen *sachkundliche Glaubensfragen* eher im Hintergrund. Anders ist es, wenn Erwachsene oder auch Jugendliche, die in der Gemeinde mitleben, die Welt des Glaubens näher erkunden wollen. Durch den Lebensaustausch an der Bibel kann das Interesse wachsen, sich mit der Entstehung der Bibel zu befassen, Auslegungswege der Bibel zu vergleichen und geschichtliche Hintergründe kennen zu lernen. Es kann ein systematisches Bedürfnis entstehen, in dem Glaubensaussagen einander zugeordnet werden und in ihrem Gewicht erkennbarer werden. In nicht nur einführender, sondern auch weiterführender Katechese kann eine systematische Erkundung mit Hilfe eines Katechismus gesucht werden. Von hoher existentieller Bedeutung kann es sein, die eigene Glaubensgeschichte vor kritischen Anfragen aus der Umwelt zu rechtfertigen und in den Auseinandersetzungen reifen zu lassen. Für den christlichen Glauben ist es schon früh kennzeichnend, dass er sich der Reflexion stellt, sich angesichts zugelassener Fragen bewährt und dadurch einen Selbstklärungsprozess durchmacht.

Nicht selten ist die Runde der ehrenamtlichen Katechetinnen und Katecheten ein Ort, an dem auch sachkundlichen Fragen nachzugehen ist. *Theologische Bildungsarbeit* ist nicht immer der Katechese zuzuordnen, geschieht aber zu einem nicht geringen Teil in Gruppen und Kreisen, die Anteil haben an gemeindlichem Leben und wegen dieser Verbundenheit motiviert sind. Diasporaerfahrungen, bei denen für die Heranwachsenden kein schulischer Religionsunterricht möglich ist, können an die Möglichkeit oder sogar Notwendigkeit einer *unterrichtlich geprägten Katechese* mit Jugendlichen erinnern. In einer durch die Aufklärung und darin durch die kritische Vernunft geprägten Gesellschaft braucht der Glaube eine tragfähige vernünftige Selbstvergewisserung. Wo Jugendliche zusammenkommen, die teilhaben am Glaubensleben einer Gemeinde, sind in unterrichtlichen Prozessen andere Motivationen und Erwartungen wirksam als dort, wo es – wie oft im schulischen Religionsunterricht – nur einer kleinen oder sogar verschwindend kleinen Minderheit wichtig ist, für ihren Glauben Klärung und Orientierung zu suchen.

Wenn es um sachkundliche Anteile in der Katechese geht, wird die Theologin bzw. der Theologe eine besondere Sachkompetenz einzubringen haben. Dies kann und muss zusammengehen mit einer gegenseitigen Achtung der Kompetenz, die allen durch ihre Lebens- und Glaubensgeschichte zugewachsen ist.

7.6 Das Weiheamt

Der amtliche Dienst an der Integration der Katechese mit der liturgischen Feier und an ihrer Einheit mit dem Leben der Kirche

In den Feiern der *Initiation*, also der Aufnahme von Menschen in die Kirche durch Taufe, Firmung und Eucharistiegemeinschaft hat ein Amtsträger den Vorsitz. Das Gleiche gilt, wo diesen Feiern liturgische Stufenriten vorgeordnet sind. Diese Liturgien sollen mit dem Weg, den die Katechumenen in der Katechese gehen, eng verbunden sein. Der Amtsträger soll in seiner Homilie gleichsam das, was in der Katechese geschehen ist, bündeln und mit der liturgischen Handlung verknüpfen. Das setzt voraus, dass er *der Katechese verbunden* ist. Dies kann auf unterschiedliche Weise geschehen. Er kann in der Katechese selbst mitwirken. Es hat Zeiten der Kirchengeschichte gegeben, in denen Amtsträger – nicht zuletzt Bischöfe – katechetisch intensiv engagiert waren und die Katechese als eine ihnen besonders wichtige Amtsaufgabe verstanden. Gegenwärtig wirken Amtsträger als Katecheten vor allem dort, wo es um die Vorbereitung Erwachsener auf eines der Sakramente geht. Die Kinderkatechese dürfte nicht weniger wichtig sein, wird aber oft nicht nur wegen der Überbeanspruchung durch eine Aufgabenfülle delegiert, sondern auch darum, weil sie eine geübte Offenheit im Umgang mit Kindern erfordert, die nicht allen Priestern möglich ist. Jüngere Priester engagieren sich oft in der Firmkatechese, sind dann aber bei der Firmung selbst nicht Vorsteher der Liturgie. Wo die der Liturgie Vorstehenden nicht direkt an den hinführenden Wegen beteiligt waren, ist es wichtig, dass sie etwas von den auf diesem Weg miteinander geteilten Erfahrungen hören und in ihren Dienst aufnehmen. Nur so kann der dem Amt aufgetragene Dienst der Integration von Katechese und liturgischer Feier gelingen.

Wo die Amtsträger selbst nicht oder nur wenig in der Katechese mitwirken, müssen sie dafür *sorgen, dass der katechetische Auftrag der Gemeinde erfüllt wird.* In seiner Enzyklika über die Katechese mahnt Johannes Paul II. die Bischöfe, sich in ihrer Sorge um die Katechese von keiner anderen Aufgabe behindern zu lassen. Dabei ist an die Katechese als den lebendigen Überlieferungsprozess gedacht, durch den das heute den Glaubenden anvertraute Licht des Glaubens weitergereicht wird, damit auch morgen das christliche Lebens- und Wortzeugnis in der Welt gegeben werden kann. Es geht also nicht um eine da und dort diffamierend angezeigte Selbstreproduktion der Kirche, sondern um die Welt, der Gott als ihr tragendes und heilendes Geheimnis bezeugt werden soll.

Mit der Verantwortung der Amtsträger für die *Einheit in der Gemeinde* wie für die *Verbundenheit* der Gemeinde *mit der größeren Ortskirche* hängt die Rede von der *Letztverantwortung* des Amtsträgers auch für die Bereiche der Gemeinde zusammen, deren Leitung an andere durch Beauftragung delegiert ist. Darum meint Letztverantwortung nicht, dass die Amtsträger die Eigenständigkeit der Beauftragten begrenzen und in ihre Leitungsaufgabe beliebig eingreifen können. Wohl ist der vermittelnde, versöhnende und gegebenenfalls korrigierende Dienst des Amtes herausgefordert, wo in der Katechese Wege gegangen werden, die die Einheit in der Gemeinde gefährden oder die Gemeinschaft mit den anderen Gemeinden in der Kirche verlassen.

Zusammenfassung:
Die Katechese ist ein Handlungsfeld, in dem – je nach den örtlichen Voraussetzungen – unterschiedliche Fähigkeiten zusammenwirken. Es werden Christen gebraucht, die das Lebens- und Wortzeugnis geben können. Diese bedürfen der Zusammenführung und Begleitung. Es muss theologisch Sorge dafür getragen werden, dass die Katechese im Überlieferungszusammenhang der Kirche geschieht. Die Katechese braucht vor allem gemeindliche Räume, in die sie einführen kann. Und das Amt hat unverzichtbare initiierende, inspirierende und integrierende Funktionen.

B. Didaktik der Gemeindekatechese

0. Fragestellungen der Didaktik

Didaktik meint die Frage nach den
- Voraussetzungen
- Zielen,
- Inhalten und
- Methoden

des Lernens, bzw. der Katechese.

Katecheten haben nicht nur mit Sachverhalten und Themen, mit Texten und Symbolen, mit Traditionen und Thesen zu tun. Ihr Interesse dient auch und sogar zuerst Menschen, die sie auf ihrem Weg zum Glauben bzw. im Glauben begleiten wollen. Darum müssen Katecheten sich auf der einen Seite durchaus mit Sachverhalten und Themen, mit Texten und Symbolen, mit Traditionen und Thesen vertraut machen. Zusätzlich müssen sie dies alles mit den Menschen in Verbindung bringen, denen sie auf ihrem Glaubensweg beistehen wollen. Insofern dieser Weg mit einem Lernen zu tun hat, kann man das Nachdenken über die *vermittelnde Aufgabe* der Katecheten mit dem Wort „Didaktik" kennzeichnen; denn damit werden Reflexionen benannt, die auf *Lernhilfen* ausgerichtet sind.

Die folgenden Überlegungen gelten in einem ersten Schritt den Lernenden und ihren *Voraussetzungen*. In der Praxis wird dabei an konkrete Menschen bzw. Lerngruppen zu denken sein. Katecheten werden sehr spontan zunächst zu erfahren suchen, mit wem sie es zu tun haben. Sie werden Beziehungen aufnehmen. Dieses konkrete Eingehen auf Menschen ist nur in der Praxis möglich. In der Vorbereitung darauf ist zu bedenken, auf welche Voraussetzungen unter der Rücksicht der katechetischen Aufgabe in besonderer Weise zu achten ist.

Der zweite Schritt ist noch nicht auf die zu vermittelnden Inhalte gerichtet, sondern auf die *Ziele*. Dahinter steht die Überzeugung, dass alles Lernen und besonders das Lernen in einer Glaubensgeschichte nicht angemessen als Aneignung von Lerninhalten beschrieben wird, sondern als ein Weg, auf dem sich Menschen in ihren Kenntnissen, Einstellungen, Fähigkeiten, Interessen usw. verändern. Darum sind gleichsam zwischen den Lernenden und den Inhalten die Ziele zu bedenken, auf die hin die Lernenden sich auf den Weg machen. Diese Ziele können auch aus einer anderen Perspektive in den Blick kommen, nämlich als Ziele der Katecheten. Katecheten können und sollen – auch selbstkritisch – bedenken, welche Ziele sie haben, wenn sie sich auf die Begleitung von Menschen einlassen.

Für ihre *Inhalte* ist die Katechese auf ihre Bezugswissenschaft, die Theologie, angewiesen. Dabei hat die Katechese eher ausnahmsweise Theologie zu vermitteln (etwa dort, wo sie mit theologischer Bildungsarbeit verbunden ist); sie muss theologisch klären, worum es inhaltlich in der Katechese gehen soll (in der sog. Sachanalyse), muss dann aber nach den Möglichkeiten suchen, wie der Glaubensgeschichte der Lernenden mit dem Inhalt zu dienen ist. Dabei ist einigen Grundfragen nachzugehen, die im Folgenden der dritte Schritt vorstellen soll. Wo Hilfen gesucht werden, wie die darin enthaltenen Reflexionen der näheren Vorbereitung auf die Praxis dienen können, sei verwiesen auf: Dieter Emeis, Didaktische Analyse von Themen und Texten, Deutscher Katecheten-Verein e.V. München 1997.

Die *Methodenfrage*, also die Frage nach den Wegen, auf denen die mit den Inhalten verbundenen Ziele zu verfolgen sind, ist eine der didaktischen Basisorientierung nachgeordnete Frage. Ähnliches gilt für die Frage nach den für den Lernvorgang hilfreichen *Medien*. Im Folgenden werden die Fragen der Methoden und Medien nicht eigens angegangen; vielmehr soll bei den didaktischen Reflexionen mitbedacht werden, wie sich aus ihnen Hinweise für Optionen bei den Methoden und Medien ergeben, z. B. die Option für erzählende Kommunikation und für den Primat von Glaubenszeugen als personale Medien. Die Aufmerksamkeit für Konsequenzen bei der Wahl von Methoden und Medien soll weiter durchgehalten werden im Teil C, der der Sakramentenkatechese dienen soll.

1. Voraussetzungen

Wer mit Menschen einen Weg gehen will, muss berücksichtigen, was die Menschen für den Weg mitbringen. In der Praxis der Katechese wird es zwar nicht möglich sein, aufwendige empirische Untersuchungen zu den Voraussetzungen bei den Teilnehmenden durchzuführen; aber möglich und notwendig ist doch, dass Katecheten eine bewusste Aufmerksamkeit entwickeln für einige wichtige Voraussetzungselemente, um sie in der Planung und bei der Suche nach Gründen für auftretende Störungen berücksichtigen zu können. Besonders zu beachten sind die Motivationen und die Lebens- und Glaubensgeschichte der Teilnehmenden.

1.1 Motivationen

Motive der Lernenden bewusst machen, unterscheiden und verstärken

Mit Menschen einen Weg gehen kann man nur, wenn diese Beweggründe haben, sich darauf einzulassen. So fundamental darum die Frage der Motivationen ist, so schwierig kann es werden, diese zu erkunden. Folgende Gründe werden sehr oft wirksam:

(1) Den Teilnehmenden selbst können ihre Motivationen *nicht oder nur wenig bewusst* sein. So können sich z. B. Eltern nur wenig Rechenschaft gegeben haben für die Bitte um die Taufe ihres Kindes. Oder Firmlinge können sich angemeldet haben, ohne bedacht zu haben, was sie dazu bewogen hat, sich auf eine mögliche Firmung einzulassen.

(2) Die Teilnehmenden können sprachliche Schwierigkeiten haben, ihre Beweggründe zu *äußern*. Bei den Motivationen für einen katechetischen Weg geht es um innere Wirklichkeiten, über die eher ausnahmsweise gesprochen wird und für die darum vielen keine Sprache zur Verfügung steht.

(3) Die Motivationen können sich im Verlauf des katechetischen Vorgangs *verändern*. Dies hat damit zu tun, dass der Weg auf ein für viele anfangs noch fremdes und ungewohntes Gelände führt.

Erst nach der Überwindung von anfänglichen Unsicherheiten oder sogar Hindernissen können sie eine Vorstellung von dem entwickeln, was da vor ihnen liegt, und dann auch klären, ob und warum sie weiter mitgehen wollen.

Es kann unterschieden werden zwischen *primären und sekundären* Motivationen. *Primäre* Motivationen sind bewusst auf das Ziel bzw. die Ziele gerichtet, die mit der Katechese angegangen werden sollen, also z. B. der Zugang zu den im Evangelium eröffneten Lebensmöglichkeiten oder die Fähigkeit zum symbolischen Handeln in einer sakramentalen Feier. *Sekundäre* Motivationen können mehr oder minder weit von den primären abweichen. So können z. B. Brautpaare darauf ausgerichtet sein, ihre Liebe zwar aufrichtig zu feiern, dies aber kaum christlich zu begründen. Weiter entfernt wäre der Beweggrund, einer gesellschaftlichen Erwartung zu entsprechen und mit einem äußeren Aufwand eine eindrucksvolle Selbstdarstellung zu inszenieren. Gerade bei den katechetischen Begegnungen, bei denen Menschen die rituelle Begleitung ihrer biographischen Situationen suchen, können primäre und sekundäre Motivationen auf unterschiedliche Weise zusammenwirken. Sowohl am Anfang des Weges als auch in seinem Verlauf gilt es dann, die primären Motivationen nach Möglichkeit zu verstärken und zu stützen.

1.2 Die bisherige Lebens- und Glaubensgeschichte[29]

Die Motivationen werden vor allem durch die bisherige Lebens- und Glaubensgeschichte der Teilnehmenden mitbestimmt. Um das Wegmotiv hier aufzunehmen, ist beim katechetischen Weg mit Menschen deren bisheriger Weg zu beachten.

Beziehungsgeschichten sind maßgeblich für den katechetischen Weg.

In der Lebensgeschichte haben für die Katechese hervorragende Bedeutung die *Beziehungserfahrungen* der Teilnehmenden. Wie Menschen von ihren Eltern angenommen oder vernachlässigt

29 Vgl. dazu Rudolf Englert, Glauben lernen im Horizont der Lebensgeschichte, in: Bittner, Gottfried/Gerhards, Albert (Hg.), Glauben lernen – Glauben feiern (siehe Anhang, Nr. 1.2), S. 220–234

wurden, wie sie unabhängig oder abhängig von ihren Leistungen als liebenswert behandelt wurden, wie ihre Offenheit und ihr Engagement für andere beantwortet oder missbraucht und enttäuscht wurde, alle die darin erfahrenen Freuden und Nöte, Hoffnungen und Ängste werden in der biblisch-christlichen Botschaft von Gott angesprochen. In ihren Beziehungserfahrungen wird Menschen nahe gelegt, entweder einem im Grunde guten und freundlichen Geheimnis ihres Lebens zu trauen oder einem tiefen Misstrauen zum Leben zu verfallen. Es kann in ihnen die Hoffnung gewachsen sein, dass jeder Einsatz für ein Miteinander und Füreinander der Menschen Sinn hat; es kann aber auch der Verdacht in ihnen Raum bekommen haben, dass konsequent gelebte Solidarität ein unrealistischer Traum ist. Nicht selten kann beides in Menschen im Widerstreit liegen. Beim katechetischen Weg gibt es Situationen, in denen die miteinander geteilte Botschaft von Gott die Ahnung von einem guten Lebensgeheimnis bestätigen und der Hoffnung auf die Ernte eines nicht nur für sich, sondern auch für andere gelebten Lebens einen letzten wunderbaren Grund zusprechen kann. Es kann aber auch notwendig werden, dass die auf dem katechetischen Weg miteinander geteilte Botschaft von Gott ein tiefes Misstrauen gegenüber dem Dasein heilen und falsch gelebtes Leben in die Umkehr rufen muss.

Katechese geht nicht mit jedem und zu jeder Zeit.

Die Kommunikation über Freude und Not, Hoffnung und Angst kann in katechetischen Begegnungen behindert werden durch Lebensgeschichten, in denen *tiefere Erfahrungen mit dem Leben* nicht zugelassen werden. Menschen können heranwachsen und viele Jahre leben, ohne nach dem zu fragen, was ihr Leben im Grunde tragen und erfüllen kann. Ihr Leben kann durch die Vielfalt der Leistungsanforderungen und der Unterhaltungsmöglichkeiten so beansprucht sein, dass für das, was mit dem Evangelium Menschen mitgeteilt werden soll, kein Raum und Bedarf ist. Katechese ist nicht mit allen zu jeder Zeit möglich. Bei fehlenden Voraussetzungen für einen katechetischen Weg ist zu entscheiden, ob man im gegenseitigen Einverständnis auf den Weg verzichtet oder sich gemeinsam um die notwendigen Voraussetzungen bemüht.

Erste positive Begegnungen mit Christen sind Voraussetzung.

Für die Katechese im engeren Sinn wird vorausgesetzt, dass Menschen in einer anfänglichen oder schon längeren *Glaubensgeschichte* leben. Bei der in die Glaubensgemeinschaft einführenden Katechese müssen Begegnungen mit einem christlichen Lebens- und Wortzeugnis vorangegangen sein, durch die Menschen in sich das Verlangen entdeckten, an dem darin wirksamen Gottesglauben Anteil zu empfangen. Bei der lebenslangen Katechese innerhalb der Glaubensgemeinschaft wird vorausgesetzt, dass Menschen angefangen haben, ihre Lebensgeschichte als Geschichte Gottes mit ihnen zu sehen und zu beantworten und dass sie mit diesem Geheimnis ihres Lebens tiefer vertraut werden wollen. Es gibt viele katechetische Situationen, in denen diese Voraussetzungen nicht gegeben sind. Auch wenn Menschen als Kinder getauft wurden und im gelegentlichen Austausch mit der Kirche durch Kindergarten, Kinderkatechese und Religionsunterricht heranwuchsen, kann ihnen die Aussage fremd geblieben sein, dass Gott eine Geschichte mit ihnen sucht und um die Antwort ihres Lebens wirbt. Es kann zwar diese oder jene gute Anregung in ihr Leben gefunden haben; aber diese Impulse bleiben oft zu schwach, um in eine wirkliche Glaubensgeschichte zu führen. In der katechetischen Begegnung muss in gegenseitiger Offenheit geklärt werden, welches Ziel man unter den gegebenen Voraussetzungen miteinander teilen kann.

Kirche als Raum des miteinander geteilten Glaubens

Wo Menschen durch Katechese Zugang zur *Kirche* suchen, müssen diesem Wunsch Erfahrungen mit Christen vorangegangen sein, die ihnen die Kirche als Raum miteinander geteilten Glaubens, Lebens und Feierns nahe gebracht haben. Oft ist bei Menschen, die sich eher entfernt der Kirche zugehörig sehen, davon auszugehen, dass für sie die Institution mit ihren Amtsträgern im Vordergrund steht. Von ihrer bisherigen Geschichte mit der Kirche her sind sie bei den Anlässen, durch die sie in ein katechetisches Gespräch kommen, weniger auf Aufnahme von Glaubensgemeinschaft als auf die Inanspruchnahme einer pastoralen Dienstleistung eingestellt. Diese Voraussetzung muss zunächst angenommen werden, um eine Beziehung aufzunehmen, in der versucht werden kann, Begegnungen mit gemeindlichem Leben zu ermöglichen. Seltener wird es in der Katechese notwendig, negative Erfahrungen mit verletzender und entmündigender kirchlicher Praxis zu verarbeiten. Häufiger stellt sich dagegen die Aufgabe, Vorurteile gegenüber der Kirche, die nicht selten über Medien transportiert werden, abzubauen durch korrigierende Primärerfahrungen.

1.3 Voraussetzungen im Lernfeld

Nicht nur die Lernenden bringen ihre Voraussetzungen in das Lerngeschehen mit. Auch die Katechetinnen und Katecheten sind in ihren Voraussetzungen zu beachten. Hinzu kommt, dass beide Gruppen in ein Beziehungsgeflecht kirchlicher und gesellschaftlicher Wirklichkeiten eingefügt sind, in dem es zu vielfältigen gegenseitigen Einflüssen kommt. Dabei ist nicht nur die allgemeine kirchliche und gesellschaftliche Situation von Bedeutung, sondern auch, wie sich diese auf eigene Weise am konkreten Lernort auswirkt. Einige wichtige Fragen dazu seien formuliert:

Das kirchliche und gesellschaftliche Umfeld wirkt in die Katechese hinein.

a) *Zur ortszeitspezifischen inneren Situation der Gemeinde*: Wie wird das Ineinander der gemeindlichen Grundfunktionen (Diakonia, Liturgia, Martyria, Koinonia) gelebt? In welche kontinuierlich gelebten Vollzügen kann die Katechese einführen? Wie weit ist eine einseitige Klerikerzentriertheit aufgebrochen und das Zusammenwirken von Charismen anfanghaft eingeübt? Welche ehrenamtlich Mitwirkenden für die Katechese können gewonnen werden? Wie weit ist der Vorgang des Abschmelzens des katholischen Milieus fortgeschritten? Wie ist die Pfarrgemeinde in einen größeren pastoralen Raum einbezogen? Welche Beziehungen lebt sie dabei zu anderen Glaubensorten (auch ökumenisch)? Wie wirkt sich das öffentliche Image der Kirche am konkreten Ort aus?

b) *Zum ortszeitspezischen gesellschaftlichen Umfeld des Lernortes*: Wie intensiv ist das Umfeld eher städtisch oder ländlich geprägt? In welchen unterschiedlichen Räumen vollzieht sich das Leben der Menschen? Wie wirkt sich die Mobilisierung der Gesellschaft am Ort aus? Wie ist die soziale Situation am Ort (z.B. Arbeitslosigkeit, unterschiedliche Sozialmilieus)? Wodurch sind die Christen herausgefordert, in ihrer Umwelt Zeichen der versöhnenden Nähe Gottes zu sein?

2. Ziele

2.1 Teilhabe an den Zielen kirchlicher Sendung

In der Nachfolge Jesu das Interesse Gottes am Menschen bezeugen

Als Teil kirchlichen Handelns hat die Katechese Anteil an den Zielen kirchlicher Sendung. Diese sind vorgegeben in der *Teilhabe an der Sendung Jesu.* Dafür finden wir in den neutestamentlichen Schriften eine Reihe zusammenfassender Aussagen, von denen einige zu vergegenwärtigen sind. Beim Evangelisten Markus begründet Jesus seine Zuwendung zu den Kranken und Sündern: „Nicht die Gesunden brauchen den Arzt, sondern die Kranken. Ich bin gekommen, um die Sünder zu rufen, nicht die Gerechten.“ (2,17) Der Evangelist Lukas lässt Jesus sich am Anfang seines Wirkens beziehen auf ein Jesaja-Wort: „Er hat mich gesandt, damit ich den Armen eine gute Nachricht bringe; damit ich den Gefangenen die Entlassung verkünde und den Blinden das Augenlicht; damit ich die Zerschlagenen in Freiheit setze und ein Gnadenjahr des Herrn ausrufe.“ (4,18f) Im Johannes-Evangelium finden sich die programmatischen Aussagen „Gott hat seinen Sohn nicht in die Welt gesandt, damit er die Welt richtet, sondern damit die Welt durch ihn gerettet wird“ (3,17) und „Ich bin gekommen, damit sie das Leben haben und es in Fülle haben“ (10,10). Immer geht es darum, dass Jesus sich vom Vater gesandt wusste, um seine die Menschen rettende, heilende, versöhnende, aufrichtende neue und machtvolle Nähe anzusagen und mitzuteilen. Daran beteiligt der Auferstandene in der Sendung des Geistes die Gemeinschaft derer, die an ihn glauben. Ziel der Kirche ist es nicht nur, dass es weiter die Kirche gibt, sondern dass die weiter vom Geist zusammengeführte Kirche der Welt das wirksame Interesse Gottes an ihrem Leben bezeugt und vermittelt.

Das Ziel der Katechese zeit- und ortsnah konkretisieren

Diese zeit- und ortsunabhängig gültigen Perspektiven bedürfen, um handlungsorientierend zu werden, der *Konkretisierung.* Dazu ist auf die jeweils besonderen Freuden und Nöte, Hoffnungen und Ängste der Menschen zu achten, zu denen die Kirche gesandt ist. Das II. Vaticanum sah die Kirche in einer Menschheit, die immer mehr zusammenwächst und zugleich an ihrer Zerrissenheit leidet. Darum formulierte das Konzil als Globalziel kirchlicher Sendung, dass die Kirche „in Christus gleichsam das Sakrament, d. h. Zeichen und Werkzeug für die innigste Vereinigung mit Gott wie für die Einheit der ganzen Menschheit“ sein soll. (Lumen Gentium 1) Die Katechese hat in der Teilhabe an dieser Option das Globalziel, dass Menschen im Glauben Fähigkeiten entwickeln, sich an der Versöhnung der Menschen mit Gott und untereinander zu beteiligen. Ein eindrucksvolles Beispiel dafür, wie die Katechese an einer zeit- und ortsorientierten Option kirchlicher Sendung teilhaben kann, bietet die Formulierung des internationalen katechetischen Kongresses von Medellin (Kolumbien), der 1968 im Kontext der Theologie der Befreiung stattfand: „Die Katechese ist eine Option, durch die sich eine Gruppe von Menschen im Lichte des Evangeliums der Herkunft, Berufung und Zukunft der Menschheit bewusst wird und befähigt, aktiv mitzuarbeiten an dem von Gott eingeleiteten geschichtlichen Prozess der vollen und umfassenden Befreiung der Menschen.“

Zum Beispiel der Synodenbeschluss: „Unsere Hoffnung“

In der gegenwärtigen Situation der Kirche in *Deutschland* gibt es keine deutliche gemeinsame Vorstellung ihrer Sendung in unserer Gesellschaft. Dies ist u. a. darin begründet, dass die Hoffnungen und Ängste, Freuden und Nöte der Menschen oft verdeckt sind und mit recht komplexen Problemen zu tun haben, für die keine einfachen Lösungen anzugeben sind. Die Würzburger Synode gab mit ihrem Bekenntnis *„Unsere Hoffnung“* immerhin ein wohl fundamentales Ziel an: dass die Kirche angesichts einer lähmenden Enttäuschung über das Menschenmögliche die Möglichkeiten Gottes mit den Menschen bezeugen kann und soll. Diese Perspektive kann zusammengeführt werden mit den drängenden *Herausforderungen unserer Zeit*, die in der Trias „Frieden, Gerechtigkeit, Bewahrung der Schöpfung“ angezeigt werden. Die Katechese hat in dieser Sicht Anteil an der Sendung der Kirche, eine Hoffnung auf Gottes Möglichkeiten mit den Menschen zu bezeugen, durch die Kräfte freigesetzt werden, um mit Geduld und Phantasie die zukunftswichtigen Herausforderungen unserer Zeit anzunehmen.

2.2 Lebenshilfe durch Glaubenshilfe

Oberstes Ziel: Dem Menschen helfen, dass sein Leben gelingt.

Das Würzburger Dokument „Das katechetische Wirken der Kirche" formulierte 1974: „Das oberste Ziel katechetischen Wirkens besteht darin, *dem Menschen zu helfen, dass sein Leben gelingt*, indem er auf den Zuspruch und Anspruch Gottes eingeht." (Allgemeiner Teil 3) Obwohl diese Formulierung Aussagen zur Sendung Jesu aufnimmt, war diese allgemeine Zielbestimmung nicht selbstverständlich. Es gab in der Katechese-Geschichte Zielbestimmungen, die vom Gelingen des Lebens in dieser Zeit absahen und einseitig auf ein Jenseits gerichtet waren. Es gab die fundamentale Ausrichtung darauf, dass alles – also auch die Katechese – der „größeren Ehre Gottes" zu dienen habe, wobei die Verherrlichung Gottes und der Dienst am Leben der Menschen wie konkurrierende Intentionen erscheinen konnten. Eben diese Konkurrenz ist im Blick auf die Praxis und Verkündigung Jesu zu überwinden.

Exemplarisch kann dies in der Szene der Heilung des Mannes mit der gelähmten Hand am Sabbat deutlich werden. Da wird Jesus beobachtet, ob er der Ehre Gottes durch Beachtung der Sabbat-Ruhe entspricht oder der Not eines Menschen, der er abhelfen kann, Vorrang gibt. Der Evangelist Markus lässt Jesus die Frage an seine Beobachter richten, ob Gott an dem seiner Ehre gewidmeten Tag die Heilung des Menschen erlaubt oder nicht. Und er lässt Jesus jeden in der Runde mit dieser Frage anblicken und zornig werden angesichts der Augen, in denen sich harte, also trotz religiöser Korrektheit mit dem lebendigen Gott unvertraute Herzen spiegeln. Was die Ehre Gottes meint, zeigt er, indem er den Kranken in die Mitte ruft und ihn heilt. *Weil Jesus ganz an der Heiligung des Namens Gottes, seines Vaters lag, lag ihm ganz an den Menschen* – vor allem an denen, deren Leben bedroht und verletzt, missbraucht und missachtet war. Wo Theozentrik und Anthropozentrik in der pastoralen und katechetischen Zielfindung gegeneinander gerichtet werden, wird das innerste Anliegen des Evangeliums verfehlt. Verherrlichung Gottes im Lobpreis, in der Danksagung und in der Anbetung ist Antwort auf die Erfahrung seines unbegreiflichen Daseins für das Leben in Fülle.

Theozentrik und Anthropozentrik gehören im Evangelium zusammen.

Eine Erläuterung braucht das Sprachspiel „Gelingen des Lebens". Dies kann so aufgenommen werden, dass an ein Leben ohne Last, ohne Verlust, ohne Enttäuschungen und ohne Leid gedacht wird. Die katechetische Hilfe zum Gelingen des Lebens schließt demgegenüber sehr entschieden die Intention ein, beim Bestehen von *Verlust- und Leidsituationen* Hilfe zu geben. Es ist auch nicht in umgekehrter Einseitigkeit nur an das Leben in der Zeit zu denken, sondern daran, dass Menschen in der Zeit zu einem Leben finden, das in Gott eine vollendende, heilende und tröstende Zukunft erhoffen darf und soll.

Leben gelingt, indem der Mensch auf den Zuspruch und Anspruch Gottes eingeht.

Das Ziel kann auf die Kurzformel gebracht werden: *Lebenshilfe durch Glaubenshilfe*. Dies zeigt der Nebensatz in der zitierten Formulierung an: „indem er (der Mensch) auf den Zuspruch und Anspruch des Evangeliums eingeht." Die Zielvorstellung ist von der Überzeugung getragen, dass Menschen im Glauben an das Evangelium eine einzigartige Hilfe für ihr Leben erfahren. Wer das Licht des Evangeliums aufnimmt, lebt im Licht und sieht in der Nachfolge Jesu den Weg, der ins Leben führt. Wer sich im Glauben für die Gabe des Geistes öffnet, empfängt eine reale Kraft zum Leben, einen Hauch des lebendigen Gottes, der in ihm neue Lebensmöglichkeiten freisetzt. Dieser „Zuspruch" von Leben ist primär, wird dann aber auch beansprucht. Dieser „Anspruch" wird allerdings missverstanden, wenn er als lebensbeengend und freiheitsbedrohend vermittelt und erfahren wird. Das Evangelium wird dort aufgenommen, wo in seinem Anspruch der Sinn von Freiheit entdeckt und der Gewinn von Leben wahrgenommen wird – auch wenn die Nachfolge Jesu Lebenskraft und manchmal das Leben selbst kostet.

2.3 Einführung in das Geheimnis des Lebens (Mystagogie)

Bei den Kirchenvätern bezeichnet das Wort „Mystagogie" die Einführung in das Geheimnis des Glaubens, wie es in den Sakramenten gefeiert wird. Davon wird unten im Zusammenhang der Sakramentenkatechese zu sprechen sein. Das Wort „Mystagogie" wird in jüngerer Zeit in einem von Karl Rahner seit etwa

1960 wiederholt angeregten Sinne gebraucht als Einführung in das Geheimnis des Lebens der Menschen. Danach hat eine mystagogische Katechese das Ziel, *Menschen in jenes Geheimnis einzuführen, welches ihr Leben immer schon ist*, nämlich Gottes Liebesgeschichte mit uns Menschen. Dadurch, dass Menschen dieses Geheimnis aufgedeckt wird, wird die Geschichte Gottes mit ihnen gefördert. Es geht also nicht nur um Lebensdeutung, sondern um eine Deutung, die heilend, reinigend, aufrichtend, befreiend wirksam ist.

Gott hat mit allen Menschen schon immer und überall eine Geschichte.

Ausgangspunkt ist bei dieser Handlungsperspektive für die Katechese die Überzeugung, dass Gott schon immer und überall im allgemeinen Heilswirken seines Geistes mit allen Menschen seine Geschichte hat, die Menschen also nicht erst und allein durch die Begegnung mit dem Evangelium mit rettendem und versöhnendem Wirken Gottes in Kontakt kommen. Mystagogie soll den Menschen offen zu legen suchen, wo sie bereits von dem Gott ihres Lebens umworben und auf die liebende Antwort ihres Lebens hin angesprochen sind. Menschen sollen entdecken, wo sie, ohne dass es ihnen bewusst sein musste, dem Gott ihres Lebens geantwortet haben mit einem mehr oder minder weit auf ihn hin sich öffnenden Herzen. In der glaubenden Begegnung mit Jesus Christus als der Gabe Gottes an die Menschen soll Menschen aufgehen, wie es in der Liebe Gottes begründet ist, wenn in ihrer eigenen Geschichte und der gemeinsamen Geschichte der Menschen die dunklen Mächte von Hass und Gewalt, Misstrauen und Verzweiflung keine letzten Siege davontrugen, sondern immer wieder Versöhnung und Mitleid, Hoffnung und Vertrauen neue Anfänge des Lebens eröffneten. Wenn Menschen Anteil bekommen am Glauben der Kirche ist dies wie eine *Entdeckung der Quelle*, aus der die heilenden und aufrichtenden Kräfte in das Leben der Menschen ausgehen. Es ist ein Vertrautwerden mit dem tragenden, erneuernden und verheißungsvollen Geheimnis des Lebens.

Mystagogen sind Anwälte der im Menschen wohnenden Sehnsucht.

Einige Teilaufgaben der Mystagogie im skizzierten Sinn sind etwas näher in den Blick zu nehmen:

(1) Mystagogen müssen sich verstehen als Anwälte der im Menschen wohnenden *Sehnsucht*. Diese kann zwar missbraucht wer-

den; wo sie aber in ihrem ursprünglichen Impuls wirkt, ist sie zu verstehen als Wirken des Geistes, durch das Gott den Menschen anruft, sich auf seine Liebesgeschichte mit ihm einzulassen. Die Sehnsucht kann zum einen ein inneres Aufbegehren gegen Unheilserfahrungen sein. Sie können zum anderen in Erfahrungen mit Heil und Glück das innere Verlangen nach letztem Heil und Glück wecken. Ein wichtiges Bild für die Sehnsucht ist der Durst. Die leibhaftige Erfahrung des Durstes kann auf einen tieferen, den ganzen Menschen mit Verlangen erfüllenden Durst verweisen. Es ist ein Verlangen nach Leben, nach Liebe, nach Glück, nach Schönheit, nach einem Gut- und Heilsein von allem, nach einem alle Trauer tröstenden Trost. Mystagogie will Menschen mit diesem Durst an die Quelle führen, die Wasser für diesen Durst hat.

Es kann nicht als selbstverständlich vorausgesetzt werden, dass Menschen mit ihrer Sehnsucht vertraut sind. Sie kann verdeckt werden durch *Bedürfnisse*. Es gibt die überall spürbare Tendenz, das Lebensverlangen des Menschen auf Ziele zu richten, in denen ihm die Befriedigung zugesagt wird. So kann die unbegrenzte Sehnsucht zurückgenommen werden auf abstillbare Bedürfnisse. Auch wenn der Mensch dabei die Erfahrung macht, dass er nicht zur Ruhe kommt, führt das noch nicht zum Aufleben der Sehnsucht. Der Mensch kann im permanenten Kreislauf von Bedürfnisweckung und -befriedigung gefangen bleiben (Konsumismus). Menschen können ins Vordergründige ausweichen oder sich ablenken lassen, wo sich die Tiefe des Lebens beunruhigend meldet. Lebensziele können auf das Machbare begrenzt werden. An die Stelle der Träume treten Pläne. Dabei ist zuzugestehen, dass die Arbeit am Machbaren und Zukunftsplanung notwendig sind. Wo sie allerdings total, also alles werden, worum es dem Menschen geht und zu gehen hat, wird das Geheimnis des Lebens unvertraut. Mystagogie muss damit rechnen, dass viele Menschen die in ihnen wohnenden Sehnsüchte erst entdecken, zulassen und pflegen lernen müssen.

In der Lebenspraxis der Menschen die Geschichte mit Gott entdecken

(2) Mystagogen müssen dafür sensibel sein, wie Menschen in *lebenspraktischen Optionen* ihre Geschichte mit Gott als dem Geheimnis ihres Lebens haben oder sich ihr auch verweigern.

Schon im Matthäus-Evangelium lesen wir, wie eine Gemeinde dafür geöffnet wird, dass sie mit Menschen außerhalb ihrer Bekenntnisgemeinschaft lebt, die doch auf Gott mit ihrem Leben antworten. Es wird in einem mystagogischen Text aufgedeckt, dass die, die Hungernde speisen, Obdachlose aufnehmen, Nackte bekleiden, Kranke besuchen und Gefangene nicht allein lassen, alles dies dem Menschensohn tun und darum zu ihm in seinem ewigen Leben gehören. (25,31–46) Nicht nur in dramatischen Situationen der Diakonie haben Menschen ihre Geschichte mit ihrem Gott. Sie können in vielen Entscheidungen und Handlungen alltäglicher Lebenspraxis darauf setzen, dass es einen letzten tragenden Grund gibt, der sie angehen lässt gegen die Versuchung zur Resignation oder Verzweiflung. Menschen können in einer treu und tapfer gelebten Liebe darauf vertrauen, einmal vor das letzte Geheimnis ihrer Liebe zu kommen. Sie können Zeit und Kraft und darin sich selbst geben in der Ahnung, dabei nichts zu verlieren, sondern zu ihrem Leben zu kommen.

Eine der Sehnsucht im Menschen antwortende Lebenspraxis kann behindert werden durch einen in unserer Gesellschaft wirksamen Trend zur lebenspraktischen Zufriedenheit, wenn man gesund ist, in wohltuenden familiären und freundschaftlichen Beziehungen lebt, im Beruf anerkannt wird und sich einigermaßen auf unseren Märkten bedienen kann. Es kann schwer werden, eine Unruhe nach der Weite des Lebens (nach dem Kommen des Gottesreiches) zu vermitteln und das Leben offen zu halten für die vielen, die nicht zufrieden sein können, weil sie keine Chance haben, zu ihrem Leben zu kommen.

Lebenserfahrung kann sensibel machen für das Evangelium – aber auch umgekehrt.

(3) Auf diesem Hintergrund ist eine *differenzierte Sicht der Beziehung zwischen Botschaft und Erfahrung* erforderlich. Einerseits können Menschen sensibel sein oder werden für das in ihrer Sehnsucht sich meldende Geheimnis ihres Lebens, und sie können dadurch offen sein für die Botschaft, dass Gott seine Geschichte mit ihnen hat und nach ihrer Antwort ruft. Andererseits können Menschen erst dadurch, dass die Botschaft sie anruft, zur Entdeckung der in ihnen zwar schon immer wohnenden, aber ihnen bisher unvertrauten Sehnsucht kommen. Die

Sensibilisierung für das Geheimnis des Lebens geht so dem Evangelium nicht einfach voraus; es kann die Begegnung mit dem Evangelium bzw. mit dem von Menschen gelebten Evangelium die Kraft sein, durch die die Oberfläche des Lebens erst durchbrochen wird und der Mensch vor das Geheimnis seines Lebens gelangt. So gelangen wir zu unserer Sehnsucht nach einem Miteinander der Menschen, wie es die Bergpredigt ansagt, nicht so leicht ohne diese Predigt, die verkündet, was durch den Anbruch des Gottesreiches unter uns beginnen kann und soll. Ohne die Feier der Auferweckung Jesu kann die Sehnsucht nach einem Leben für unsere Toten und nach einem hoffnungsvollen Sterben oft nur schwer wach gehalten werden.

Mystagogie braucht den Raum gegenseitigen Vertrauens.

(4) Für die mystagogische Katechese ist eine *Kommunikation* notwendig, in der Menschen darüber sprechen können, wie es ihnen mit ihrem Leben, mit ihrer Sehnsucht in der Spannung zwischen Hoffnung und Angst, Freude und Trauer ergeht. Dies ist nur in einem *Raum gegenseitigen Vertrauens* möglich. In diesem Raum muss oft erst eine Sprache und eine *Kultur der Symbole* entwickelt werden als Ausdruck für die Sehnsucht und für das, was die Menschen froh oder traurig sein lässt.

2.4 Das Endziel: Gemeinschaft mit Jesus Christus

Im Mittelpunkt der Katechese steht keine Lehre, sondern eine Person: Jesus Christus.

Die Enzyklika „Catechesi tradendae" griff 1979 das Votum der vorhergehenden Bischofssynode auf, dass Christus im Zentrum jeder echten Katechese stehen muss und wir so „im Kern der Katechese wesentlich eine Person vorfinden, nämlich Jesus von Nazareth, einziger Sohn vom Vater, voll Gnade und Wahrheit, der für uns gelitten hat und gestorben ist und der jetzt als Auferstandener für immer mit uns lebt." „Katechisieren heißt in gewisser Weise jemanden anleiten, dieses Geheimnis in all seinen Dimensionen zu erforschen." „In diesem Sinne ist es das Endziel aller Katechese, jemanden nicht nur in Kontakt, sondern in Gemeinschaft, in Lebenseinheit mit Jesus Christus zu bringen." (Alle Zitate aus CT, Nr. 5)

Die Ausrichtung der Katechese an der *Person Jesu Christi* ist mit der Zielperspektive „Lebenshilfe durch Glaubenshilfe“ zu vermitteln, weil Jesus Christus im christlichen Gottesglauben das *Ursakrament* der treuen Entschiedenheit Gottes für das Leben ist. Der Katechese liegt nicht an irgendeinem Gottesglauben. Schon im Alten Testament geht es durchgängig um die religionskritische Klärung, wer der eine und einzige Gott nicht nur seines Volkes, sondern aller Menschen und Völker ist. Christlicher Gottesglaube ist dadurch gekennzeichnet, dass er dem einen ganz mit seinem Vater vertrauten Sohn glaubt, wie er den einen und einzigen Gott des Alten Bundes in Tat und Wort verkündet. Christen glauben dem Sohn seinen Gott und Vater. Diese Orientierung ist bei der Reflexion der Inhalte der Katechese neu aufzunehmen. Hier ist das damit verbundene Ziel noch etwas zu erläutern.

Christlich an Gott zu glauben heißt, in Jesu Beziehung zu Gott, seinem Vater, einbezogen zu werden. Katechese zielt so – um mit der Enzyklika zu sprechen – nicht nur in einen Kontakt mit Jesus als dem Boten Gottes an. Sie gibt Anteil an der Gemeinschaft derer, denen der Auferstandene sich durch seinen *Geist* mitteilt, damit sie durch ihn und mit ihm und in ihm mit Gott und untereinander verbunden sind. Die Enzyklika spricht nicht ausdrücklich vom Heiligen Geist; in dieser Gabe aber wird Menschen die Gemeinschaft, die Lebenseinheit mit Jesus Christus geschenkt. Veranschaulicht wird diese Lebenseinheit im Bild des Weinstocks mit seinen Reben. Das Ziel der Katechese ist es, dass Menschen gleichsam eingepfropft werden in den Organismus, der durchströmt, am Leben gehalten, gereinigt und fruchtbar gemacht wird durch den Geist, den der Auferstandene gibt.

Die Annäherung an Jesus Christus und seine Beziehung zu Gott ist ein lebenslanger Prozess.

Zu beachten ist, dass die Enzyklika von einem „Endziel“ spricht. In dieser Redeweise ist die Vorstellung eingeschlossen, dass es Teilziele auf dem Wege gibt. Es kann durchaus mit einem Kontakt zur heute bezeugten Person Jesu Christi beginnen. Die Aufnahme von Gemeinschaft kennt *Stufen der Annäherung*. Die volle Lebenseinheit ist wohl erst im Sterben mit Christus zu erreichen. Damit ist eine lebensbegleitende Dynamik der Katechese angesprochen. Nicht nur das Weggeleit in der Initiation bis hin zur Feier der Sakramente ist Auftrag der Katechese, sondern auch die Hilfe zum Bleiben und Wachsen in dem, was in den Initiationssakramenten gefeiert wird. Ähnlich unabschließbar ist der katechetische Prozess, der mit der Erforschung des Christusgeheimnisses in allen seinen Dimensionen angesprochen ist.

2.5 Teilhabe an den kirchlichen Grundfunktionen in einer Gemeinde

Beim Doppelwort Gemeinde-Katechese ist als ein allgemeines Ziel eingeschlossen, dass Menschen die Teilhabe am Leben der Kirche in einer Gemeinde lernen. Das erfordert näherhin Lernvorgänge, in denen Menschen sowohl mit dem Glauben wie mit der Liturgie wie auch mit der Diakonie der Kirche in einer Gemeinde vertraut werden. Die Schwierigkeiten, gemeindliches Leben so zu gestalten, dass man die Teilhabe an dessen *Grundfunktionen* lernen kann, sind oben skizziert worden und sollen hier nicht wiederholt werden. Doch sei hier einem möglichen Missverständnis vorgebeugt, wenn im Teil C dieses Leitfadens der Sakramentenkatechese besonderer Raum gegeben wird. Es soll damit nicht ein einseitiger Akzent auf die Liturgie-Katechese gesetzt, sondern – in hoffentlich kritischer Weise – Rücksicht auf die faktische Praxis genommen werden. Auf die Martyria wird sicher im Zusammenhang der Inhalte der Katechese die Aufmerksamkeit gelenkt. Wenn kein eigener Abschnitt der Diakonie-Katechese gewidmet wird, muss bei der Martyria und Liturgia mitgefragt werden, wie von ihnen her die Diakonia zu leben ist bzw. gelebte Diakonie in die Martyria und Liturgia Eingang finden kann.

Liturgiekatechese allein wird dem Anspruch der Gemeindekatechese nicht gerecht.

Etwas ist noch zu der in den genannten Grundfunktionen zu beachtenden Koinonia oder Communio auszuführen. Weder das griechische noch das lateinische Wort ist im Deutschen einfach mit „Gemeinschaft“ wiederzugeben. Es geht um *Gemeinschaft durch gemeinsame Anteilhabe* an der einen verbindenden Gabe des Geistes. Schon in zwischenmenschlichen Beziehungen kann erfahren werden, dass Verbundenheit nicht allein über die Beziehung lebt und wächst, sondern auch und wohl zuerst durch das, was man in der Beziehung miteinander teilen kann und was eben dadurch zusammenführt. Die Kirche ist Gemeinschaft durch die gemeinsame Anteilhabe an der Selbstmitteilung Gottes im Wort und im Sakrament, durch die gemeinsame Anteilhabe an der vom Geist gewirkten Liebe zu Gott und zum Nächsten, durch gemeinsame Anteilhabe an der einen Hoffnung. Durch dieses Verbindende verlieren die sozialen und nationalen, kulturellen und psychischen Fremdheiten unter den Menschen ihre trennende oder sogar Feindschaft stiftende Kraft. So sind Christen geradezu herausgefordert, die Versöhnungskraft des Geistes in Gemeinschaften von Ungleichen sichtbar zu machen. Dies gewinnt an Bedeutung angesichts der in unserer Gesellschaft beobachteten Sozialmilieus. Diese sind verbunden durch Gemeinsamkeiten im Bildungsniveau, im Alter und dem davon geprägten Lebensstil. Sie grenzen sich nicht selten durch gegenseitige Geringschätzung ab. So berechtigt es sein kann, gelegentlich pastorale Rücksicht auf die unterschiedlichen Erwartungen gesellschaftlicher Sozialmilieus zu nehmen, so deutlich muss es werden, dass Christen durch eine andere Inspiration als die einer Love-Parade oder Mozart-Oper, eines Kegel-Abends oder eines Fan-Clubs zusammengeführt und untereinander verbunden werden. Dies kann schon bei der Zusammensetzung einer katechetischen Gruppe zur fundamentalen Herausforderung werden. Gesellschaftliche Lernerfahrungen gibt das Sprichwort wieder „Gleich und Gleich gesellt sich gern." Die Katechese hat Lernerfahrungen zu ermöglichen, in denen Ungleiche sich gegenseitig als Schwestern und Brüder des einen Sohnes vom Vater entdecken, die Anteil haben an dem einen Geist und darin wirklich und wahrhaftig zutiefst verwandt sind.

Ein Beitrag zur Communio der Kirche, zur geschwisterlichen Gemeinschaft der Kinder Gottes

2.6 Das Ziel in allen Zielen: der Geschichte Gottes mit Menschen dienen

Für die Anbindung der hier vorgestellten allgemeinen Zielperspektiven der Katechese mit den oben skizzierten unterschiedlichen Bedeutungen der Worte „Evangelisierung" und „Katechese" ist zu unterstreichen, dass überall an Wege mit Menschen gedacht ist, auf denen es kein starres „Alles-oder-nichts" gibt. Es ist eine anfängliche Lebenshilfe durch Glaubenshilfe möglich. Es ist ein gestuftes Aufdecken des Lebensgeheimnisses möglich. Es ist vom ersten Kontakt mit dem Christusgeheimnis her eine schrittweise Annäherung möglich. Es gibt entferntere und intensivere Weisen der Communio mit der Kirche. Es kann Menschen auch dann, wenn sie nicht zu kontinuierlicher Kirchengemeinschaft finden, etwas mitgeteilt werden, was Gottes Geschichte mit ihnen fördert und stärkt. Darum darf der „Erfolg" der Katechese nicht einseitig von der erreichten Bindung an die kirchliche Glaubensgemeinschaft abhängig gemacht werden. Zugleich bleibt es ein unverzichtbares Ziel von Evangelisierung und Katechese, Menschen als Mitträgerinnen und -träger einer kirchlichen Sendung zu gewinnen, die der Geschichte Gottes mit den Menschen, dem Anbruch seiner guten Vaterherrschaft unter ihnen dienen. Auch wo der Weg von Menschen zur Aufnahme von Kirchengemeinschaft führt, ist er noch nicht an sein Ende gekommen. Es beginnt zugleich ein Weg, der offen ist und bleibt für die Vollendung der je eigenen Geschichte und der gemeinsamen Geschichte der Menschen in der neuen Schöpfung.

2.7 Kategorien von Zielen des Lernens

Ganzheitliches Lernen mit Kopf, Herz und Hand.

Die allgemeinen Ziele der Katechese sind in Schritten anzugehen, in denen alle Kräfte des Menschen angesprochen sind. Man spricht darum von einem *ganzheitlichen* Lernen. In ihm wirken unterschiedliche Lernvorgänge zusammen. Für die Planung und Analyse katechetischer Prozesse ist eine bewusste Aufmerksamkeit für Kategorien des Lernens erforderlich. Darum sollen sie in ihrer Bedeutung für die Katechese kurz vorgestellt werden.

(1) *Kognitive* Ziele:

In ihnen geht es vor allem um Prozesse, in denen Informationen aufgenommen und einander zugeordnet werden. Die Lernenden erwerben so z. B. *Kenntnisse* über die Hl. Schrift, über Zeiten und Gestalten der Kirchengeschichte, über den Aufbau der Liturgie oder über die Intentionen kirchlicher Hilfswerke. Ob diese Kenntnisse zu *Einsichten* führen, also die Lernenden tiefer verändern, hängt von der Veränderungsbereitschaft bzw. von der Verarbeitung der Kenntnisse ab. Ähnlich gehen Vorgänge des *Verstehens* über bloße Informiertheit hinaus, wenn damit ein Vertrautwerden mit Wirklichkeit und damit ein Sich-einlassen auf diese angezeigt wird. Manchmal werden dem kognitiven Bereich auch Prozesse der *Interpretation* zugeordnet. In ihnen werden Deutungen mit ihren Begründungszusammenhängen wahrgenommen und untereinander verglichen.

(2) Emotionale oder affektive Ziele:

Mit ihnen sind innere Bewegungen gemeint, die auch als ein „Lernen mit dem Herzen" oder als „Lernen des Herzens" beschrieben werden können. Um überhaupt Lebenswirklichkeit so zu erreichen, wie sie von der Glaubensbotschaft angesprochen wird, sind Vorgänge erforderlich, in denen Sehnsüchte und Ängste, Freuden und Nöte zugelassen werden. In der Begegnung mit dem Evangelium müssen sich Menschen in ihrem Verlangen nach Frieden und Versöhnung, in ihrem Geschmack am Guten, in ihrer Kraft, auf Hoffnung zu setzen, anrufen lassen. Im Unterschied zu flüchtigen Gefühlen geht es um die Entwicklung von Grundhaltungen wie Vertrauen, Dankbarkeit, Güte, Ehrfurcht, Staunen usw.

(3) *Pragmatische* Ziele:

Dieser Bereich umfasst einen Plural von Handlungsfeldern, von denen hier nur einige kurz angesprochen werden können.

- Zu den *Grundfähigkeiten*, die es handelnd (also pragmatisch) zu lernen gilt, kann man zählen: still werden, sich öffnen, zuhören, sich mitteilen, sich konzentrieren u. Ä.
- Ein Teil dieser Fähigkeiten erfordert näherhin *psycho-motorische* Lernvorgänge, in denen geübt wird, wie der Mensch innere Haltungen und Bereitschaften in leibhaftigen Haltungen, Bewegungen und Gesten ausdrücken kann bzw. von Haltungen seines Leibes her innere Einstellungen aufbauen und fes-

tigen kann. Wie diese Lernvorgänge insbesondere für den Mitvollzug der sakramentalen Symbolhandlungen beansprucht werden, ist unten näher darzustellen.

- Das Evangelium hat mit der Bereitschaft und Fähigkeit zu *sozialem* Lernen zu tun. Geht es in ihm doch um zwischenmenschliche Verhaltensweisen, die nicht nur verbal besprochen, sondern auch praktisch eingeübt werden müssen (z.B. Versöhnung, gewaltlose Konfliktlösung, solidarisches Teilen). Dem Bereich sozialen Lernens können die Vorgänge zugeordnet werden, in denen ein Mitleben mit der Kirche in der Gemeinde und die Teilhabe an der kirchlichen Sendung angezielt werden.

(4) Voluntativer Lernbereich:

Lernen, sich auf Gottes Geschichte mit den Menschen einzulassen.

Bei Glaubenslernprozessen kann zusätzlich von einem *voluntativen* Lernbereich gesprochen werden. Der Mensch wird durch das Evangelium in seiner Freiheit darauf angesprochen, sich auf Gottes Geschichte mit ihm einzulassen. Er wird in eine existentielle Stellungnahme hineingerufen, die auf Übereignung und Nachfolge ausgerichtet ist. Er kann von der Berufung nicht ergriffen werden, ohne dass er sich ergreifen lässt. Wie dabei Gottes Gnade und menschlicher Wille näher zusammenwirken, ist in der systematischen Theologie zu bedenken. Für die Katechese ist das Ziel wichtig, dass Menschen vor die Frage ihrer Lebensberufung kommen und zu ihrer Antwort finden. Dazu fordert insbesondere das gegenwärtig verbreitete Klima heraus, in dem der Sinn von Freiheit, sich aus dem eigenen Inneren heraus zu engagieren und zu binden, fremd wird und in dem dadurch Freiheit mit Beliebigkeit verwechselt wird.

In der Katechese sind keine Leistungen zu erbringen und zu beurteilen. Darum müssen in ihr nicht alle Ziele so formuliert werden, dass ihr Erreichen in beobachtbaren Handlungen kontrolliert werden kann (Operationalisierung). Gleichwohl kann es auch zur Katechese gehören, sich – möglichst gemeinsam – darüber Rechenschaft zu geben, welchen Weg man gegangen ist und von den Lernerfahrungen her die weiteren Schritte anzugehen.

3. Inhalte

3.1 Die Tradition und das Leben der Menschen

(1) Orientierung an der Tradition

Bibel und Katechismus – zwei Säulen der christlich-katholischen Tradition

In einer Überzeugungsgemeinschaft, die aus der Überlieferung lebt, ist und bleibt es ein wichtiges Ziel, mit dieser Überlieferung vertraut zu machen, sie also als den Inhalt von Glaubenslernprozessen in den Mittelpunkt zu stellen. Dies geschah und geschieht heute, wo man von der Bibel oder von einem Katechismus ausgeht.

Beim Umgang mit der *Bibel* finden gegenwärtig zwei Traditionen zusammen. Die katholische Tradition stellte häufig biblische Gestalten mit ihren exemplarischen Glaubensgeschichten in den Vordergrund und verband biblische Überlieferung mit dem Kirchenjahr. In der evangelischen Tradition wurde die Vorstellung biblischer Geschichten entschiedener mit dem Ziel verbunden, ein Leben aus dem biblischen Wort einzuüben und eine Beziehung zur Bibel als dem Glaubensbuch der Kirche aufzubauen. Diese Intentionen im Umgang mit der Bibel können sich gegenseitig ergänzen. Allgemein erweist es sich als schwierig, Zugang zu allen Büchern der Bibel mit ihren sehr unterschiedlichen Formen und Situationen zu eröffnen. Es gibt gute Gründe zum exemplarischen Umgang mit der Bibel, also mit der Auswahl von Glaubensgeschichten, an denen beispielhaft vergegenwärtigt werden kann, wie Gott mit Menschen einen Weg sucht, auf dem ihr eigenes Leben gelingt und auf dem sie für andere zu einem Segen werden. Es muss allerdings damit möglichst das Bewusstsein verbunden werden, dass es Geschichten aus einem Buch mit vielen unterschiedlichen Büchern sind.

Der *Katechismus* hat als katechetisches Lehrbuch eine wechselhafte Geschichte. Seine prägende Bedeutung bekam er in der Zeit, als er der Identifizierung der unterschiedlichen Konfessionen diente. Der große Katechismus Luthers von 1529, die katholischen Katechismen des Petrus Canisius (für Studenten, Kinder und Mittelschüler 1555–58) und der reformierte Heidelberger Katechismus von 1563 verhalfen dazu, das jeweilige konfessionelle Profil zu versprachlichen und zu vermitteln. Der erst später einsetzende Gebrauch von Katechismen in der Schule war mit indoktrinierenden Zielen verbunden. Der Text war durch vorgegebene und oft unechte Fragen mit den darauf zu gebenden Antworten gegliedert. Die pädagogische und theologische Fragwürdigkeit dieses Katechismusunterrichtes führte im deutschen Sprachraum zu einer großen Reform, aus der 1955 der sog. grüne Katechismus hervorging. Dieser fand eine weltweite Verbreitung. Er war geprägt von biblischen Hinführungen und von Anregungen zu eigenständiger Aneignung der vorgestellten Inhalte. Seit den 60er Jahren des vergangenen Jahrhunderts kam es in der Schule zu einer Abkehr von dem traditionsorientierten Religionsunterricht mit dem Katechismus. Dafür erfuhr der Katechismus eine Renaissance als Buch für Erwachsene. Der eine Name „Katechismus" steht dabei für Bücher mit unterschiedlichen Intentionen und Adressaten. Der Holländische Katechismus von 1966 will ein Glaubensbuch für alle sein. Der Katechismus des Deutschen Katecheten-Vereins „Grundriss des Glaubens" von 1980 hat den Charakter eines Sachbuches, das auf ansprechende Weise informiert und orientiert. Der Katholische Erwachsenen-Katechismus der Deutschen Bischofskonferenz von 1985 richtet sich an diejenigen, die verantwortlich an der kirchlichen Verkündigung beteiligt sind, also an sog. Multiplikatoren. Der römische Katechismus der Katholischen Kirche von 1993 entstand als Sammlung von Inhalten für die Erarbeitung ortskirchlicher Katechismen, soll also vor allem Katechismus-Autoren helfen. Über das bleibende Anliegen, mit Hilfe von Katechismen auf systematische Weise kirchliche Überlieferung vorzustellen, wird weiter unten nachzudenken sein. Hier ist zunächst der Spannung zwischen Überlieferung und heutigem Leben nachzugehen. Es gehörte und gehört bei einer von der Bibel oder von einem Katechismus ausgehenden Katechese immer dazu, von der Überlieferung den Weg in das Leben der heute Lernenden zu nehmen. Kritisch ist zuzugestehen, dass dieser Weg nicht immer gefunden, ja manchmal nicht wirklich gesucht wird.

(2) Orientierung an den Lernenden und ihren Lebenssituationen

Biographisch orientiertes Lernen

Im bewussten Kontrast zum Ausgang von der Tradition steht eine Praxis, die von der Lebenssituation der Lernenden ausgeht. Für den schulischen Religionsunterricht wurde der sog. problemorientierte Unterricht entworfen. Er geht von den von den Schülerinnen und Schülern erfahrenen Problemen aus und fragt von ihnen her, welchen Beitrag die Tradition zum hilfreichen Umgang mit diesen Problemen einbringen kann. In der gemeindlichen Katechese entspricht dem eine Hinwendung zu den Biographien der Beteiligten. Ihre Lebensgeschichte kann als der Inhalt des katechetischen Gespräches in die Mitte gestellt werden, um danach mit Hilfe von Tradition danach zu suchen, wie Gott in diesen Lebensgeschichten da ist und entweder zu dem Weg ermutigen oder ihn korrigieren will. Die Chance dieser Orientierung besteht darin, dass immer das Leben der Lernenden mit seinen Problemen und Herausforderungen zur Sprache kommt. So geht das katechetische Gespräch bei der Ehevorbereitung nicht von einer systematischen Belehrung über das Wesen der Ehe von Christen aus, sondern von den mit der ehelichen Bindung verbunden Hoffnungen und Ängsten, Erwartungen und Befürchtungen. Beim Ausgang vom Leben der Lernenden kann es allerdings schwierig werden, in ihm wirklich die Fragen, „die uns unbedingt angehen", also die nach Paul Tillich im Glauben bedeutsamen, zu finden. Nicht selten führt erst die vergegenwärtigte Tradition dazu, die „Tiefe" im Leben zu entdecken, in der Gott Menschen in seine Geschichte mit ihm hineinruft. Im Blick auf die Problemorientierung heißt dies: Die Tradition ist nicht nur Problemlösungspotential, sondern auch und sogar zuerst ein Problemwahrnehmungspotential, und zwar durch die in der Tradition bewahrten Erinnerungen.

(3) Die Korrelation

Das weitergehende Nachdenken über die Aufgabe, Überlieferung mit heutigem Leben zu vermitteln, empfing aus der biblischen und systematischen Theologie die Einsicht, dass die Tradition als das Zeugnis von Erfahrungen zu verstehen ist, die

Tradition als das Zeugnis von Erfahrungen mit Gott und der Welt

Menschen in ihrer Geschichte mit dem Gott ihres Glaubens machten. In der Gemeinschaft des Volkes Israel und dann der christlichen Gemeinden tauschten die Glaubenden ihre Erfahrungen aus und dachten darüber nach. Sie hielten als Tradition fest, wie sich ihnen ihr Gott mitteilte und sie in das wahre Leben führte. So wurden Geschichten gesammelt und Glaubensüberzeugungen formuliert. Das Ziel der Traditionsbildung besteht darin, dass Menschen durch die überlieferten Geschichten und Überzeugungen in ihre heutige Geschichte mit Gott hineingerufen werden und Anteil bekommen an den tragenden und sich weiter bewährenden Überzeugungen des Glaubens. Einerseits eröffnet heute erst das Zeugnis der Erfahrungen von Christen vor uns den Raum, in dem heutige Lebensgeschichten zu Glaubensgeschichten werden können; wir sind also auf Überlieferung angewiesen. Andererseits will die Überlieferung nicht in die Geschichte von gestern zurückrufen; vielmehr sollen heute die Christen ihre je eigenen und miteinander geteilten Erfahrungen mit Gott in Jesus Christus machen, und zwar im Zusammenhang mit ihren Lebenserfahrungen. So soll die Geschichte Gottes mit den Menschen weitergehen. Der Vorgang, in dem überlieferte Erfahrungen und heutige Erfahrungen in eine wechselseitige Beziehung gebracht werden, wird „Korrelation" genannt. In der wechselseitigen Beziehung geschieht nicht nur etwas mit den Erfahrungen der Lernenden, es werden auch die überlieferten Erfahrungen neu gelesen und aufgenommen. Ein Beispiel dafür ist das Neulesen der biblischen Überlieferung in heutigen Frauengruppen. Die drei vergegenwärtigten Ansätze sollen in folgender Skizze veranschaulicht werden.

Die in diesem Zusammenhang zentrale Kategorie „Erfahrung" bedarf einiger klärender Anmerkungen. Zunächst ist hervorzuheben, dass „Erfahrung" mehr meint als „Erlebnis". Damit Erlebtes zur Erfahrung wird, braucht es einen Prozess der Verarbeitung. Es muss bedacht, verglichen, erzählt, ausgetauscht, eingeordnet werden. Für die Katechese ist die Unterscheidung folgender Kategorien von Erfahrung wichtig:

a) *Lebenserfahrungen*: Hier sind Erfahrungen mit brüchigem oder getragenem Leben und dabei mit Hoffnung und Angst gemeint.

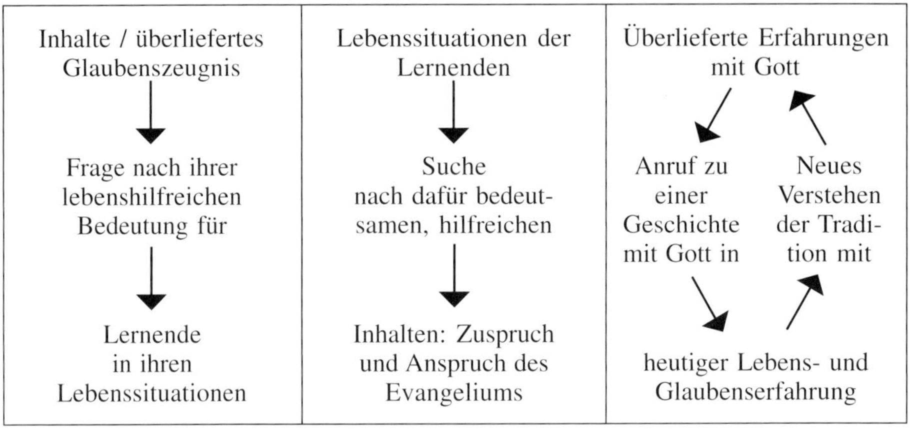

Es sind Erfahrungen mit gelingendem oder misslingendem Leben und dabei mit Freude und Trauer gemeint. Z. T. wird von Grund- oder Grenzerfahrungen gesprochen, in denen es fragwürdig wird, ob ein letztes Vertrauen zum Leben oder eher eine tiefe Skepsis dem Leben gegenüber mehr Recht hat. Das Leben wird in der Spannung zwischen „Licht" und „Dunkel" erfahren. Es ist nicht selbstverständlich, dass Menschen Lebenserfahrungen in dem skizzierten Sinn machen und zulassen.

b) *Erfahrungen mit dem allgemeinen Heilswirken Gottes*: Nicht erst in einer bewussten Geschichte des Glaubens an Gott in Jesus Christus hat Gott seine Geschichte mit den Menschen. Er wirbt schon immer um ihre Antwort. Er hat für sie schon immer seine Zeichen, die sie auf ihr Vertrauen und ihre Hingabe hin anrufen. So ermöglicht Gott allen Menschen Erfahrungen mit Licht und Hoffnung, mit Neuanfängen und sich öffnenden Wegen, mit der Anziehungskraft von Güte und Liebe, von Gerechtigkeit und Versöhnung. In diesen Erfahrungen geht mit die Aufforderung, sich auf sie einzulassen, sich beschenken und beanspruchen zu lassen.

c) *Glaubenserfahrungen*: Diese Erfahrungen machen Glaubende, wo sie vom Ruf Gottes in Jesus Christus ergriffen werden und sich auf diesen Ruf einlassen. Es sind also Erfahrungen damit, wie es ihnen im Vollzug des Glaubens, in der Feier des Glaubens, in der dem Nächsten zugewandten Praxis des Glaubens geht. Es sind nicht Ausnahmeerfahrungen einiger weniger mystisch Begabter, sondern Erfahrungen, die alle Menschen machen, die sich auf einen Glaubensweg einlassen. Es sind Erfahrungen mit der herausfordernden und tragenden, tröstenden und kritischen, versöhnenden und erneuernden Kraft des Glaubens. Nur wo Menschen solche Glaubenserfahrungen zugemutet werden, entsteht der Raum, in dem sie Subjekte ihres Glaubens werden, ihre Identität als Glaubende entwickeln und die Fähigkeit zum Glaubenszeugnis aufbauen können.

3.2 Glaubenswissen als Lebenswissen

(1) Lebenswissen

Das eigene Leben bewusst gestalten und bejahen können

Menschliches Leben hat die Eigenart, dass es gestaltet werden muss, sich also nicht einfach ergibt. Wo Menschen ihr Leben sich einfach ergeben lassen, machen sie die Erfahrung, nicht lebendig zu leben, sondern eher nur zu funktionieren und fremdbestimmt zu werden. Lebendig leben heißt, dem Leben eine Gestalt zu geben. Wenn der Mensch aber Leben gestalten will, dann braucht er dafür so etwas wie einen Entwurf, eine Vorstellung davon wie er leben will und soll. Den Aufbau dieses Entwurfes kann man „Lebenswissen" nennen und damit von anderen Wissensformen wie z. B. Informations-, Fertigkeits- oder Methodenwissen unterscheiden. Mit Lebenswissen ist gemeint eine Vertrautheit damit, wie man so lebt, dass einem das Leben gelingt; dass man dieses Leben wirklich leben möchte; dass man Geschmack am Leben bekommt: dass die eigene Lebensstraße in eine Richtung führt, der man als sinnvoll zustimmen kann und die ein Ziel verheißt. Dazu gehört eine Vorstellung von dem, wie man mit seinen Fähigkeiten und seinen Grenzen, wie man mit Freude und Glück, mit Leid und Tod, mit der Natur, mit den anderen Menschen und sich selbst, mit Sehnsucht und Schuld so umgehen kann, dass man in Wahrheit lebt.

Jürgen Werbick (Glaube als Lebenswissen, in: KatBl 1982, 328) stellt eine Reihe von *Funktionen* des Lebenswissens heraus:

- ein *Deutung*swissen, das die Konflikte des Lebens schöpferisch meistern hilft,
- ein *identitätsverbürgendes* Wissen, das Orientierung bietet und dabei hilft, die eigene Bestimmung und Rolle im Leben zu finden,
- ein *sinnstiftendes* Wissen, das gegenüber einer rein pragmatischen und indifferenten zu einer engagierten und kreativen Lebensgestaltung anregt,
- ein *versöhnendes* Wissen, das die verschiedenen Lebensbereiche zu einem Ganzen zusammenfügt.

Der Aufbau von Lebenswissen ist keine Leistung des einzelnen Menschen, sondern geschieht in *Überzeugungsgruppen* von Menschen. Im Lebenswissen der Lebensgemeinschaft kommen Erfahrungen mit dem Leben, die ausgetauscht werden, zusammen mit den Überlieferungen, wie es Menschen früher mit ihrem Leben ergangen ist. Diese in der Gemeinschaft sich bildenden Überzeugungen von lebendigem Leben werden in der Lebensgemeinschaft weitergegeben und fortgeschrieben. Das Lebenswissen war und ist keine starre Konstante, sondern ein lebendiger Überlieferungsprozess, in den immer neue Erfahrungen von Menschen einfließen.

(2) Die Frage des Lebenswissens in unserer Gesellschaft

Zwei Merkmale unserer gesellschaftlichen Situation haben unmittelbar mit der Frage nach Lebenswissen zu tun.

- Wir leben in einer pluralistischen und individualisierten Gesellschaft. Der Mensch begegnet einer Konkurrenz unterschiedlicher, einander z. T. sogar widersprechender Arten von Lebenswissen. Und er wird mit der Wahl des eigenen Lebenswissens weitgehend allein gelassen. Wohl erstmals in der Menschheitsgeschichte sind die einzelnen Menschen so freigegeben und herausgefordert, ihr Leben selber zu entwerfen.

- Wir leben in einer säkularisierten Gesellschaft. Die Gesellschaft als Ganze verzichtet auf letzte Überzeugungen, die nicht mehr vom Menschen getragen sind. In einer praktischen Religionslosigkeit bzw. privatisierter Religiosität werden die verbindenden Überzeugungen herausgebildet auf dem Grund menschlicher Übereinkunft.

Die Schwierigkeit der Wahl in einer religiös unverbindlichen Gesellschaft

Unter den skizzierten Voraussetzungen kann es Menschen schwer werden, ihr eigenes Lebenswissen aufzubauen. Viele leben zwischen den konkurrierenden Überzeugungsgruppen und erfahren sich in ihren Lebensfragen hilflos. Die meisten Bildungsinstitutionen verhalten sich in der Vermittlung von Lebenswissen darum sehr zurückhaltend, weil sie von keinen verbindenden Überzeugungen von gelingendem Leben getragen sind. So werden Menschen zwar für berufliche Karrieren, nicht aber für ihr Leben qualifiziert. So gibt es in unserer Gesellschaft die Not von Menschen, die keine Menschen haben, an denen und mit denen sie leben lernen könnten. Diese Not kann zu Einschränkungen des Lebenswillens führen. Wer nämlich keine Lebenskunst (nicht im Sinne von Lebenskünstlertum, sondern im Sinne von „sinnvoll leben können") entwickeln kann, dem schwindet auch der Wille zum Leben.

(3) Christlich-kirchliches Lebenswissen als Teilhabe am Lebenswissen Jesu Christi

Oft wird unter „Glaubenswissen" ein Informationswissen verstanden. Der Glaube hat zwar eine sachkundliche Dimension. Die entscheidende Dimension des Glaubenswissens ist aber die lebenskundliche. Im Glaubenswissen geht es um biblisch-christliches Lebenswissen, also um die Überlieferung, wie Menschen in der Geschichte mit ihrem Gott und schließlich in der Geschichte mit Gott in Jesus Christus zu einer Vertrautheit mit dem gefunden haben, wie man lebendig lebt. Glaubenswissen ist so auf Lebenspraxis ausgerichtet. Diese Lebenspraxis braucht als ihren Grund Lebensüberzeugungen. So gehören Orthopraxis und Orthodoxie zusammen. Das rechte Leben hat biblisch seinen Grund im Glauben an den wahren und lebendigen Gott. Im Glauben sind die Wahrheiten nicht nur zu wissen, sondern auch zu leben.

Glaubenswissen meint biblisch-christliches Lebenswissen.

Dies wird besonders deutlich in der christlichen Lebensorientierung. Christliches Glaubenswissen blickt auf ein konkret gelebtes Leben. Die Mitte der Kirche ist nicht eine Theorie, auch nicht ein Programm, sondern ein gelebtes Leben, das Leben Jesu Christi. Christliches Glaubenswissen orientiert sich daran, *wie menschliches Leben in Jesus Christus Gestalt angenommen hat*. Dabei hat die Orthodoxie tragende Bedeutung; denn das gelebte Leben Jesu Christi hat seinen Grund in seinem Lebensgeheimnis. Bei Jesus ist es das Geheimnis seiner Vertrautheit mit Gott als Abba, als liebendem, mütterlichem Vater. Aus diesem Geheimnis heraus bekam sein Leben seine Gestalt. Dass das Lebensgeheimnis Jesu wahr ist, hat sich erwiesen durch die Krise des Kreuzes hindurch in seiner Auferweckung durch den Vater. Der Vater proklamierte in der Auferweckung des Gekreuzigten sein Leben als das wahre, ewige Leben. An der Lebensgestalt Jesu zeigt sich, was lebendiges Leben und gelingendes Leben meint. Dem Auferstandenen mit den Zeichen seiner Liebe bis in den Tod glauben Christen sein Leben als wahres menschliches Leben.

Dieses Leben glauben Christen dem Auferstandenen nicht nur als etwas, was er vor ihnen hergelebt hat und hinter dem herzuleben sie allein gelassen sind. Christen machen vielmehr die Erfahrung damit, wie von dem Auferstandenen eine Kraft ausgeht, dieses sein Leben hinter ihm her zu leben, d. h. also Vertrautheit damit, wie von ihm Lebensenergie ausgeht, Lebenskraft und Lebensimpuls. Der Auferstandene vermittelt in der *Gabe des Geistes* die Anteilhabe an seinem Lebenswissen. Christliches Lebenswissen ist so verbunden mit der Erfahrung, wie von dem Leben Jesus Christi her Leben in menschliches Leben einströmt und menschliches Leben ausgerüstet wird, lebendig gelebt zu werden.

Kirche ist der Raum, in dem das Lebenswissen Jesu weitergegeben wird. Dies geschieht dadurch, dass es gelebt (Diakonia), verkündet (Martyria) und gefeiert (Liturgia) wird. Dabei bekennt die Kirche, dass diese Weitergabe in ihr nicht ungefährdet und ungebrochen ist. Doch lebt in ihr die unabgebrochene Praxis, aus der durch Erinnerung vergegenwärtigten Gestalt des Lebens Jesu Christi das gemeinsame Lebenswissen neu zu finden und immer wieder zu reinigen. Lebendig bleibt diese Überlieferung durch die Frage, wie sie sich an neuen geschichtlichen Situationen zu bewähren hat. Tradition soll nicht gerinnen an den Fragen von gestern, sondern bedeutet ein Weiterwachsen der Kirche in ihrer Vertrautheit mit der Lebenskraft und dem Lebensimpuls Jesu Christi an neuen Fragen, an neuen Problemen und an neuen Herausforderungen.

(4) Katechese als Prozess, aneinander und miteinander leben zu lernen

Voneinander, füreinander und miteinander leben lernen.

Die gemeinsame katechetische Berufung der Christen liegt darin, als Menschen zu leben, an denen und mit denen Menschen im Glauben an Jesus Christus leben lernen können. Das personale Angebot ist bei jeder Weitergabe von Lebenswissen das entscheidende Medium; denn leben lernen Menschen an gelebtem Leben. Mit dem Angebot eines christlich gelebten Lebens ist nicht einfach ein vorbildliches Leben im Sinne von moralischer Tadellosigkeit oder Vollkommenheit gemeint, sondern ein Leben, das die Möglichkeiten des Glaubens in aller menschlichen Gebrochenheit und Armut doch wahrzunehmen und zu bewähren sucht. Katechese ist ein Lernen mit Lernenden, weil alle auf dem Wege bleiben. Sie ist ein Austausch von Erfahrungen, wie Glauben lebendig macht und Lebensmöglichkeiten erschließt. Mit der Weitergabe von Lebenswissen ist Lebenskraft aus dem Geiste Jesu Christi zu bezeugen. In der Katechese lernen Christen also aneinander und miteinander leben, indem sie sich gemeinsam auf einen Weg begeben, auf dem sie aus der Kraft des Geistes Jesu Christi ihr Leben zu gestalten suchen. Das erste Medium christlichen Lernens, also der eigentliche „Katechismus“ der Christen kann von daher nicht ein Buch sein, sondern ist die lebendige christliche Glaubensgemeinschaft.

3.3 Die Vermittlung dessen, was für den christlichen Gottesglauben fundamental ist

(1) Die Frage nach tragenden Grundüberzeugungen

Die Aufgabe, in der Katechese nicht eine unstrukturierte Fülle einzelner Traditionen weiterzugeben, sondern in allen möglichen Inhalten das sichtbar zu machen und zu vermitteln, worum es „im Grunde“ geht, stellt sich aus mehreren Gründen.

a) Der Reichtum kirchlicher Überlieferung ist zwar ein wirklicher Reichtum, kann aber auch als ein Gefüge unübersichtlicher Landschaften erfahren werden, in denen die Orientierung schwer oder sogar unmöglich wird. Die im biblischen Kanon zusammengefassten Bücher enthalten die Erfahrungen vieler unterschiedlicher Menschen in ihren je eigenen Geschichten mit Gott. Das lässt nach dem fragen, worin diese Erfahrungen übereinstimmen. Es lässt suchen nach dem, was für diese Geschichten typisch ist. Schaut man darauf, wie sich der auf der Bibel gründende Glaube der Kirche in Lehre und Praxis entfaltet hat und z. B. im „Katechismus der Katholischen Kirche" zusammengetragen ist, kommt man vor ähnliche Fragen. Vollständig können sich diese Tradition nur wenige aneignen. Es muss aber allen, die teilhaben wollen am Glauben der Kirche, das vermittelbar sein, was in der Fülle der Tradition den christlichen Gottesglauben „im Grunde" ausmacht. Es geht dabei nicht um eine Auswahl, sondern darum, die *tragenden Grundüberzeugungen* auszumachen. Darum ist die Suche nach dem im Grunde Einfachen (Elementaren) der Glaubensüberlieferung auch dort wichtig, wo Christen in die Fülle der Tradition eindringen können und wollen. Auch da sollen die vielen Erzählungen, Zeugnisse und Aussagen über das Geheimnis Gottes nicht unverbunden nebeneinander aufgenommen werden, sondern den einen Willen Gottes für die Menschen verdeutlichen und vernehmbarer machen. Dazu muss gefragt werden, ob sich im Reichtum der Überlieferung so etwas wie Grunderfahrungen mit Gott auffinden lassen, die zwar auf vielfältige Weise gegeben und ausgesagt wurden, die sich aber gegenseitig verstärken und klären. An den grundlegenden Glaubensüberzeugungen könnte und müsste sich die Fülle so ordnen, dass sie nicht verwirrt, sondern tiefer in das Einfache (nicht Simple) des Glaubens hineinführt.

Elementares Lernen: das im Grunde Einfache in der Vielfalt

An Beispielen lernen, worum es im Glauben geht

b) Wo eine Fülle möglichen Lernstoffes Menschen überfordert, bieten sich in der Didaktik *Wege exemplarischen Lernens* an. Es wird nach Beispielen gesucht, an denen ein Bereich der Wirklichkeit so erschlossen werden kann, dass eine grundlegende Vertrautheit mit ihm ermöglicht wird. Lässt man sich davon anregen, dann findet man in der Bibel selbst, wie dort an Beispielen vergegenwärtigt wird, was typisch ist für Gottes Geschichte mit den Menschen. So ist z. B. die Erfahrung der Befreiung aus Ägypten so grundlegend, dass sie in der ganzen Geschichte Israels als beispielhaft in Erinnerung gerufen wird. Im Zusammenhang damit steht die Grunderfahrung „Jahwe ist ein barmherziger und gnädiger Gott, langmütig, reich an Huld und Treue" (Ex 34,6). Diese Erfahrung mit Gott wird in vielen Beispielen variiert. Auch viele neutestamentliche Perikopen sind exemplarisch angelegt. Es kann in einer einzelnen Begegnung mit Gott in Jesus Christus um das Ganze christlichen Gottesglaubens gehen. Am Beispiel der Heilung des blinden Bartimäus kann einem Menschen in Jesus das Licht seines Lebens aufgehen. Das exemplarische Lernen muss sich nicht auf ein Beispiel begrenzen, ist aber bei weiteren Beispielen auf Vorgänge der Wiederentdeckung und der Vertiefung ausgerichtet.

Fundamentalisierung ohne unkritische Vereinfachung

c) Für viele Menschen ist die für die Moderne kennzeichnende *kritische Infragestellung* bisher gültigen Verstehens von Geschichte und Welt verunsichernd. Für sie kommt gleichsam alles ins Schwimmen. Das lässt sie nach *Fundamenten* suchen, an denen sie Halt finden können. Dies ist das berechtigte Anliegen des Fundamentalismus. Problematisch bei Fundamentalisten ist es, dass sie die tragenden Fundamente nicht in der Auseinandersetzung mit neuzeitlicher Kritik aufdecken, sondern unkritisch behaupten. Das wird oft verbunden mit einer Vereinfachung von Wirklichkeit in einem Schwarz-Weiß- bzw. Feind-Freund-Denken. Im Unterschied dazu sucht das didaktische Anliegen der Fundamentalisierung nach den Fundamenten, die sich gegen kritische Infragestellungen als Fundament bewähren und eine differenzierende Orientierung ermöglichen.

Pluralismus in einer lebendigen Kirche

d) Der *Pluralismus* ist nicht nur ein gesellschaftliches Phänomen, sondern auch kirchliche Wirklichkeit. Von Anfang an hat der von dem einen Geist geschenkte eine Glaube an den einen Gott in dem einen Jesus Christus unterschiedliche Ausprägungen an unterschiedlichen Orten bei unterschiedlichen Menschen gefunden. Die Schriften des Neuen Testamentes bezeugen ein pluralistisches Christentum. Und auch in der Kirchengeschichte lebte in der einen Kirche ein Plural unterschiedlicher Spiritualitäten, Theologien, Liturgien oder gesellschaftlicher Optionen. Der Grad kirchlicher Vereinheitlichung war selten so hoch wie in der jüngeren und jüngsten Vergangenheit. Einheit in Vielfalt ist nur dort möglich, wo geklärt wird, worin man so eins ist, dass man sich gegenseitig in eine *vielfältige Ausgestaltung des einen Verbindenden* freigeben kann. Eine grundsätzliche Angst vor Pluralismus verweist auf Unsicherheiten in dem, worum es in der einen Kirche „im Grunde" geht und gemeinsam gehen muss. Fundamentalisierung ist darum nicht nur angesichts des interkonfessionellen Pluralismus notwendig, sondern auch im Blick auf innerkonfessionelle Vielfalt. Für eine Katechese, die eine Identifikation mit der Kirche eröffnen will, kann dies verdeutlicht werden an drei Identifikationskonzepten.

- Eine *totale Identifikation* mit der Kirche ist nicht möglich; denn kein Christ kann sich mit allem und jedem in der Kirche identifizieren (also z. B. zugleich in einer benediktinischen und einer franziskanischen Spiritualität leben). Darum wird totale Identifikation als Identifikation mit einem Amtsträger gelebt.
- *Partielle Identifikation* führt zu einem Auswahlchristentum, bei dem die Einheit aufgegeben wird, wo die Auswählenden je anderes für sich aussuchen.
- Bei der *fundamentalen Identifikation* haben alle Anteil an dem, worum es „im Grunde" geht. Die vielgestaltige Entfaltung dieses Verbindenden führt nicht auseinander, sondern kann als gegenseitige Ergänzung und Bereicherung gelebt und gewollt werden.

(2) Das Glaubensbekenntnis und das Herrengebet

Das apostolische Glaubensbekenntnis: „Personalausweis" der Christen

a) Die bis heute wirksamste Fundamentalisierung des christlichen Gottesglaubens ist das *apostolische Glaubensbekenntnis*. In diesem wird die Fülle biblischer Überlieferung so zusammengefasst, dass diejenigen, die dieses Bekenntnis teilen, darauf getauft und in die Eucharistiegemeinschaft aufgenommen werden können. Im Erwachsenenkatechumenat wird der Text des Apostolicums während einer Feier den Taufbewerbern mit folgenden Worten übergeben: „Empfangen Sie die Worte des Lebens, in denen die Kirche ihren Glauben bekennt, der uns rettet. Nehmen Sie diese Worte auf in ihr Herz und gestalten Sie daraus Ihr Leben." In der Zeit der Kirchenväter wurde der Text nicht aufgeschrieben, sondern von „Herz" zu „Herz", also von Glaubenden an neu zum Glauben Kommende weitergegeben. Er wurde „Symbolum" genannt, wobei mit „Symbolum" ein Identitätsausweis gemeint war. Christen sollten sich selbst im Apostolicum ihrer religiöse Identität vergewissern und vor anderen zu dieser stehen.[30]

Unter dem Stichwort „Kurzformeln des Glaubens" gab es vor ca. 30 Jahren einen breite Kreise erfassenden Impuls zur *Aktualisierung* des Apostolicums. In jüngster Zeit ist die Suche danach neu aufgebrochen, allerdings weniger in die Richtung eines miteinander geteilten Bekenntnisses als unter der Überschrift „Mein Credo" formulierter individueller Glaubenszusammenfassungen. Für die Verlebendigung des im Apostolicum ausgesagten kirchlichen Glaubens haben diese Versuche eine hohe Anregungskraft. Gleichwohl können sie das Apostolicum nicht ersetzen; denn bei den Aktualisierungen und individuellen Bekenntnissen kommt eher der Plural der Entfaltung des Christlichen zur Sprache als die in der apostolischen Tradition gründende Gemeinsamkeit der Christen.

Das Vaterunser: das Gebet des Herrn, das erste Gebet der Christen

b) Für die Gebetspraxis der Kirche gibt es den fundamentalen Text des „Vaterunsers". Dieses wird *Herrengebet* genannt, weil der eine Herr, Jesus Christus, in diesen Sätzen seine Jünger beten lehrt und ihnen Anteil gibt an seinem Gebetsglauben, der ihn mit dem Vater verbindet. Auch dieser Text wird im Erwachsenenkatechumenat feierlich den Taufbewerbern übergeben mit der Aufforderung, mit seiner Hilfe das Leben des Gebetes und das Gebet des Lebens zu lernen. Jede Gebetspraxis von Christen soll so fundamental am Herrengebet orientiert sein.

Wenn die Kirche mit guten Gründen bei der überlieferten Sprache des Apostolicums und des Herrengebetes bleibt, bedürfen

30 Siehe dazu auch Emeis, Dieter, Anleitung zum Glaubensbekenntnis (siehe Anhang, Nr. 1.2). Und siehe oben, Kap. A. 4.5.

diese Texte einer Korrelation mit heutigen Glaubens- und Lebensgeschichten sowie mit heutiger Bekenntnis- und Gebetssprache. Diese Korrelation hat vor allem im lebendigen Austausch in der Katechese selbst zu geschehen. Diesem Austausch können *Katechismen* dienen, die die Beziehungsaufnahme zwischen überliefertem und heutigem Glauben vorbereiten. Beim Erwachsenenkatechismus der Deutschen Bischofskonferenz wurde allerdings wie auch beim Katechismus der Katholischen Kirche die Konzentration auf den Bekenntnis- und Gebetstext aufgegeben, um den Aussagen weitere Traditionsinhalte zuzuordnen. Diese inhaltliche Anreicherung kann sich in einem Verlust an Orientierungskraft auswirken.

(3) Strukturelemente des Christlichen

Es ist tradierte katechetische Praxis, das noch relativ umfängliche Apostolicum auf *tragende Kernüberzeugungen* hin zu konzentrieren. So entstanden z. B. die drei Glaubensgrundsätze: „Ich glaube an Gott Vater, der mich erschaffen hat, an Gott Sohn, der mich erlöst hat, und an Gott, den Heiligen Geist, der mich heiligt." Dahinter steht die Praxis, dass das Apostolicum bei der Taufe und bei Gelegenheiten der Tauferneuerung in drei Stufen abgefragt wird. Heute ist uns theologisch ein Nebeneinander von Schöpfung, Erlösung und Heiligung und deren Zuordnung zu den nebeneinander genannten göttlichen Personen problematisch geworden. Gleichwohl bleibt das Anliegen, im Apostolicum tragende Elemente auszumachen, didaktisch von Bedeutung. Dazu gibt es *fundamentaltheologische Zuarbeit*. E. Schillebeeckx (Menschliche Erfahrung und Glaube an Jesus Christus, Freiburg 1979, S. 41–43) machte im Plural der neutestemantlichen Schriften eine verbindende Grundstruktur tragender Elemente aus. Die von Schillebeecks aufgedeckten vier Grundüberzeugungen werden im Folgenden aufgegriffen und für die Katechese umformuliert.

Die vier Pfeiler des christlichen Glaubens:

> I. *Der Glaube, dass Gott am Dasein seiner Schöpfung und am Leben des Menschen liegt und dass er in der Geschichte mit diesem seinem Willen wirksam da ist.*

Gottes Heilswirken in der Schöpfung

Theologisch wird vom Heilswillen Gottes gesprochen, wobei „Heil" ein Sammelwort für einen Plural von Erfahrungen mit Gottes Engagement für das Leben ist: heilen, befreien, erlösen, retten, versöhnen, aufrichten, reinigen, erneuern usw. Biblisch-christlichem Glauben liegt nicht daran, dass es Gott irgendwie gibt; er ist vielmehr davon getragen, dass durch den Willen und die Macht des lebendigen Gottes alles da ist, was es gibt, und alles gut werden kann und soll. Er ist ein Gottesglauben, der sich an Gottes treues Jawort zum Leben hält trotz der vielen Fragwürdigkeiten und Widersprüche, Bedrohungen und Zusammenbrüche, die die Zustimmung zum Dasein unterwandern können.

> II. *Der Glaube, dass Gott seine machtvolle Entschiedenheit für das „Heil" auf letztgültige Weise gezeigt hat und zur Wirkung bringt in Jesus Christus, seinem Sohn.*

Gottes Menschlichkeit in Jesus Christus

In ihm geht Gott selbst in eine menschliche Geschichte und damit in die Geschichte aller Menschen ein. In ihm will er sich allen Menschen mitteilen. Christen Glauben Jesus, wie er ihnen Gott als seinen und ihren Vater zeigt. Sie glauben ihm wegen der Liebe, mit der er sie bis in den Tod geliebt hat. Und sie glauben ihm, weil der Vater den Sohn in der Auferweckung als den Weg bestätigt hat, auf dem er die Menschen sucht und an sich ziehen will.

> III. *Der Glaube an den Heiligen Geist, der in der Kirche die Christen zusammenführt und ihr Lebens- und Wortzeugnis bewirkt.*

Gottes Liebe in der Gemeinschaft der Kirche

Dadurch soll für alle Menschen aller Zeiten und Räume die neue versöhnende und heilende Nähe Gottes wirksame Gegenwart werden. Bei aller möglichen und notwendigen Kritik an der Kirche gehört zur fundamentalen Identifikation mit ihr der Glaube, dass in der Kirche Gott durch den Geist an seinen Willen erinnert und durch Umkehr auf seinen Weg führt. Dass der Geist immer neu die Einheit der Christen in ihrem Lebens- und Wortzeugnis bewirkt, ist gemeinsamer Glaube der christlichen Konfessionen. Die Frage, welche Bedeutung dabei das Weiheamt der Bischöfe und des Bischofs von Rom hat, wird unterschiedlich beantwortet.

IV. *Der Glaube daran, dass Gott das „Heil", das er innerhalb der Geschichte unter den Menschen anbrechen lässt, im Kommen des Sohnes in Herrlichkeit vollenden wird.*

Gottes Vollendung am Ende der Zeiten

Christen sehen sich, die Menschheitsgeschichte und die Schöpfung auf einem Weg und auf ihm in der Spannung zwischen dem „Schon" und dem „Noch-nicht". Gott hat seinen Frieden unter den Menschen schon anbrechen lassen. Er ist im Leben der Menschen schon heilend und versöhnend, erlösend und befreiend wirksam. Zugleich haben Krankheit und Hass, Unterdrückung und Irrtum, Tod und Sünde noch nicht alle Macht über die Menschen verloren. Die Adventszeit ist nicht eine Saison im Kirchenjahr. Vielmehr erinnert sie daran, dass der christliche Gottesglaube in einer andauernden Adventszeit des hoffenden Wartens und Erwartens der alles und alle tröstenden Zukunft Gottes lebt.

Diese vier Grundüberzeugungen stehen nicht nebeneinander, sondern sind miteinander vielfältig verwoben. Gottes Wille, dass die Schöpfung da sein und die Menschen in ihr leben sollen, ergreift die Christen erst voll in Jesus Christus als dem Ursakrament für diesen Willen des Vaters. Er wird für sie Gegenwart und beansprucht sie durch den Geist im Raum der Kirche. Er schenkt ihnen schon in der Zeit ein Leben, über das der Tod keine letzte Macht mehr hat; dieses neue Leben lässt hoffen auf ewiges Leben und endgültigen Trost durch den allmächtigen (also dem Tod überlegenen) Vater.
Die hier skizzierte fundamentale Orientierung war leitend bei dem oben in Teil A 4.5 vorgestellten Versuch, das gemeinsame Wortzeugnis der Christen im Apostolicum in seinen tragenden Überzeugungen zur Sprache zu bringen.

Sich auf Gott verlassen provoziert eine alternative Art des Lebens.

(4) Christliche Grundoptionen

Wie die skizzierten fundamentalen Überzeugungen christlichen Gottesglaubens mit Grundoptionen verbunden sind, die sich von verbreiteten Lebensentwürfen abheben, kann an folgenden Alternativen verdeutlicht werden.

a) Christen verlassen sich im Glauben an den Gott und Vater Jesu Christi auf ein Du, das an jedem Menschen und darin auch an ihnen selbst unbedingt interessiert ist. Die Alternative ist für viele (mehr oder minder bewusst), dass sie sich einem Schicksal ausgeliefert sehen, dem ihre Hoffnungen und Sehnsüchte gleichgültig sind. Für Christen ist der Mensch im unendlich guten Willen eines Schöpfers begründet, der mit verlässlicher Treue um ein ganz gutes Gelingen seiner Schöpfung besorgt ist. Diese Sicht stellen sie dem (mehr oder minder bewussten) Verdacht gegenüber, dass der Mensch das Zufallsprodukt einer anonymen Evolution ist, die über den Menschen hinweggehen wird.

b) Christen verlassen sich im Blick auf den auferstandenen Gekreuzigten auf Gottes machtvolle Entschiedenheit, seinen guten Willen für die Menschen durchzusetzen und allen, die seinen guten Anregungen folgen, Leben zu schenken und Recht zu geben. Die Alternative ist für viele, um ihre Interessen selbst besorgt zu sein, sie ohne Rücksicht auf andere zu verfolgen und auf das Recht des Stärkeren zu setzen.

c) Christen ist es im Glauben an die zusammenführende und versöhnende Kraft des Heiligen Geistes in der Kirche ganz wichtig, sich auf ein grenzenloses Miteinander und Füreinander der Menschen einzulassen und sich dafür zu engagieren. Die Alternative ist für viele, vor allem die eigene Selbstbereicherung zu sichern, Solidarität auf die eigene Familie bzw. die eigene Interessengruppe zu begrenzen, mit dem Rücken zu den Armen und evtl. sogar auf Kosten anderer zu leben.

d) Christen können in der Hoffnung auf die Fülle des Lebens im Leben Gottes sich offen halten für die unbegrenzten Möglichkeiten Gottes. Diese Hoffnung trägt noch in Leidsituationen durch die Erwartung, dass Gott eine alle Tränen trocknende Antwort auf alle bedrängenden Fragen der Menschen hat. Die Alternative ist für sehr viele das Verlangen oder sogar der Druck, in ihrer Lebenszeit sich ein möglichst schönes Leben zu machen und darin möglichst viel zu erleben, damit sich das Leben gelohnt hat. Leidsituationen sind in dieser Option nur sinnlos und verbitternd.

(5) Das fundamentale Glaubenssymbol des Weges

Gott ruft auf den Weg und geht mit.

Worum es im biblisch-christlichen Gottesglauben „im Grunde" geht, wird in der Sprache der Symbole entsprechender ausgedrückt als in der Sprache der Begriffe. Die Sprache der Symbole ist eine verweisende Sprache. Sie spricht von der „Tiefe", vom Geheimnis des Lebens. Unter den biblischen Symbolen für Gottes Geschichte mit den Menschen ist das Symbol des Weges von besonderer Bedeutung. Abraham wurde aus seinem Lebenszusammenhang herausgerufen auf den Weg in eine Zukunft, die Gott ihm bereiten wollte (Gen 12,1–3). Der Glaube Abrahams bestand darin, dass er sich auf Gottes Weg mit ihm einließ. Grundlegend für Israels Verhältnis zu seinem Gott war die Erfahrung, dass Gott das Volk aus der Gefangenschaft herausgeholt hatte und ihm den Weg in die Freiheit bahnte. Glaube meinte, sich dem Weg Gottes anzuvertrauen (Ex 40,3–11). Auch Gottes Geschichte mit einzelnen Glaubenden wird mit Hilfe des Wegsymbols bezeugt und besungen, z.B. im Hirtenpsalm 23. Im Neuen Testament ruft Jesus Menschen in seine Nachfolge (Mt 4,19 und viele andere Stellen). An Jesus glauben meint, ihm auf seinem Weg zu folgen. Der Evangelist Lukas legt sein Evangelium als Weg Jesu an. Als Auferstandener begegnet er den Jüngern auf ihrem Weg und geht mit ihnen (Lk 24,13–35). Im Johannes-Evangelium ist Jesus „der Weg", der zum Vater führt (Joh 14,1–11). In der Apostelgeschichte ist der „Weg des Herrn" ein Synonym für den christlichen Gottesglauben (z.B. Joh 18,25). Heiden gehen unter Gottes Führung einen Weg, auf dem sie zur Anbetung Jesu als dem Ort des neuen Daseins Gottes unter den Menschen finden (Mt 2, 1–12). An der Wegsymbolik kann die in der Begegnung mit Jesus Christus geschenkte Berufung (und die damit verbundene Hoffnung) wie folgt fundamentalisiert werden:

> *Folge mir auf meinem Weg der Liebe zu Gott und zum Nächsten. Ich will immer bei dir sein, damit durch dich meine Liebe bei den Menschen sei – helfend und heilend, versöhnend und tröstend. Mein Weg ist Leben, über das der Tod keine letzte Macht hat.*

Kennzeichen des Weges der Christen

Mit der Wegsymbolik können die skizzierten Strukturelemente bzw. Grundoptionen des christlichen Gottesglaubens in Verbindung gebracht werden:

a) Es werben unterschiedliche Stimmen um die Menschen, sich auf Wege einzulassen, auf denen sie Leben finden sollen. Es können sich Wege der Selbstbereicherung, der Selbstrechtfertigung, der Selbstdurchsetzung aufdrängen. Dem Weg folgen, auf den Gott ruft, ist gelebter Glaube an Gottes machtvolle Sorge um das Leben. Sich von ihm führen lassen ist gelebtes Vertrauen darauf, dass ihm an denen gelegen ist, die er beruft und die ihn als ihren Hirten wählen.

b) Christlich wird dieser Gottesglaube im Glauben an Jesus als den Weg, auf dem Gott den Menschen unsagbar nahe kommt, und als den Weg, auf dem die Menschen das Leben mit Gott und in ihm finden sollen. Christlich an Gott glauben meint, sich auf den Weg hinter Jesus her rufen lassen – auf den Weg, der durch den Tod hindurch in das Leben führt. Es ist zugleich der Weg, auf dem die Menschen zueinander finden und sich als Töchter und Söhne des einen Vaters entdecken und gegenseitig annehmen.

c) Es ist ein tiefgreifender Unterschied, ob Menschen sich allein auf ihrem Weg sehen oder in Weggemeinschaften gehen. Individualisierung in modernen Gesellschaften bedeutet für viele, dass sie allein gelassen sind mit der Frage ihres Lebensweges. Der Heilige Geist ruft Menschen zur Kirche zusammen, damit sie gemeinsam den Weg finden und gehen, auf den sie durch das Evangelium gerufen sind. So sollen sie für alle Menschen Wegzeichen der Hoffnung sein.

d) Gottes Weg mit jedem Menschen und mit allen Menschen zusammen hat ein Ziel. Der biblisch-christliche Gott ist ein mitgehender und zugleich auf die Menschen zukommender Gott. Der christliche Weg geht nicht immer weiter (etwa in Wiedergeburten oder einem „Weiterleben" nach dem Tod); für ihn gibt es ein Ankommen im „Haus des Vaters". In der vollendenden Vaterherrschaft Gottes, im erhofften und erwarteten „Gott-alles-in-allen" findet alle Sehnsucht der Menschen die erfüllende Antwort. Der christliche „Pilgerstand“ ist die Alternative zum Versuch der Selbstsättigung mit allen möglichen Erlebnissen bzw. zur (realistisch nicht möglichen und doch immer wieder unternommenen) festen Einrichtung in der Zeit.

An der Wegsymbolik kann *erfahrungsorientiert* besprochen werden, worum es im christlichen Gottesglauben geht. Da sich jeder Mensch auf einem Lebensweg befindet, haben mit dem Wegsymbol verbundene Erfahrungen mit den Lebenserfahrungen der Menschen zu tun. Der Plural der oft ambivalenten Erfahrungen sei hier nur angedeutet: Aufbruch und Erschöpfung, offene Wege und Sackgassen, Irrwege und Umkehr, Verlassenheit und Führung, Zielsicherheit und Orientierungslosigkeit, „lichte Höhen“ und „finstere Täler“, krumme und gerade Wege. Wegerfahrungen machen Menschen auch ohne eine bewusste Glaubensgeschichte. Mystagogik kann darin bestehen, mit ihnen aufzudecken, wie und wo in diesen Erfahrungen bereits – zwar unerkannt, aber doch wirksam – Gott mit den Menschen auf ihrem Wege war, nach ihnen rief, sie führte, ihnen aufhalf und den Weg freimachte.

(6) Der Grundvertrauen und das Dasein für andere

Die theologische Rede von der Berufung aller zum Heil kann nach dem einen Fundamentalen suchen lassen, das die Christen mit allen Menschen als ihr Leben rettend und erfüllend teilen. Dieses Fundamentale besteht wohl in der an jeden Menschen ergehenden Herausforderung, in der Praxis seines Lebens zu entscheiden wie wichtig ihm neben seinem eigenen Leben das Leben anderer Menschen ist. Die Frage, wie Menschen nur für sich oder auch für andere leben, betrifft sowohl das gesellschaftliche Zusammenleben als auch den individuellen Lebensentwurf. Eine Gesellschaft kann einerseits so strukturiert sein, dass sie das Leben einiger Zugehörigkeitsgruppen auf Kosten anderer bevorzugt; sie kann andererseits so aufgebaut sein, dass sie auf Lebensraum insbesondere für die Schwachen ausgerichtet ist. Individualisierung in der entfalteten Moderne meint nicht zuletzt, dass die individuelle Herausforderung gewachsen ist, das Interesse am eigenen Leben in Beziehung zu setzen zum Lebensverlangen anderer. Das betrifft sowohl die individuelle Lebensgestaltung als auch den Einsatz für gesellschaftliche Strukturen.

Die Frage, wie wichtig dem einzelnen das Leben anderer ist, ist unausweichlich lebenspraktisch zu entscheiden im Umgang mit Gütern, mit Zeit und mit Kraft, im Gebrauch von Macht und im Einsatz von Beziehungsfähigkeit (einschließlich Sexualität). Die Selbstbegrenzung, die bei der Option „für andere wie für mich" gelebt wird, kann dabei unterschiedlich konsequent und unterschiedlich riskant sein. Wohl immer ist sie verbunden mit einem *Loslassen eigener Lebensmöglichkeiten* zugunsten anderer, einem Verfügbarsein für das Lebensverlangen anderer. Das Interesse am Leben anderer kann gehen bis zur Hingabe des eigenen Lebens für andere.

Die gemeinsame Berufung aller Menschen: Auch für andere leben

Der Verzicht auf eigenes Leben zugunsten anderer kann nur in Freiheit gelebt werden, wo er nicht als Lebensverlust, sondern als Lebenssinn entdeckt und ergriffen wird, also in einem impliziten Glauben gelebt wird. Mit „implizitem Glauben" ist hier gemeint ein Grundvertrauen darauf, dass das, was ich für andere loslasse, nicht verloren ist, und dass ich selbst nicht darum besorgt sein muss, wann und wie der mitgegangene Weg auf ein Miteinander und Füreinander der Menschen hin an sein Ziel kommt. Dieses gelebte Grundvertrauen ist eine *lebenspraktische Übereignung* von Menschen an den, der in den inneren Anregungen, für andere da zu sein, um die Antwort ihres Lebens wirbt. Christen dürfen dieses allen Menschen gemeinsame Geheimnis des Lebens mit „Vater" anreden und in der Vergegenwärtigung der Worte und Taten, des Weges und der Verherrlichung Jesu Christi feiern. Davon geht eine stärkende und befreiende Kraft aus, auf erfahrene Liebe mit Liebe zu antworten.

C. Sakramentenkatechese
I. Allgemeiner Teil

1. Kleine Theologie der Sakramente

1.1 Mitteilung durch Worte und leibhaftige Zeichen

Leben von Worten und Zeichen

Worte sind für uns Menschen sehr wichtig. In ihnen teilen wir uns mit. In ihnen erhalten wir von anderen Anteil an ihrem Leben. So entsteht und wächst Gemeinschaft unter Menschen. Wo Menschen keine Worte austauschen, bleiben sie nebeneinander.

Es gibt Worte, von denen wir leben. Worte der Zuwendung, des Mitleids und der Mitfreude schenken uns die lebensnotwendige Erfahrung, angenommen zu sein. Worte der Ermutigung des Lobes zeigen uns, dass wir etwas können. Worte der Kritik helfen uns, unseren Weg zu finden. Worte der Hoffnung lassen uns aufbrechen in die Zukunft. Wo Menschen keine Worte empfangen, die sie stärken und nähren, können sie verhungern trotz voller Tische.

Wie wichtig Worte für den Menschen sind, sehen wir an Kindern. Wo nicht mit ihnen gesprochen wird, können sie sich nicht entwickeln. An Kindern sehen wir zugleich, dass Worte zusammengehören mit anderen Zeichen und Handlungen. Eltern sprechen nicht nur mit ihren Kindern. Sie geben ihnen ihre Nähe zu spüren. Sie nähren und pflegen sie. Sie trösten und beruhigen sie, indem sie sie auf den Arm nehmen und bei sich bergen. Oft entwickeln sie rituelle Handlungsabläufe, die sich wiederholen und in denen das Kind gleichsam Wohnung nehmen kann.

Lebenslang brauchen Menschen nicht nur Worte, von denen sie leben können. Menschen, die miteinander vertraut sind, tauschen Zärtlichkeiten aus. Der direkte leibhaftige Kontakt mit anderen bleibt außerhalb ehelicher und familialer Beziehungen oft auf das Geben der Hände beschränkt. Doch haben Menschen durch eine ganze Welt der Blicke und Gesten Möglichkeiten der Gemeinschaft mit anderen. Schon das Zusammenkommen ist Ausdruck der Gemeinschaft und dient dieser zugleich. Das gemeinsame Essen und Trinken zeigt Verbundenheit an und pflegt diese. Geschenke geben in der Gabe immer auch ein Zeichen. Besondere Ereignisse wie Geburten und Hochzeiten, wichtige Anfänge oder Abschiede, Gedenktage und Beerdigungen werden nicht nur sprachlich, sondern auch durch Zeichenhandlungen begangen.

1.2 Jesus Christus – das Sakrament Gottes für die Menschen – wirksam im Heiligen Geist

„Das Wort ist Fleisch geworden.“

Gottes Wort ist für uns Christen ganz wichtig. In ihm teilt Gott sich selbst den Menschen mit. Davon können und sollen Glaubende leben. In seinem Wort erreicht sie der wirksame Wille ihres Gottes, dass – hier und heute beginnend – alles gut werden soll. Wo Menschen Gottes Wort aufnehmen und es leben, entsteht und wächst Gemeinschaft zwischen Gott und ihnen.

Gott blieb nicht nur beim Wort. Im Johannes-Evangelium heißt es: „Und das Wort ist Fleisch geworden.“ (1,14) Dieser Satz fasst das Geheimnis zusammen, dass Gott sich in einem Menschenleben allen Menschen mitgeteilt hat. Darin wurde er berührbar und sichtbar. Er wohnte bei den Menschen, war mit ihnen unterwegs, aß und trank mit ihnen. In ihm gab sich Gott so, wie es wohl in keinem Wort möglich ist. Auf dieses Ursakrament der heilenden, erlösenden und versöhnenden Nähe Gottes unter den Menschen ist zu schauen, bevor von einzelnen Sakramenten die Rede ist; denn die einzelnen Sakramente vermitteln das Geheimnis der menschgewordenen Liebe Gottes in die unterschiedlichen Lebenssituationen hinein. Zu Jesus Christus als d e m Zeichen Gottes für die Menschen gehört dabei nicht nur seine gelebte Zuwendung zu den Menschen, sondern auch sein Weg durch Leid und Tod in die Herrlichkeit des Vaters. In diesem Weg wird angeschaut, wie weit Gott in seiner Liebe zu den Menschen ging und wie für die Menschen der Weg neu geöffnet ist, auf dem sie Gott mit sich vereint und untereinander als Geschwister neu zusammenführt.

In seinem irdischen Leben hat Jesus bis zum Abend vor seinem Tode keine einzelnen Sakramente an Menschen vollzogen. Er selbst war durch sein Leben das Zeichen der Nähe Gottes. Und er handelte an den Menschen in leibhaftigen Zeichen durch Handauflegungen und andere Berührungen, durch Tischgemeinschaften (nicht zuletzt mit Sündern) und Speisungen des Volkes. In all dem ging eine reinigende, heilende, versöhnende und nährende Kraft von ihm aus. Es ist die Kraft des Heiligen Geistes, in der er wirkte und die Menschen aufrichtete. Wirksames Zeichen ist Jesus durch diese von ihm ausgehende aufrichtende Macht. Durch sie strömt neues Leben in Menschen ein. Auch daran, dass Jesus Christus wirksames Zeichen Gottes für die Menschen durch den Geist ist, ist immer zu denken, wenn später von der Wirksamkeit einzelner Sakramente die Rede ist.

1.3 Die Kirche als Sakrament und ihre Sakramente

Die sakramentale Sendung der Kirche

Die Bedeutung Jesu Christi als Ursakrament fasst u. a. die symbolische Rede von ihm als „Licht der Welt“ (z. B. Joh 8,12) zusammen. In ihm leuchtet die Liebe Gottes unter den Menschen auf. In ihm scheint unverlierbar der Glanz der Hoffnung über aller menschlichen Geschichte. Unmittelbar an diesem Symbol schließt das Wort Jesu über die Jüngergemeinde an: „Ihr seid das Licht der Welt.“ (Mt 5,14) In ihrem Lebens- und Wortzeugnis soll die Kirche sichtbar machen, was der Wille Gottes auf unserer Erde ist und wie er beginnt, ihn zur Wirkung zu bringen. Das sollen die Jünger so in der Welt leuchten lassen, dass den Menschen aufgeht, wie sie von einem alles heilenden Geheimnis getragen und geleitet sind. Dazu sendet der Auferstandene mit dem Vater den Heiligen Geist. Durch diese „Kraft von oben“ wird die Kirche ausgerüstet, Gottes lebendiges Sakrament unter den Menschen zu sein. Diese Ausrüstung und Sendung ist vor den einzelnen Sakramenten zu vergegenwärtigen. So ist die Kirche z. B. in der gelebten Zuwendung zu den Kranken zuerst ein Sakrament für die Kranken bevor sie das Sakrament der Krankensalbung hat. Oder die Kirche ist dadurch, dass sie in sich Menschen aus vielen Nationen und Sprachen, sozialen Gruppen und Kulturen zusammenführt, ein Werkzeug Gottes bei der Sammlung der Menschen zur versöhnten Menschheitsfamilie. Durch die Aktion MISEREOR ist die Kirche ein Sakrament gerechterer Weltsozialpolitik. Diese positiven Beispiele dürfen nicht übersehen lassen, dass die Kirche an ihrer sakramentalen Sendung vielfach versagt hat. Es bleibt ihr dennoch der Auftrag, Gottes Zuwendung zu den Menschen sichtbar und erfahrbar zu machen.

Die sieben Sakramente der Kirche

Im Laufe der Kirchengeschichte bildeten sich sieben Zeichenhandlungen als die Sakramente der Kirche heraus. Sie haben alle ihren Grund im Wirken Jesu. Sie stehen nicht einfach nebeneinander, sondern bilden einen Organismus:

> Grundlegend ist die Feier der Initiation, der Hineinnahme von Menschen in die Glaubensgemeinschaft der Kirche durch **Taufe, Firmung und Eucharistie.** Dabei ist die Eucharistie zugleich das Sakrament des Bleibens und Wachsens in der Christus- und Kirchengemeinschaft. Das **Bußsakrament** ist der Taufe als dem ersten Sakrament der Sündenvergebung zugeordnet. Es ist sakramental gefeierte Tauferneuerung. In der **Krankensalbung** führt die Kirche die Praxis Jesu fort, sich in besonderer Weise der Kranken anzunehmen. Die **Ehe** von Christen ist ein Sakrament, weil in ihrer einzigartigen Treuebindung menschliche Liebe zum Zeichen der Liebe Gottes wird. Schließlich feiert die Kirche auch, wo Menschen das **Amt** übertragen bekommen, damit sie die einzelnen Ortskirchen sowohl mit dem Ursprung der Kirche als auch mit den vielen anderen Ortskirchen der Weltkirche in Liebe verbinden.

Die Vielfalt christlicher Zeichenhandlungen

Die Sakramente sind die hervorgehobenen, aber nicht die einzigen Zeichenhandlungen im Leben der Kirche. Auf vielfältige Weise kann das Gebet verbunden werden mit Segens- und Weihegesten. Häufig geschieht dies durch Handauflegungen, durch das Zeichen des Kreuzes und durch Besprengung mit geweihtem Wasser. Wegen der Verwandtschaft mit den Sakramenten spricht man von Sakramentalien. Gesegnet werden vor allem Menschen. So segnen Eltern ihre Kinder. Menschen, die einander wichtig sind, segnen einander. Der Segen reicht tiefer als ein guter Wunsch. Er ruft Gottes helfende und beistehende Nähe herab. Wo auch Dinge wie z. B. Wohnungen oder Geräte oder Nahrung gesegnet werden, zielen diese Handlungen immer auf die Menschen, für deren Leben die Dinge da sein sollen.

1.4 Zeichen des Anbruchs, des Aufbruchs und der Verheißung

Die eschatologische Dimension der Sakramente

Mit der Wirksamkeit Jesu und durch die Mitteilung seines Geistes beginnt wirklich Neues in menschlicher Geschichte. Dieses Neue enthält wie einen Keim in sich schon das Ganze, zu dem es hindrängt und das es aus sich entlassen möchte. Doch steht die Vollendung des Neuen aus. Sie kommt auf die Menschen zu. Sie ist die eigentliche Zukunft, die als angebrochen bereits wirksam ist und zugleich als noch ausstehende erwartet wird. Diese Spannung zwischen dem „Schon" und dem „Noch-nicht" kennzeichnet die christlichen Sakramente in dreifacher Weise.

a) Anbruchszeichen sind die Sakramente, weil in ihnen wirklich und wirksam hier und heute Gott erneuernd, heilend, kräftigend und tröstend am Menschen handelt. Wer sich glaubend dieser Nähe Gottes anvertraut, wird nicht nur auf Zukunft hin vertröstet, sondern erfährt gegenwärtig den Trost des Glaubens. Zugleich müssen Christen die Erfahrung machen, wie die Nähe Gottes immer auch von der Gegenerfahrung bedroht bleibt. Sakramente werden überfordert, wenn man von ihnen alles und Letztes erwartet. So werden z. B. Getaufte wirklich eine neue Schöpfung im Heiligen Geiste; sie bleiben zugleich die alten Menschen, die dauernd des erneuernden Kommens des Geistes bedürftig sind.

b) Aufbruchszeichen sind die Sakramente, weil sie die Menschen herausrufen aus der Welt, wie sie ist, in die Welt, wie sie von Gott her begonnen hat und auf sie zukommt. Die Sakramente vermitteln den Mut und die Kraft, sich auf den Weg zu machen und sie eröffnen immer neu den nächsten Schritt auf die Welt Gottes zu in der Mühe um Versöhnung und Einheit, um gegenseitige Annahme und um miteinander geteiltes Leben. In den Sakramenten lassen sich die Christen von Gott herausholen aus der alten in die neue Welt. In ihnen sollen Christen lebenslang dem Bilde Jesu Christi gleichgestaltet werden, der den neuen Menschen bereits gelebt hat und der das Haupt der neuen Menschheit ist.

c) Verheißungszeichen sind die Sakramente, weil in ihnen immer mehr gefeiert wird als das bereits hier und heute erfahrbare Handeln Gottes am Menschen. Es wird in ihnen vorgefeiert, was Gott einmal vollendend am Menschen tun will. So sind die Sakramente Vorgeschmack und Vorzeichen eines Letzten. Feiern sind die Sakramente gerade dadurch, dass sie das Letzte im Blick haben und das Begonnene und Beginnende, so klein und bedroht es sein und bleiben mag, als Vorzeichen des Letzten begehen. In den Verheißungszeichen wird den Christen die Vollmacht geschenkt, ihrem Leben und dem Gott ihres Lebens zuzustimmen und so ihren Gott und ihr Leben zu feiern. So vermitteln die Sakramente die Kraft, an der Gebrochenheit und Unabgeschlossenheit der menschlichen Existenz und auch der Sakramente selbst zu leiden.

1.5 Glaubenszeichen und Zeichen des Handelns Gottes

Handlungen, die Glauben ausdrücken und den Glauben schenken

Sakramentale Handlungen sind deutlich von magischen Praktiken zu unterscheiden. In magischen Praktiken wird von einer Handlung (z.B. dem Anzünden einer Kerze) oder Gegenstand (z. B. einem Amulett) ein guter Einfluss auf das Leben erwartet. Bei den sakramentalen Handlungen und der damit verbundenen Indienstnahme von Dingen richten Christen ihr Vertrauen auf den Gott ihres Glaubens. Die Handlungen sollen eine glaubende

Beziehung zum lebendigen Gott zum Ausdruck bringen. Die Dinge, die dabei einbezogen werden, sollen der glaubenden Begegnung dienen.

Wie in den Sakramenten einerseits Glaube eingebracht und andererseits dieser Glaube bestärkt wird, kann an zwischenmenschlichen Erfahrungen erschlossen werden. Wo Menschen das, was sie verbindet, zum Ausdruck bringen, wird dadurch die Verbundenheit am Leben erhalten und vertieft. Eine Versöhnung, die begangen wird, gewinnt dadurch an erneuernder Kraft. Wenn Eltern ihr Kind in einem Ritus zu Bett bringen, geben sie ihrer Beziehung zu ihrem Kind eine Gestalt, und dadurch wächst diese Beziehung weiter.

Wo Christen sich auf sakramentale Handlungen einlassen, sind diese leibhaftiges Glaubensbekenntnis. Mag ihr Glaube auch schwach und angefochten sein, nur durch ihn kommen Christen dazu, in den Sakramenten die Begegnung mit Jesus Christus zu suchen und von der Gabe seines Geistes aufrichtende, heilende, nährende Kraft für ihr Leben zu erwarten. Wo sie sich glaubend dem Zeichen der Nähe Gottes anvertrauen, erfahren sie zugleich eine Stärkung ihres Glaubens. Das ereignet sich nicht in jeder Begegnung auf die gleiche Weise. Doch Gott hat seine Weisen und Zeiten, einem Glauben, der ihm entgegengebracht wird, recht zu geben.

In den Sakramenten als Glaubenszeichen geschieht Ähnliches wie mit Menschen zur Zeit Jesu. Sie wurden davon angezogen, wie er von Gott sprach und mit den Menschen umging. Sie kamen zu ihm mit dem Glauben, dass er ihre Not sehen und ihnen helfen werde. Jesus nahm ihr Not an. Der Glaube, mit dem die Menschen zu ihm kamen, öffnete ihnen den Weg, ihnen in ihrer Not zu helfen. So konnte der Glaube der Menschen wachsen zu der Einsicht, dass sie in Jesus wirklich von der neuen Nähe Gottes unter den Menschen berührt wurden.

Bedingungsloses Handeln Gottes

Diese Betonung der Notwendigkeit des Glaubens für die Sakramente meint nicht, dass Gott sein Handeln vom Glauben des Menschen abhängig macht. Gott sucht die Menschen auch dort, wo sie sich nicht finden lassen. Er nimmt sie an, auch wo sie sich ihm verweigern. Er beschenkt sie, auch wo sie nicht die Hände und Herzen öffnen. Er ist ihr Licht, auch wenn sie die Finsternis mehr lieben als das Licht. Jedes Sakrament bringt diese bedingungslose Liebe Gottes zum Menschen zum Ausdruck. Diese Liebe Gottes kann den Menschen aber nur erreichen, wo dieser sie an sich geschehen lässt. Die Menschen in seiner Heimat trauten Jesus nicht zu, dass er ihnen die Nähe Gottes bringt. Darum konnte er dort keine Zeichen der Nähe Gottes wirken. Weil Gott eine Beziehung der Liebe zum Menschen sucht, achtet er dessen Freiheit. Glaube ist das Geschenk Gottes, durch das Menschen in Freiheit antworten auf Gottes Werben und um sie.

1.6 Sakramente als liturgische Feiern

Sakramentales Handeln in liturgischen Feiern

Bis in unsere Zeit wirkt sich in der sakramentalen Praxis ein Verständnis der Sakramente als Gnadenmittel aus. Diese Gnadenmittel galt es gültig und erlaubt zu spenden bzw. zu empfangen. Berechtigt ist diese Sicht insofern, als es in den Sakramenten um heilendes, erneuerndes, versöhnendes Handeln Gottes am Menschen geht. Mit dieser Sicht ist allerdings zu verbinden, dass bei den Sakramenten Gott an Menschen in einer liturgischen Feier handelt. Einige Merkmale der Sakramente als Liturgie sind kurz herauszustellen.

a) Die Sakramente werden in einer gottesdienstlichen Versammlung gefeiert. In ihr begegnen einander nicht nur Spender und Empfänger; es kommt vielmehr eine Gemeinschaft von Glaubenden zusammen, die gemeinsam die sakramentale Liturgie feiert. Der Amtsträger hat in der Versammlung zwar eine besondere Rolle als der, der ihr vorsteht; aber er wirkt zusammen mit anderen liturgischen Diensten und mit der konkret zusammengekommenen Gemeinde. Darum entspricht der sakramentalen Liturgie nicht die Begrenzung auf einen privaten oder familialen Kreis; sakramentale Feiern gehören vielmehr in eine gemeindliche Zusammenkunft.

b) Die Gemeindeversammlung zur Feier der Sakramente ist eine Zusammenkunft „im Namen Jesu“. Ihr gilt die Zusage, dass der Auferstandene in ihr da ist und im Geist wirksam werden will.

Es ist viel mehr als eine bloße Formel, wenn Vorsteher und Versammlung einander zur Eröffnung das Mitsein des Herrn wünschen; es ist die Glaubensgrundlage, auf der die sakramentale Handlung ruht. Was dem Menschen gut tun soll, wird als Tun des Auferstandenen in der Kraft seines Geistes erwartet und erbetet.

c) In der Liturgie der Sakramente wird deutlich, wie Gotteslob und Heil des Menschen zusammengehören. In Lobpreis und Danksagung wird Gottes machtvoll-gütiger Wille für die Menschen verkündet, und Menschen bekommen Anteil an der Versöhnung, Heilung und Erneuerung von allem, indem sie sich dem verkündeten Heilswillen Gottes vertrauensvoll übereignen. Indem Gott gefeiert wird, wird für den Menschen die unversiegbare Quelle offen gehalten, aus der er sein Leben und seine Hoffnung nähren kann.

d) Die christliche Versammlung versteht sich als von Gott selbst zusammengerufen. Der Begegnung zwischen Gott und Mensch geht eine Initiative Gottes voraus. Christen versammeln sich daher anders als manche anderen religiösen Gemeinschaften, die auf eigenen Entschluss zusammenkommen, um die Gottheit für die Interessen der Menschen zu gewinnen. Christen folgen dem Ruf ihres Gottes, und dies in der Offenheit für seinen Willen. In den Sakramenten folgen Menschen dem Willen Gottes in dem Vertrauen, dass niemand so am Gelingen des Lebens engagiert ist wie der Gott ihres Glaubens.

1.7 Folgerung für die Katechese

Fundamentalisierung in der Sakramentenkatechese

Im Rückblick auf die bisherigen theologischen Aussagen über die Sakramente lassen sich unschwer die vier Strukturelemente (wieder)entdecken, die oben als fundamental für den christlichen Gottesglauben herausgestellt wurden:

1. Die Sakramente feiern den Gott, dem am Leben der Menschen und am Gelingen seiner Schöpfung gelegen ist.
2. Die Sakramente feiern Jesus Christus als Ursakrament für Gottes machtvoll-guten Willen, die Menschen mit sich und

untereinander heilend, tröstend und versöhnend zusammenzuführen.
3. Die Sakramente feiern das Wirken des Heiligen Geistes, der in der Kirche die Christen zum Lebens- und Wortzeugnis zusammenführt, damit sie Zeichen für Gottes Interesse am Leben geben und sind.
4. Die Sakramente feiern die Hoffnung, dass Gott alles Gute, dass er mit den Menschen in der Zeit beginnt, in sich vollenden will und kann.

Wenn sowohl von „entdecken“ wie von „wiederentdecken“ die Rede ist, sollen damit zwei katechetische Chancen angezeigt sein. Es kann sein, dass der Sakramentenkatechese nur wenig an christlicher Glaubensgrundlegung vorausgegangen ist. Dann ist die Sakramentenkatechese herausgefordert, am Beispiel der Sakramente zu erschließen, worum es im christlichen Glauben „im Grunde“ geht. Es kann an den Sakramenten entdeckt werden, was es meint, christlich an Gott zu glauben. Wo Menschen bereits grundlegend mit dem Gottesglauben der Christen vertraut wurden, geht es in der Sakramentenkatechese um ein Wiederentdecken dessen, was ihnen bereits aufgegangen ist. Es wird dann nicht nur ein weiterer Inhalt des christlich-kirchlichen Lebens vermittelt, sondern an ihm eine in die Tiefe wachsende Vertrautheit mit dem, was die Christen verbindet, ermöglicht. Sakramente werden als Feiern dessen wahrnehmbar, was bereits in den Glaubenden lebt. Eben dadurch kann es zu einer gegenseitigen Durchdringung von Martyria, Diakonia und Liturgia kommen; denn in der Liturgie wird gottesdienstlich begangen, was in der Martyria glaubend bezeugt und in der Diakonia praktisch gelebt wird.

2. Sakramente als Symbolhandlungen – Symboldidaktik als Aufgabe der Sakramentenkatechese

Symbole – Sprache des Glaubens

Es ist näher in den Blick zu nehmen, wie in den Sakramenten mit dem Wort, in dem Gott sich zusagt, leibhaftige Zeichen verbunden werden. Dabei werden wir von zwei Seiten her aufmerksamer für die Kategorie des Symbols.

a) In der Theologie wirkt sich die Einsicht Paul Tillichs, dass die Symbole die eigentliche Sprache des Glaubens sind, immer breiter aus. Erfahrungen in Gottes Geschichte mit den Menschen lassen sich letztlich nicht in Begriffen fassen und mitteilen. Sie brauchen eine Sprache, die auf das Geheimnis in der „Tiefe" des Lebens verweist. „Geheimnis" meint in diesem Zusammenhang nicht eine Wirklichkeit, die noch unbekannt ist und durch ihre Erforschung aufhören würde, ein Geheimnis zu sein. Das Geheimnis des Lebens, auf das die Sprache der Symbole verweist, zeigt sich umso tiefer als Geheimnis, je vertrauter Menschen damit werden.

b) Untersuchungen zur Kommunikation unter Menschen machen uns zunehmend bewusst, dass Beziehungen nicht nur durch den Austausch von Worten, sondern auch in symbolischen Handlungen (wie etwa in einer Begrüßung mit dem Geben der Hände) gelebt werden. Die Symbolhandlungen gehen insofern über die Symbolsprache hinaus, als in ihnen Menschen sich selbst mit Hilfe ihres Leibes ausdrücken und mitteilen. Diese menschliche Grundfähigkeit wird in der sakramentalen Kommunikation aufgenommen und in den Dienst der glaubenden Begegnung mit Gott als dem Geheimnis des Lebens gestellt.

2.1 Was ist ein Symbol?

Symbolisches Wahrnehmen

a) Alltagssprachlich sprechen wir von Symbolen, wo Gegenstände (z. B. ein Ring) oder Handlungen (z. B. das Überreichen eines Blumenstraußes) eine über die Gegenstände oder Handlungen selbst hinausgehende Bedeutung haben bzw. bekommen (z. B. als Zusage von Treue oder Danke). Wir dürfen davon ausgehen, dass auch in unserer von zweckrationalen Kategorien geprägten Lebenswelt fast allen Menschen bewusst werden kann, wie vielfältig sie in diesem alltagssprachlichen Sinn mit Symbolen und symbolischen Handlungen zu tun haben. Man braucht nur darauf zu verweisen, dass fast jeder Mensch mit Dingen lebt, die die Bedeutung von Andenken haben, oder dass Menschen einander Zu- oder Abneigung, Ermutigung oder Geringschätzung, Lob oder Tadel, Gleichgültigkeit oder Zuwendung Tag für Tag nicht nur in Worten, sondern auch in vielfältigen Gesten mitteilen.

b) Geht man Beispielen für Symbole nach, wird deutlich, dass Gegenstände dort zu Symbolen werden, wo der Mensch ihnen begegnet, also sie nicht seinem analysierenden Zugriff unterwirft, sondern sie zu sich sprechen lässt. Ein Fels ist für den begreifenden Menschen ein Stein mit einer bestimmten Form und Härte. Wenn ein Mensch den Felsen anschaut mit seinen Erfahrungen, wie Menschen konsequent und treu oder wankelmütig und unverlässlich leben können, kann der Fels zum Symbol für Festigkeit und Verlässlichkeit werden – im Gegensatz zum schwankenden Rohr. Ähnlich können Dinge zu Symbolen werden, wenn sie in den Dienst einer zwischenmenschlichen Beziehung genommen werden. Ein Ring im Schaufenster des Juweliers ist noch kein Symbol. Er wird es erst dadurch, dass er als Zeichen einer Beziehung gleichsam aufgeladen wird. Symbole gibt es also nur dort, wo Menschen die Wirklichkeit so zulassen, dass sie nicht nur Sachen sehen, sondern erinnert, angesprochen, herausgefordert oder getröstet werden. Wo Menschen die Welt symbolisch anschauen, kann ihnen fast alles zum Symbol werden.

c) Symbole sind auf unterschiedliche Weise in menschlichen Grunderfahrungen verwurzelt und tragen daher auf unterschiedliche Weise archetypische Züge. Die Tatsache, dass es Symbole gibt, die in fast allen Kulturen vorkommen. (z. B. das Haus) verweist darauf, dass sie vom Menschen nicht erfunden werden, sondern ihm gegeben sind. Diese Symbole nennt man auch Ursymbole. Auch bei ihnen ist allerdings die Dimension der Geschichtlichkeit nicht auszublenden. Das feste Haus eines sesshaften Volkes z. B. ist als Symbol nicht einfach identisch mit dem Zelt des Nomaden. Ähnliches gilt im Vergleich zwischen dem Haus, in dem eine Großfamilie mit ihren Angestellten wohnt, und dem Hochhaus mit seinen vielen Einzelwohnungen.

d) Schon bei einzelnen Symbolen lässt sich beobachten, dass sie nicht nur in individueller Wahrnehmung entstehen, sondern auch dadurch, dass Menschen die Wirklichkeit gemeinsam symbolisch betrachten, sich darüber austauschen und sogar Abmachungen treffen. Die Sonne mit ihrer zweifellos ursymbolischen Kraft kann z. B. zum Symbol für das Licht der Lebensweisungen Gottes oder für die Pracht eines Königshauses oder für die Aktion gegen die Verschmutzung der Luft werden. Noch mehr gilt dies für symbolische Handlungen, dass sie in menschlichen Gemeinschaften (von einer Gesamtkultur bis hinunter zu einer kleinen Gruppe oder Paarbeziehung) entstehen und in ihnen als solche anerkannt werden müssen. Dies wird z. B. deutlich in z. T. recht erheblichen Varianten bei der ursymbolischen Handlung gemeinsamen Mahlhaltens. In dieser Perspektive können die Sakramente als die Symbolhandlungen verstanden werden, die in der Kirche auf besondere Weise anerkannt, also für die Kirche als Glaubensgemeinschaft verbindend und verbindlich sind. Die Glaubenden kommunizieren in den sakramentalen Handlungen ihren gemeinsamen Lebensgrund und Lebenshorizont füreinander und nach außen.

2.2 Leibhaftiges Handeln als Symbolhandeln

Symbolisches Handeln

a) Zur Annäherung an das Symbolhandeln mit dem menschlichen Leib ist die Wahrnehmung wichtig, dass Symbole in unterschiedlicher Intensität an der Wirklichkeit teilhaben können, auf die sie verweisen. Wo z. B. ein Blumenstrauß Liebe oder Dankbarkeit in einer Beziehung ausdrücken soll, bleiben die Blumen in ihm zwar botanische Gewächse, zugleich aber wird in ihnen die Liebe oder Dankbarkeit, in deren Dienst sie stehen, Gegenwart. So können sie mit einer Aufmerksamkeit oder sogar Ehrfurcht behandelt werden, die ihnen als bloßen Blumen nicht zukommen könnte. Symbole unterscheiden sich so von nur hinweisenden Zeichen dadurch, dass sie in unterschiedlicher Dichte das in sich enthalten, was sie sichtbar und berührbar machen sollen. Die höchste Form der Vergegenwärtigung von Wirklichkeit im Symbol geschieht durch das Realsymbol, das dem, worum es im christlichen Sakrament geht, am nächsten kommt.

b) Das in allen sakramentalen Handlungen einbezogene Realsymbol ist der Leib des Menschen. Im Leib drückt sich die menschliche Person nicht nur aus, sondern verwirklicht sie sich, findet sie zu sich selbst, ist sie da und nimmt sie Beziehung auf zu anderen Personen und zur Welt. Menschen haben nicht nur einen Leib, sondern sind in ihm und haben durch ihn miteinander zu tun. In leibhaftigen Mitteilungen teilen sie sich selbst mit. Darum verweist der Leib nicht nur auf das Geheimnis der menschlichen Person, er enthält es und kann es in eine Begegnung einbringen. Oft brauchen Menschen, um sich mitzuteilen, keine anderen Symbole als ihren Leib. So handelt der Mensch z. B. allein mit dem Leib in seinen Gesten – etwa wenn er seine Hand ballt oder offen entgegenstreckt oder vertrauensvoll zum Himmel erhebt oder zärtlich um einen Menschen legt. In alldem ist er selbst da und hat er seine Geschichte.

c) Für das Verständnis und die Praxis der Sakramente ist von entscheidender Bedeutung, dass immer im Vordergrund steht, wie ein Mensch mit seinem Leib in die Handlung einbezogen wird. Das primäre Symbol bei allen sakramentalen Handlungen ist der Leib des Menschen. Bei der Taufe wird zwar das Symbol des Wassers beansprucht. Entscheidend ist aber, wie ein Mensch mit seinem Leib in die symbolische Handlung des Wasserritus einbezogen wird: Ein Mensch wird ins Wasser getaucht oder mit Wasser übergossen und nimmt darin seinen Tod an, um sich in neues Leben retten zu lassen. Ähnlich ist bei Salbungen nicht das Öl das sakramentale Symbol, sondern die Handlung, in der ein Mensch mit Öl gesalbt wird. Die eigentlichen eucharistischen Symbole sind nicht Brot und Wein, sondern die leibhaftigen Handlungen des Mahlhaltens und darin des Empfangens und des Essens und des Trinkens der versammelten Menschen. So ist es ungenau, von den Sakramenten als Symbolen zu sprechen. Sakramente sind Symbol*handlungen*, und zwar Handlungen, in die sich Menschen mit ihrem *Leib* einlassen.

2.3 Die katechetische Aufgabe der Symboldidaktik

Intentionen der Symboldidaktik

Sakramentenkatechese kann als Unterricht in der Lehre von den Sakramenten angelegt werden. Sollen Menschen Hilfen bekommen, die sakramentalen Handlungen mitzuvollziehen, muss ein anderer didaktischer Akzent gesetzt werden. Wenn dieser hier mit dem Wort „Symboldidaktik“ angezeigt wird, ist zunächst kurz zu vergegenwärtigen, dass mit ihm unterschiedliche didaktische Konzepte benannt werden können:

(1) Mit Symboldidaktik kann bezeichnet werden das Konzept, mit Hilfe der Sprache der Symbole zu vermitteln, worum es im Glauben geht. In diesem Konzept werden die Symbole also als Medien eingesetzt. Da dabei ein Verständnis der Symbolsprache erforderlich ist, gehört eine bewusste Förderung der Fähigkeit, Symbole wahrzunehmen, zu diesem Konzept hinzu.

(2) Mit Symboldidaktik kann die Intention angezeigt werden, dass Lernende sich kritisch mit den ihnen umgebenden Symbolwelten auseinandersetzen sollen. Konkurrierende Lebensentwürfe stellen in einem Symbolgefüge dar, worum es den Mitgliedern der jeweiligen Gruppe vor allem geht. Solche Symbolwelten begegnen z. B. in der Werbung oder in der Kleidung und im Auftreten bestimmter Peer-groups oder bei der Eröffnung olympischer Spiele. In kritischer Auseinandersetzung gilt es, die Symbole zu entschlüsseln und Optionen für den Aufbau einer eigenen Symbolwelt bzw. den Anschluss an eine dem eigenen Lebensentwurf entsprechende Symbolwelt zu entwickeln.

(3) Mit Symboldidaktik kann die Aufgabe bezeichnet werden, Menschen in der Fähigkeit zu fördern, sich selbst symbolisch auszudrücken und dabei insbesondere ihr leibhaftiges Handeln als Symbolhandeln wahrzunehmen und zu vollziehen. Symbole

sind dabei nicht nur Medien des Lernens; es wird vielmehr eine Förderung der symbolischen Kompetenz als Ziel der Lernvorgänge verfolgt.

Sakramentenkatechese hat mit allen der drei skizzierten Bedeutungen von Symboldidaktik zu tun. Sie wird auf die Sprache der Symbole als Medium für die Vermittlung des Zuspruchs und Anspruchs des Evangeliums angewiesen sein. Sie wird die christlich-kirchliche Symbolwelt (nicht zuletzt der sakramentalen Feiern) in der Auseinandersetzung mit konkurrierenden Symbolwelten zu erschließen haben. Vor allem aber muss es zu ihren Zielen gehören, dass Menschen ihren Leib als das Realsymbol ihrer Person wahrnehmen und einsetzen können, damit Gott sich ihnen leibhaftig mitteilen und von ihnen leibhaftig empfangen werden kann.

Psychomotorische Intentionen und meditatives Üben

Es gibt in unserer pädagogischen Landschaft und in der Welt der Erwachsenen eine eigenartige Diskrepanz zwischen der fast überall vertretenen Überzeugung von der Leib-Seele-Einheit des Menschen einerseits und einer kaum entwickelten Aufmerksamkeit für den Leib als sichtbaren und greifbaren Ausdruck innerer Haltungen, Einstellungen, Bewegungen und Erwartungen andererseits. Leibeserziehung wird sehr weitgehend gleichgesetzt mit Sport und hat dann vor allem der Gesundheit oder der Leistungssteigerung für den Wettkampf zu dienen. Etwas können sich da und dort spielerische und ästhetische Intentionen im Umgang mit dem Leib behaupten; aber Erfahrungen damit, wie sich innere Wirklichkeit des Menschen leibhaftig ausdrückt und vermittelt oder wie leibhaftige Haltungen, Gesten und Bewegungen auf das Innere des Menschen zurückwirken, werden kaum bewusst gemacht und gepflegt. Eine katechetische Symboldidaktik muss hier sehr gezielt *psychomotorische* Intentionen aufnehmen und in ihnen meditativ *üben*, leibhaftige Symbolhandlungen wahrzunehmen und sich selbst in solchen Handlungen auszudrücken. Solche Übungen bedürfen der Wiederholung, damit sich der ganzheitliche Vollzug festigen kann und Menschen darin eine von „außen“ gestützte „innere“ Festigkeit gewinnen können. Dieses Üben ist deutlich abzuheben von einer dressierenden Praxis, der es primär um Zucht und Ordnung bzw.

um den korrekten choreographischen Ablauf einer Erstkommunionfeier statt um symbolische Darstellung des Menschen in seinem Leibe geht.

An einem kleinen Beispiel sei die hier herausgestellte Intention veranschaulicht, um gleichzeitig an einer Reaktion darauf zu zeigen, wie unterentwickelt die katechetische Aufmerksamkeit bei uns für diese ist. Heinrich Spaemann (Und Gott schied das Licht von der Finsternis. Freiburg 1982, 32f) erzählte von einer Religionsstunde, die er mit anderen Besuchern aus Deutschland in Brasilien erlebte. Die Lehrerin war eine Schülerin der Lubienska de Lenval, der polnischen Pädagogin, die Maria Montessori noch nahe stand:

> „Der große Klassenraum war völlig leer, keine Tische, kein Gestühl, das Licht durch einen dichten Vorhang gedämpft. Auf dem Boden war mit weißer Farbe ein großes Oval gezeichnet. Die Kinder kamen aus der Pause, von draußen, schwatzend, lachend, gestikulierend; die Lehrerin empfing sie mit einem Tamburin, einen Tanzschritt trommelnd. Sie betraten das Oval und begannen, dem Rhythmus sich fügend, eine Melodie zu summen, den Kreis abzuschreiten. Jedes achtete darauf, dass es auf der Linie blieb. Die Trommel wurde leiser, das Summen schwächer, bis es verstummte, das rhythmische Schreiten ging weiter. Nun rief die Lehrerin – sie saß am Kopfende des Raumes – sehr leise nacheinander je ein Kind auf, mit Namen. Das Gerufene hockte sich hin, wo es gerade war, im Yogasitz, den Kopf gesenkt, die Hände wie Schalen im Schoß. So schließlich alle 30. Danach war es einige Minuten lautlos still. Jetzt wurde wiederum jedes der Kinder – mit noch leiserer Stimme – beim Namen gerufen (von Anruf zu Anruf war eine Pause), es stand auf und ließ sich vor der Lehrerin nieder, so hockten schließlich alle um sie herum, wartend, schweigend, im Halbrund. Und nun begann sie mit der Bibel."

Im anschließenden Gespräch wurde die Lehrerin von den Besuchern mit dem Einwand konfrontiert, sie habe eine Vierteltunde gebraucht, bis sie mit dem eigentlichen Unterricht begann. Die Antwort der Lehrerin: „Sie irren, der eigentliche Unterricht begann mit dem Eintritt der Kinder. Mit ihrem langsamen Stillewerden." Dies ist bereits Katechese, wenn Menschen über ihren Leib und in ihm sich öffnen für die Begegnung mit dem, der sie zu ihrem Leben ruft. Für die sakramentalen Symbolhandlungen sind Fähigkeiten wie diese unverzichtbar.

3. Entscheidungen in der Sakramentenpastoral – Vorentscheidungen für die Sakramentenkatechese

Die gegenwärtige kirchengeschichtliche Übergangssituation führt in der Sakramentenpastoral zu inzwischen überall spürbaren Spannungen. Die Voraussetzungen, mit denen Christen Sakramente erwarten, ändern sich zwar nicht überall gleichzeitig, aber überall in der gleichen Richtung. Der Anteil der Christen, die die Sakramente als Zeichen ihres Glaubens feiern können, nimmt ab. Dies führt vor die schwierige Frage, wie mit denen umzugehen ist, die aus einer mehr oder minder großen Distanz zur Kirche gelegentlich an sie herantreten mit der Bitte um ein Sakrament. Mit dieser Frage wird mitentschieden, welche Ziele in der auf die Feier der Sakramente vorbereitenden Katechese zu verfolgen sind. Dies haben die folgenden Überlegungen bewusst zu machen und zu reflektierten Zielentscheidungen herauszufordern.

3.1 Das Faktum gestufter Teilhabe am kirchlichen Leben

Gestufte Verbundenheit mit der Kirche

Wohl zu jeder Zeit der Kirchengeschichte haben Christen unterschiedlich intensiv die Gemeinschaft mit Christus in der Kirche gesucht. Mancherorts bis heute spürbar war damit verbunden die Vorstellung von minimalen Teilhabeformen am Leben der Kirche, die von allen erwartet wurden. Hier ist vor allem zu nennen die Mitfeier der Sonntagsmesse und der Empfang der Kommunion in der österlichen Zeit, verbunden mit dem Empfang des Bußsakramentes. Diese minimalen Teilhabeformen wurden von einem großen Teil des Kirchenvolks verinnerlicht, z. T. wurden sie durch Sozialkontrolle zusätzlich gestützt. Abweichungen wurden mit der Sanktion „schwere Sünde“ bedroht. Die oben skizzierten Veränderungen gesellschaftlichen Lebens in der entfalteten Moderne haben dazu geführt, dass ein wachsender Teil der Kirchenmitglieder sich nicht mehr vorgeben lässt, wie er am Leben der Kirche teilzuhaben hat, sondern die Kompetenz für die Weise seines Christseins und seiner Kirchlichkeit selbst übernommen hat. Sehr viele geben die Gemeinschaft mit der Kirche nicht ganz auf, entscheiden aber individuell, wann und wie sie diese Gemeinschaft leben wollen. Dies führt zu folgender Grundunterscheidung:

1. Eine (unterschiedlich große) Minderheit will zusammen mit anderen in einer Gemeinde Kirche sein.
2. Eine (unterschiedlich große) Mehrheit will zwar etwas von der Kirche, bestimmt dieses „etwas“ aber in eigener Zuständigkeit.

Um Missverständnissen vorzubeugen, ist zu betonen, dass mit dieser Unterscheidung kein Werturteil verbunden ist. Sehr oft ist es die Folge einer unverfügbaren Biographie, wodurch sich Christen in der Minderheit (1) oder in der Mehrheit (2) finden. Ob sie sich da oder dort finden, sagt zudem noch nichts darüber aus, ob und wie sie sich dem in ihrer Lebensgeschichte ergangenen Werben Gottes um ihre Antwort geöffnet oder verweigert haben. Gleichwohl bleibt die Tatsache, dass ein großer, oft sehr großer Teil der Kirchenmitglieder nicht zu dem gefunden hat, was Teilhabe an der Kirche als Gemeinschaft im Miteinander von Martyria, Diakonia und Liturgia verbindlich und verbindend meint. Zudem ist davon auszugehen, dass Menschen in dieser Mehrheit nicht ohne weiteres zu voller Teilhabe an der Kirche finden können. Sie müssen dazu bewegt werden durch Erfahrungen mit dem Lebens- und Wortzeugnis kirchlicher Christen. Diese können in ihnen das Verlangen wecken, mit ihnen intensiveren Anteil an dem zu bekommen, was die Christen in der Kirche verbindet.

3.2 Die Frage nach den liturgischen Handlungen, die der Glaubenssituation entsprechen.

Es ist keine Frage, dass die Kirche sich offen zu halten hat für alle Menschen. Sie hat sich vor allem offen zu halten für die vielen, die aufgrund ihres Herkommens zu ihr gehören wollen,

Der Konflikt: Wenn Menschen, die wenig mit der Kirche verbunden sind, Sakramente erwarten

auch wenn sie dabei mehr oder minder entfernt bleiben. „Evangelisierung" kann meinen, dass die Kirche den Menschen das vom Evangelium in ihr Leben hineingibt, was diese annehmen können, auch wenn sie nicht zu voller Kirchengemeinschaft finden. Die Kirche hat sich also nicht zu verweigern, wenn Menschen nicht gleichsam „alles", sondern nur „etwas" von ihr wollen, auch wenn dieses „etwas" in unseren Augen manchmal „sehr wenig" ist. Das Wenige kann doch der Geschichte Gottes mit einem Menschen dienen.

Eine schwere Frage ist, ob die Kirche mit Menschen ihre Sakramente feiern kann und darf, wenn diese Menschen nur etwas oder sogar sehr wenig von ihr wollen. Verträgt sich die Feier der Sakramente mit entfernter oder sogar weit entfernter Teilhabe am Leben der Kirche? Die theologische Antwort darauf ist eindeutig „Nein". Oben war von der Evangelisierung im Sinne des Vorgangs des Christwerdens die Rede. Am Erwachsenenkatechumenat, der diesen Vorgang ausgestaltet, wird der Ort für die Feier der Sakramente ganz deutlich. Die Feier der Sakramente steht am Ende eines Weges, auf dem Menschen Anteil bekommen haben am Glauben, Leben und Beten der Christen in einer Gemeinde. In dieser Feier nehmen Taufe und Firmung in die Eucharistiegemeinschaft auf, die an jedem Herrentag die Christen versammelt, damit diese in der Christusgemeinschaft bleiben und wachsen. Sakramentale Feiern sind Feiern mit denen, die zu ihrer christlichen Berufung gefunden haben und mit anderen zusammen diese Berufung auf verbindliche und verbindende Weise als Kirche leben wollen.

Mit Menschen, die sich darauf nicht einlassen wollen bzw. können, sind gleichwohl gottesdienstliche Handlungen möglich. Wo Menschen Zeichen suchen, die ihnen den Beistand, die Hilfe, den Schutz Gottes zusagen, darf und soll die Kirche solche Zeichen geben. Dabei darf sie nicht unkritisch sein. Sie darf nichts segnen, was im Widerspruch zu Gottes Willen mit den Menschen steht. Oft aber suchen Menschen eine rituelle Handlung in Lebenssituationen, in denen sie mit offenem Herzen einen Weg gehen wollen, der dem Interesse Gottes am Leben entspricht. Mit ihnen Gottesdienst zu feiern, der nicht nur Wortgottesdienst ist, sondern auch symbolisches (aber nicht sakramentales) Handeln enthält, ist inzwischen verbreitete, unproblematische Praxis. Zu denken ist hier an Liturgien am Heiligen Abend, die nicht mit einer Eucharistiefeier verbunden sind, oder an Segnungsgottesdienste anlässlich von Reisen oder an Trauungsgottesdienste ohne sog. Brautmesse oder an Agapefeiern, die bewusst im Vorfeld der Eucharistie gestaltet werden, oder nicht zuletzt an den liturgischen Dienst bei Beerdigungen. Es gibt sogar kirchliche Angebote für nichtchristliche Jugendliche, die eine Alternative zur Tradition der Jugendweihe in der ehemaligen DDR suchen.

Es bleibt das Problem, dass viele Menschen bei ihren gelegentlichen Kontakten mit der Kirche sakramentale Handlungen erwarten. Dabei ist es für sie von den in ihnen gewachsenen Vorstellungen her kein Problem, wenn sie die Taufe ihres Kindes erwarten, obwohl sie eigentlich keine verbindliche Eingliederung in der Kirche suchen. Für sehr viele ist es kein Problem, für ihr Kind die Erstkommunion zu wollen, auch wenn sie weder vorher noch nachher Gottesdienstgemeinschaft suchen. Firmlingen, die keine andauernde Nähe zur kirchlichen Glaubensgemeinschaft suchen, kann die Fragwürdigkeit ihrer Firmung nur schwer vermittelt werden, wenn sie um sich herum eine gelebte Distanz zur Kirche als Normalverhalten wahrnehmen. Für sehr viele Brautpaare, die sonst kaum mehr mit der Kirche zu tun haben, ist die kirchliche Trauung eine selbstverständliche pastorale Dienstleistung.

3.3 Offenheit und Identität

Die Offenheit für alle und die Sorge um die Identität sakramentaler Handlungen

Der Weg der Sakramentenpastoral ist in der Spannung zwischen Offenheit und Identität zu suchen. Zur einen Seite hin muss sich die Kirche offen halten für die Menschen, die in der Bitte um ein Sakrament eine pastorale und rituelle Begleitung ihrer biographischen Situationen suchen und sich dabei etwas von der Kirche sagen und geben lassen wollen. Zur anderen Seite hin muss die Kirche darum besorgt sein, dass in ihren Sakramenten wirklich das gefeiert wird, was in ihnen zur Sprache kommt und durch das symbolische Handeln ausgedrückt wird. Es kann eine Of-

Da ist zum einen die Tradition einer normativ orientierten Pastoral. Sie geht von dem aus, was eigentlich sein sollte, und verfolgt Ziele, die erreicht werden sollten. Sie lässt die faktischen Voraussetzungen nicht zu und versucht dann Wege mit Menschen, die diese nicht mitgehen können. Nicht selten wird in der sakramentalen Feier dann so getan, als seien die Ziele für ein identisches Geschehen erreicht. Wenn sich die Wirklichkeit anschließend unausweichlich meldet, hat dies Enttäuschung und nicht selten Resignation zur Folge. Dagegen ist ein katechetischer Realismus einzusetzen, der sich der faktischen Voraussetzungen vergewissert und in den Zielen nicht mehr erreichen will, als mit den konkreten Menschen zu erreichen ist. Gegen das Missverständnis eines katechetischen Minimalismus sei betont: Es soll durchaus möglichst viel erreicht werden, aber *möglichst* viel und nicht Unmögliches. So kann z. B. ein in die Katechese mitgebrachter Glaube an Gott als das gute und tragende Geheimnis des Lebens möglicherweise in dem Sinne verchristlicht werden, dass Menschen sich in diesem Glauben durch das Zeugnis von Jesus Christus als dem Boten für Gottes Liebe stärken lassen. Auch wo darüber hinaus noch nicht ein Glaube an Jesus als Sohn Gottes zu vermitteln und noch nicht eine Beziehung zur Kirche aufzubauen ist, kann der gegangene Schritt danach suchen lassen, wie der verchristlichte Gottesglaube in der sakramentalen Handlung gefeiert werden kann. Es wird spürbar bleiben, dass im Sakrament noch „mehr" gemeint ist und zum Ausdruck kommt; aber die Liturgie kann doch in dem Sinne realistisch gestaltet werden, dass sie das hervorhebt, was die Versammelten wirklich feiern können.

Die Berücksichtigung unterschiedlicher Voraussetzungen im Verfolgen unterschiedlicher Ziele wird dort erschwert, wo in den katechetischen Gruppen Menschen mit unterschiedlichen Voraussetzungen zusammenkommen, aber einen gemeinsamen Weg zu gehen haben. Für die Katechese in Gruppen, in denen sich Menschen mit unterschiedlichen Voraussetzungen und Motivationen versammeln, kann die Chance sprechen, dass die Teilnehmenden mit einer bewusst gewollten und gelebten Glaubensgeschichte den anderen, die nur entfernt am christlichen Gottesglauben teilhaben, durch ihr Zeugnis eine Annäherung ermöglichen können. Sie können sogar durch die Herausforderung, anderen ihr Zeugnis zu geben, in ihrer eigenen Glaubensgeschichte an Bewusstheit und Tiefe gewinnen. Sehr oft aber müssen die Ziele eines katechetischen Weges an denen ausgerichtet werden, die aus der größeren Entfernung kommen. Und dies hat zur Folge, dass die Förderung derer, die bewusst einen Weg des Glaubens in der Glaubensgemeinschaft gehen wollen, behindert ist.

Es wird von Situation zu Situation unterschiedliche Chancen geben, die hier intendierte Differenzierung von Zielen der Katechese nach den mitgebrachten Voraussetzungen in einem differenzierten katechetischen Angebot zu realisieren. Dabei ist darauf zu achten, dass die Katechetinnen und Katecheten Menschen nach ihren Voraussetzungen und Motivationen einteilen. Differenzierte Katechese meint vielmehr, dass möglichen Teilnehmenden die unterschiedlichen Ziele so vorgestellt werden, dass sie selbst wählen können, auf welches Angebot sie aufgrund ihrer Glaubensgeschichte zugehen wollen.[32]

32 Siehe zu diesem Abschnitt die von der Pastoralkommission der Deutschen Bischöfe hrsg. Schrift „Sakramentenpastoral im Wandel. Überlegungen zur gegenwärtigen Praxis der Feier der Sakramente – am Beispiel von Taufe, Eucharistie und Firmung“, Bonn 1993

C. II. Katechese zu den einzelnen Sakramenten

1. Die Taufe

1.1 Die Erwachsenentaufe und die Kindertaufe

Mit dem Wort „Taufe“ werden durch unsere Praxis bei den meisten Menschen die Erfahrungen verbunden, die bei der Taufe eines Kindes bzw. Säuglings gemacht werden. Dadurch können zwei für die christliche Taufe prägende Perspektiven verdeckt werden.

(1) Die Taufe ist ursprünglich ein Sakrament für Erwachsene auf ihrem Glaubensweg.

Orientierung an der Erwachsenentaufe

Zur Verdeutlichung sei negativ formuliert: Die Taufe ist nicht die Feier der Geburt eines Kindes. Diese Feststellung ist weder gegen die Kindertaufe gerichtet noch soll sie ausschließen, dass mit der Taufe die Freude über die Geburt eines Kindes verbunden wird. Es soll aber doch bewusst gemacht werden, dass sich das rechte Verständnis der Taufe an der Erwachsenentaufe orientieren muss. Die Kindertaufe ist eine von der Erwachsenentaufe abgeleitete Praxis. Wo von der Erwachsenentaufe her gedacht wird, wird deutlich, dass die Taufe nicht ein mehr oder minder beliebig interpretierbarer biographischer Ritus ist, sondern mit dem Glaubensweg von Menschen zu tun hat. Der Taufe von Erwachsenen geht voraus, dass diese vom christlichen Lebens- und Wortzeugnis ergriffen wurden, dass sie die Gemeinschaft des Glaubens suchten und in sie hineingefunden haben. Die Taufe feiert also, dass Menschen zum Glauben und darin zu ihrem wahren Leben gekommen sind.

Die Kinder- bzw. Säuglingstaufe kann nicht feiern, dass ein Glaubensweg bereits gegangen ist. Gleichwohl muss sie mit dem Glaubensweg des Kindes zu tun haben. Sie wird in der Hoffnung gefeiert, dass das Kind durch die Lebensgemeinschaft mit Mutter und/oder Vater an deren glaubender Gottesbeziehung Anteil hat, in seine Berufung zum Christsein hineinwachsen und diese mit einem eigenen Glauben beantworten wird. Es geht über die Freude an der Geburt eines Kindes hinaus, wenn gefeiert werden darf, dass ein Kind im Licht des Evangeliums aufwachsen und für andere Zeuge dieses Lichtes werden soll.

(2) Die Taufe bildet bei der Feier der Eingliederung in die Kirche (Initiation) eine Einheit mit der Firmung und der Eucharistie.

Beachtung der Zusammengehörigkeit von Taufe, Firmung und Eucharistie

Bei der Erwachsenentaufe folgt unmittelbar auf die Taufe die Firmung, und anschließend wird mit den Getauften und Gefirmten die Eucharistie gefeiert. Durch Taufe und Firmung wird also die lebenslange Teilhabe an der eucharistischen Mahlgemeinschaft eröffnet. Taufe, Firmung und Eucharistie stehen nicht nebeneinander, sondern bilden die eine Feier der Eingliederung in die Kirche. Die Ostkirche hält an dieser Einheit fest, indem sie mit der Säuglingstaufe die Säuglingsfirmung und die Eucharistiegemeinschaft verbindet. Bei uns hat die Praxis der Kindertaufe dazu geführt, dass die Sakramente der Eingliederung biographisch verteilt werden. Dabei wurde nicht nur die Reihenfolge von Firmung und Eucharistie umgestellt. Es kam auch zu Tauffeiern, die von der Eucharistiefeier abgelöst sind. Dadurch kann verdeckt werden, dass die Feier der Taufe die innere Dynamik der Aufnahme von eucharistischer Tischgemeinschaft in sich trägt. Zugleich kann das Bewusstsein verblassen, dass die Eucharistie die Feier der Getauften und Gefirmten ist.

Nicht nur unter theologischer Rücksicht ist es problematisch, bei der Taufe primär oder gar ausschließlich an Säuglinge zu denken. Im deutschsprachigen Raum gibt es Regionen, in denen nur eine Minderheit der Säuglinge getauft wird. Manche der Nichtgetauften nähern sich als Kinder, Jugendliche oder Erwachsene der Kirche an und bitten um Aufnahme durch die Taufe. Im Folgenden kann nicht auf den Plural der Einzelaufgaben eingegangen werden, die sich somit unter den Sammelnamen „Taufkatechese“ stellen. Zunächst soll die Symbolhandlung so erschlossen werden, dass damit Variationen für unterschiedliche Situationen grundgelegt sind. Etwas näher soll auf das Taufgespräch mit Eltern eingegangen werden, weil diese Aufgabe meistenorts im Vordergrund steht. Danach sollen zur Aufgabe, das Taufbewusstsein der Getauften zu fördern, einige Anstöße versucht werden.

1.2 Die Symbolhandlung

(1) Sterben und Auferstehen

Falschem Leben sterben und zum wahren Leben auferstehen

Bei der Taufe werden Menschen dreimal ins Wasser getaucht bzw. mit Wasser übergossen, und dreimal tauchen sie aus dem Wasser wieder auf. Dreimal wird ein Sterben und ein Auferstehen symbolisch dargestellt. Und dies geschieht „im Namen des Vaters und des Sohnes und des Heiligen Geistes“. Wo Erwachsene sich diesem Geschehen glaubend anvertrauen, nehmen sie die Wahrheit ihres Todes an in der Hoffnung, vom Gott ihres Glaubens in ein Leben gerufen zu sein, über das der Tod keine Macht mehr hat. Das Element des Wassers wird dabei in seiner tiefen Zweideutigkeit in Dienst genommen. In der herabziehenden, vernichtenden Kraft des Wassers wird die Macht des Todes erfahren. Wo Wasser die dürstende Kreatur tränkt, wird neu geschenktes Leben erfahren. Glaubende liefern sich der Macht des Todes aus, und eben darin werden sie neugeboren zum ewigen Leben. Zwei „Farben“ in diesem Sterben und Auferstehen der Taufe sind im größeren Handlungszusammenhang näher zu vergegenwärtigen.

(a) Die Taufe ist leibhaftige Absage an falsches Leben und Geschenk des wahren Lebens.

Unmittelbar der Taufe voraus geht eine Sprachhandlung. Der Täufling sagt falschem Leben ab und bekennt sich zu dem Gott, der ihm wahres Leben eröffnet. *Die Taufe ist das primäre Buß-*

sakrament der Kirche. Von ihr ist im Apostolicum die Rede, wenn sich die Glaubenden zur „*Vergebung der Sünden*" bekennen. In der Taufe sterben Menschen, die zum Glauben gekommen sind, einem bisher gelebten falschen Leben. Durch die Vergebung werden sie aus dem Leben behindernden Machtbereich der Sünde erlöst und mit Leben stiftendem Heiligen Geist erfüllt. Die Taufe als Sakrament von Umkehr und Glaube lässt deutlich hervortreten, dass etwas im Menschen sterben muss, damit er mit Leben erfüllt werden kann:

- Es muss sterben im Menschen ein Lebensentwurf, in dem der Mensch versucht, sich selbst zu tragen, sich selbst zu bereichern, sich selbst Sinn und Ziel zu sein, sich selbst zu vollenden. Dann wird der Mensch vom Geist Jesu ergriffen, um sich mit ihm dem Vater anzuvertrauen, sich von ihm beschenken zu lassen, in ihm das Ziel aller Sehnsucht zu suchen und von ihm zu erhoffen, dass er seine ganz gute und endgültig tröstende Antwort auf alles Verlangen des Menschen hat.
- Es muss sterben im Menschen ein Lebensentwurf, in dem der Mensch auf die eigene Selbstvergrößerung, Bereicherung, Machtposition aus ist ohne Rücksicht auf das Lebensverlangen anderer. Dann kann ihn der Geist Jesu ergreifen, der eine neue Praxis des Lebens im Verzicht auf Herrschaft, in der gegenseitigen Hochachtung der Kinder Gottes und in dem Miteinander geschwisterlich geteilter Lebensmöglichkeiten der Schöpfung eröffnet wird.

Sehr wichtig ist:
Die Taufhandlung symbolisiert, dass die neue Weise des Lebens nicht erwächst aus einer moralischen Selbstanstrengung des Menschen, sondern durch ein neuschaffendes Handeln Gottes.

Zudem ist die oben (C I. 1.4) skizzierte Eigenschaft der Sakramente als Anbruchs-, Aufbruchs- und Verheißungszeichen zu beachten. Die Taufe schafft nicht in dem Sinne neue Menschen, dass an ihnen nichts mehr von den alten Menschen bliebe, die sich selbst fremd und gerade darin vor allem auf sich selbst bedacht sind, die Gott als fern erfahren und sich gegen ihn wehren. Die Getauften bleiben innerhalb und außerhalb der Kirche einem Klima ausgesetzt, in dem Misstrauen und Missgunst, Abgelenktheit in die Oberfläche und Verirrung große Macht haben. Die Taufe schafft neue Menschen in dem Sinne, dass Gott sie durch seinen Geist ergreift und mit ihnen einen Neuanfang macht, den er nicht mehr zurücknimmt. Mehr noch: Gott schenkt nicht nur den Neuanfang, sondern auch das Bleiben und Wachsen darin:

> Die Taufe schenkt Anteil am Geheimnis der Eucharistie, in dem das in der Taufe grundgelegte Leben erneuert, gereinigt und ernährt wird.

Darin werden immer neue Aufbrüche geschenkt. Und in all dem geht die Verheißung mit, dass Gott vollendet, was er mit Menschen beginnt.

(b) Die Taufe symbolisiert das Sterben mit Jesus Christus und das Auferstehen mit ihm.

Teilhabe am Weg Jesus Christi

Der bevorzugte Ort für die Taufhandlung ist die Feier der Osternacht, also die Liturgie, in der der Tod Jesu als Sieg des Lebens gefeiert wird. Auch außerhalb dieser Liturgie bezieht die Taufe immer ein in das Geschehen von Tod und Auferweckung bzw. Auferstehung Jesu. Christlich an Gott glauben meint, sich von Jesus Christus auf seinen Weg rufen lassen. Jesus ist den Weg des Menschen gegangen bis in die Wasser des Todes. Durch die Liebe, in der er sein Leben hingab, wurden diese Wasser zu Quellen des neuen Lebens. Die Taufe bezieht in diesen Weg Jesu ein. Das symbolische Sterben in der Taufe bekennt die Bereitschaft, teilzuhaben an der Verfügbarkeit Jesu für den Willen seines Vaters auch dort, wo dies Lebenszeit und Lebenskraft kostet, wo es Leid bedeutet und schließlich zur Hingabe des Lebens führt. Das symbolische Sterben in der Taufe geht das Risiko einer Liebe ein, die das Leben nicht für sich festhält, sondern es mit Jesus Christus von Gott beanspruchen lässt, für andere da ist und sogar das Leben verlieren kann, weil es eben darin gewonnen wird.

Auch in dieser Bedeutungsdimension ist die lebenslange Dynamik der Taufe und ihr Zusammenhang mit der Eucharistie zu beachten. Das Sterben mit Christus beginnt vor dem Tode und ist alltäglich dort anzunehmen, wo die Liebe eigene Lebensmöglichkeiten zugunsten des Lebens anderer loslässt. Das Erleiden des Todes hat Anfänge in Erfahrungen mit Grenzen und Widerständen, mit Enttäuschungen, Abschieden und Trauer. Der in der Taufe symbolisch eröffnete Lebensentwurf reicht schließlich bis in den Tod, in dem Glaubende sich mit Jesus Christus den Händen seines Vaters übereignen, um sich in seiner Liebe neu zu empfangen. Auf diesem Lebensweg als Glaubensweg schenkt die Eucharistie immer neu die Inspiration und Energie, als Getaufte zu leben:

> Die Eucharistie gibt lebenslang Anteil an dem Geist, in dem Jesus zur Gabe an den Vater in seiner Hingabe an die Menschen wurde.

Und in der Eucharistie wird die Verheißung gefeiert, dass das Sterben mit Jesus Christus in die Auferweckung bzw. Auferstehung mit ihm führt.

(2) Ausdeutende Symbolhandlungen

Was in der Taufe geschehen ist und sich in das Leben der Getauften hinein auswirken soll, wird in begleitenden Zeichenhandlungen zum Ausdruck gebracht.

a) Die Chrisamsalbung:

Neue Würde – neue Lebensart – neue Hoffnung

Die Salbung mit Chrisam – einem wohlriechenden Öl – zeigt an, dass die Getauften teilhaben an der Würde und an der Sendung Jesu, des Gesalbten (= Christus) Gottes. Fast alle in unserer Gesellschaft verbindet die Überzeugung von einer geheimnisvollen Würde des Menschen. Diese gebietet vor allem die Achtung vor der Freiheit des anderen. In Christus wird der Sinn dieser Freiheit neu eröffnet. Der Mensch wird in seine Geschichte mit Gott gerufen. In ihr gibt Gott ihm von seinem Geist. In dessen Kraft kann und soll er Jesus nachfolgen und den Armen Gutes tun und sagen, Gefangene und Unterdrückte befreien und Menschen dort aufrichten, wo sie unter ihrer Last niedergedrückt oder sogar zusammengebrochen sind (vgl. Lk 4,18). (Näheres s. bei der Firmung.)

b) Das Taufkleid:

Die Neugetauften empfangen ein weißes Gewand. Das Kleid ist Symbol für den Lebensentwurf und die Lebensgestalt eines Menschen. Durch ihre Taufe haben Menschen gleichsam Christus angezogen (vgl. Röm 13, 14). Durch seinen Geist soll und kann die Lebensart Jesu sie prägen. Menschen können und sollen in der Begegnung mit ihnen etwas von der Güte und dem Erbarmen Gottes erfahren.

c) Die Taufkerze:
Für jeden Getauften wird an der Osterkerze der Gemeinde eine Kerze entzündet, die ihn durch das weitere Leben begleiten soll. Die Osterkerze erinnert die Gemeinde an die Hoffnung, in der sie leben darf. An dieser miteinander geteilten Hoffnung haben die Neugetauften Anteil empfangen. Aus der verbindenden Hoffnung der Kirche empfangen sie Licht für ihren Lebensweg. Damit verbunden ist die Berufung, als „Kinder des Lichtes“ (1 Thess 5,5) zu leben, also den Menschen in Tat und Wort die Nähe des alle heilenden und versöhnenden Gottes zu verkünden.

1.3 Das Taufgespräch mit Eltern

(1) Plural der Voraussetzungen und Situationen

Die *Individualisierung* in unserer Gesellschaft hat zur Folge, dass die Voraussetzungen bei den Eltern weniger von dem geprägt sind, was sie mit anderen Eltern teilen. Sie werden vielmehr von der individuellen Geschichte der Eltern bestimmt. Dies gilt für die Geschichte ihrer Partnerschaft, für ihren beruflichen Werdegang, für die Gründe ihrer Zustimmung zum Kind, für ihr Lebensalter und für ihre Beziehung zu Glaube und Kirche. Da Katechetinnen bzw. Katecheten und Eltern einander vor dem Gespräch oft nicht kennen, wird am Gesprächsanfang eine gegenseitige Annäherung zu suchen sein.

Die Voraussetzungen und Motive der Eltern wahrnehmen und berücksichtigen

Dem Plural der Voraussetzungen entspricht ein Plural von *Motiven* der Bitte um die Taufe. Es ist zwar für das weitere Gespräch, für die Annahme der Bitte und für die Feier selbst wichtig, etwas von den Motiven der Eltern zu erfahren; dabei muss man aber damit rechnen, dass viele Eltern Schwierigkeiten haben, ihre Taufbitte zu begründen. Bei fast allen Eltern wird die Taufbitte mitgetragen vom Wunsch nach *Integration* für ihr Kind. Wie die Eltern – wenn auch oft aus einer wenig geklärten Tradition und eher entfernt – sich der Kirche zugehörig fühlen, wollen sie, dass ihr Kind daran teilhaben soll. Sogar Eltern, die ihre Kirche verlassen haben, können für ihr Kind die Zugehörigkeit zu einer Kirche wollen, damit es mit anderen Kindern Angebote der Kirche wie den Kindergarten, den Religionsunterricht und das Fest der Erstkommunion bzw. Konfirmation teilen kann.

Dass nach der *Anmeldung* zur Taufe (seit etwa 30 Jahren) ein *Taufgespräch* geführt wird, ist vielen Eltern nicht fremd. Gleichwohl erwarten sie die *Annahme* ihres Kindes zur Taufe als mehr oder minder selbstverständlich. Katechetinnen bzw. Katecheten müssen darauf mit der eindeutigen Botschaft reagieren, dass die Kirche Kinder taufen möchte. Zugleich müssen sie den Eltern zumuten, sich selbst zu prüfen, ob das, was sie für ihr Kind wollen, dem entspricht, was in der Taufe gefeiert wird. Es können Situationen entstehen, in denen ein *Aufschub* der Taufe nahe liegt oder sogar notwendig wird. In ihnen muss alles versucht werden, um die Einsicht und Zustimmung der Eltern zu erhalten.

Die *Ziele* des Taufgespräches müssen die Voraussetzungen beachten. Es kann mit den einen Eltern möglich sein, sie in ihrem lebendigen Glauben zu stärken, sie in ihrem eigenen Taufbewusstsein zu fördern und die Tauffeier des Kindes gemeinsam vorzubereiten. Mit anderen Eltern kann nicht mehr erreicht werden, als dass sie nach längerer Distanz einmal wieder eine kurze positive Erfahrung mit der Kirche machen. Wieder andere Eltern können durch die Erfahrung, für den Weg ihres Kindes mitverantwortlich zu sein, angeregt werden, sich ihrer eigenen Glaubenssituation zu vergewissern und sich in einer Reihe von Gesprächen neu zu orientieren.

Um die individuelle Situation von Eltern kennen zu lernen und ihr zu entsprechen, findet in der Regel ein *Einzel- bzw. Paargespräch* statt. Wo mehrere Kinder gemeinsam getauft werden, liegt es nahe, die Eltern vorher in einem *Gruppengespräch* zusammenzuführen. Auch wo Eltern im Einzel- bzw. Paargespräch motiviert werden können, sich intensiver auf die Taufe vorzubereiten bzw. gemeinsam mit anderen Eltern nach der Taufe im Austausch zu bleiben, bieten sich gegenseitige Anregungen und Ergänzungen in einer Gruppe an.[33]

(2) Das Handeln der Eltern bei der Taufe ihres Kindes

Das Handeln der Eltern als Symbolhandeln erschließen

Fast immer möchten Eltern darüber sprechen, wie die Taufhandlung verläuft und was darin von ihnen erwartet wird. Diese Erwartung kann aufgenommen werden, um nicht nur die Taufe, sondern auch das *Handeln der Eltern* bei der Feier *als Symbolhandeln* zu erschließen. Die folgendes Skizze verbindet damit einige Fragestellungen, mit denen die Eltern ihre Beziehung zu dem, was bei der Taufe geschieht, prüfen können.

a) Eltern *tragen ihr Kind in den Raum der Kirche*, möglichst sogar in eine versammelte Gemeinde. Damit sagen sie: Wir möchten, dass ihr unser Kind in die Gemeinschaft eures Glaubens aufnehmt. – Was muss uns selbst diese Gemeinschaft bedeuten, damit unsere Bitte sinnvoll und glaubwürdig wird?

b) Eltern werden ihr Kind am Anfang der Feier *segnen*. Damit wünschen sie ihrem Kind nicht einfach irgendwie Gutes; einen Menschen segnen, meint ihn Gott anzuvertrauen. – Wie gehen wir sonst mit unserer Berufung um, einander zu segnen? Was kann es für unsere Beziehung zu Gott und zu unserem Kind bedeuten, wenn wir unser Kind regelmäßig – z. B. am Abend – segnen?

c) Eltern werden sich im *Hören auf das Gotteswort* zunächst etwas von Gott sagen lassen. Dass sie ihr Kind taufen lassen, gehört zur glaubenden Antwort auf den Ruf Gottes. – Welche Worte von Gott sind uns für unser Leben ganz wichtig geworden – so wichtig, dass wir auch unserem Kind wünschen, es möge sein Leben tragen und mit Sinn erfüllen?

d) Eltern *widersagen* dreimal dem Bösen und seiner dunklen Macht über die Menschen. Sie *bekennen ihren Glauben* an Gott

33 Siehe dazu die Literaturempfehlung im Anhang, Nr. 6.

als allmächtigen Vater, ihren Glauben an Jesus als den Sohn, in dem sich der Vater den Menschen mitteilt, und ihren Glauben an den Heiligen Geist, der Kraft von Gott her für uns Menschen ist und der uns in der Kirche vereint. – Wie bewusst ist uns, dass unser Leben hineingenommen ist in eine Auseinandersetzung zwischen Mächten des Lebens und Mächten des Todes? Wo sind wir in Gefahr, in dem, was wir tun oder lassen, eher dem Tod als dem Leben Raum zu geben? Wie entschieden suchen wir die heilende, reinigende und versöhnende Nähe Gottes? Woran glauben wir wirklich? Das heißt: Wofür haben wir Interesse, Zeit, Kraft und Geld in der Erwartung, dass wir und unser Kind dadurch an Leben gewinnen? Wie geht das zusammen mit dem Glauben an den Gott und Vater Jesu Christi?

e) Wenn die Eltern ihr Kind *zur Taufe hinhalten*, sagen sie damit: Im Bewusstsein, dass das Leben unseres Kindes bedroht ist und wir ihm nicht letzten Halt und Sinn geben können, vertrauen wir es Gott an. Er möge es mit seiner Vollmacht, Glück und Leben zu schenken, annehmen. Wir wollen uns unser Kind von ihm neu schenken lassen als sein Kind, das er selbst in seine Hand geschrieben hat. – Was bedeutet es uns, dass wir getauft wurden? Wie hat es sich in unserem Leben ausgewirkt, dass unsere Eltern uns haben taufen lassen?

f) Wenn Eltern ihrem Kind das *Taufkleid* anziehen, wünschen sie ihm damit, dass es die Lebensart Jesu übernimmt. – Welchen Lebensentwurf wollen wir unserem Kind nahe bringen? Welche Vorstellungen von einem gelingenden Leben werden wir unserem Kind in unserem Umgang miteinander, mit Dingen und Beziehungen, mit Freuden und Leiden vermitteln?

g) Wenn Eltern die *Taufkerze* an der Osterkerze entzünden, bringen sie damit zum Ausdruck, dass sie ihrem Kind Anteil an der Hoffnung wünschen, die die Christen in der Feier von Tod und Auferstehung Jesu Christi verbindet. – Wie haben wir selbst Anteil an dieser Hoffnung? Wie wichtig war und ist uns der gemeinsame Osterglaube, der in der Osterkerze zum Ausdruck kommt? Wie wird unser Kind an unserer Hoffnung selber zu einem Leben in der Hoffnung finden können?

(3) Eine mystagogische Skizze

Das mit der Annahme des Kindes verbundene Geheimnis entdecken

Am Thema der „Annahme des Kindes“ sei kurz ein erfahrungsorientierter mystagogischer Weg skizziert.

a) Das Geheimnis des Lebens: Eltern können bei der Annahme ihres Kindes ein inneres Drängen erfahren, dem Leben ihres Kindes zuzustimmen und „Ja“ zu ihm zu sagen. Sie erfahren zudem, wie ihr Kind sich dadurch entwickelt, dass sie ihm seine Annahme zu erkennen geben, dass sie der Vertrauensfähigkeit des Kindes mit zuverlässiger Zuwendung antworten und dass sie ihm freundlich begegnen. Dadurch dass sie ihr Kind annehmen, fühlt sich ihr Kind getragen. Dadurch dass sie für ihr Kind da sind, kann sich die Vertrauensfähigkeit des Kindes entfalten. Dadurch dass sie ihr Kind lieben, erfährt sich ihr Kind als liebenswürdig. In ihrer Liebe zu ihrem Kind wirkt eine geheimnisvolle Kraft, die über das hinausgeht, was Menschen von sich aus vermögen. Eltern haben von sich aus keine letzte Vollmacht, ihrem Kind zu zeigen: Du sollst leben. Sie haben von sich aus keine letzte Verfügung darüber, dass das Leben ihres Kindes sinnvoll ist. Sie können von sich aus nicht dafür einstehen, dass das Leben ihres Kindes in einem guten Geheimnis des Lebens gründet. Und doch kann ihre Annahme des Kindes von einer letzten Gewissheit getragen sein – trotz all der Fragwürdigkeiten, die das Leben der Menschen umstellen. Und Kinder können durch die Erfahrung, von ihren Eltern bedingungslos angenommen zu sein, das Bewusstsein entwickeln, einen Wert zu haben, den sie nicht verlieren können.

b) Das Geheimnis des Glaubens: In der Wahrnehmung des Glaubens ist es Gott, der die Eltern dazu drängt, dem Leben ihrer Kinder zuzustimmen. Er trägt die Annahme der Kinder durch ihre Eltern mit seiner Vollmacht, das Leben der Kinder zu wollen und mit Sinn zu erfüllen. Von ihm kommt die geheimnisvolle Kraft in der Annahme der Eltern. Eltern sind mit ihrer Liebe zu ihren Kindern gleichsam Sakramente, d. h. wirksame Zeichen der Liebe Gottes. Sie teilen ihren Kindern – bewusst oder unbewusst – in ihrer menschlichen Liebe etwas mit von der alle und alles tragenden Liebe Gottes. Darin, dass Kinder sich zunächst einmal lieben lassen müssen, bevor sie irgendetwas selber tun und leisten können, wird etwas sichtbar von der Beziehung zwischen Gott und den Menschen. Gott kommt den Menschen mit seiner Zuwendung zuvor. Seine Güte und Zuwendung geschieht ohne jede Vorbedingung und Vorleistung. Jesus verweist auf die Fähigkeit der Kinder, sich lieben zu lassen, wenn er sie als Vorbilder hinstellt, wie Menschen das Nahekommen Gottes in ihm empfangen sollen. Die geschenkte und empfangene Annahme der Menschen durch Gott eröffnet erst den Raum, in dem Menschen – wie Kinder in ihrem Heranwachsen – auf erfahrene Liebe mit ihrer Liebe antworten können.

c) Die Feier des Geheimnisses: Die Taufe eines Kindes feiert das Ja-Wort Gottes zu dem Kind – das Ja-Wort Gottes, das das Ja-Wort der Eltern zu dem Kind trägt und ihm seine Kraft verleiht. Das Kind wird den Fragwürdigkeiten des Lebens (Wasser des Todes) entrissen und zum Kind dessen, der über das Leben ohne Tod verfügt (Wiedergeburt aus dem Wasser des Lebens). Das geschieht „im Namen des Vaters und des Sohnes und des Heiligen Geistes". Damit wird vergegenwärtigt, was von Gott, dem Vater, her in der Hingabe des Sohnes und der Sendung des Geistes geschehen ist, damit die Menschen das Leben haben und es in Fülle haben. In dieses Geschehen wird das Kind durch seine Taufe einbezogen. Es wird gefeiert, dass es das Leben in Fülle haben soll.

1.4 Förderung des Taufbewusstseins unter den Getauften

(1) Tauferneuerung

Tauferneuerung der Getauften

Christen, die als Säuglinge getauft wurden, werden nicht das gleiche Bewusstsein ihrer Taufe entwickeln können wie Christen, die sich an ihr Katechumenat mit den auf die Taufe vorbereitenden Feiern und an den Vollzug ihrer Taufe erinnern können. Zudem macht es einen Unterschied, ob Menschen erst als Jugendliche oder Erwachsene dem Ruf des Evangeliums begegnen und ihm mit Umkehr und Glaube antworten oder ob als Kinder Getaufte in ein ihnen vorgegebenes christliches Leben hineinwachsen. Je mehr das Christsein an gesellschaftlicher

Selbstverständlichkeit verliert und frei gewählt werden muss, umso wichtiger wird bei den als Kindern Getauften das Bewusstsein, in der Taufe eine Berufung empfangen zu haben, die es lebenslang zu beantworten gilt. Wer als Säugling getauft wurde, kann keine Erfahrungen mit der Taufhandlung haben, in der sein Leben gefeiert wurde. Sie oder er kann aber Erfahrungen damit haben, in welchen Lebensraum sie oder er durch die Taufe hineingenommen wurde und welche Inspirationen und Kräfte ihr oder ihm durch die darin miteinander gehörten Worte und miteinander geteilten Zeichen der Nähe Gottes geschenkt wurden. So gibt es Erfahrungen mit dem Getauftsein, die es bewusst zu machen und zu pflegen gilt.

Gelegenheiten, das Taufbewusstsein unter den Getauften zu erneuern, gibt es viele: die Katechese zu den anderen Sakramenten, die alle auf der Taufe aufruhen und ohne Erweckung des Taufbewusstseins gar nicht gefeiert werden können; die Vorbereitung und der Vollzug insbesondere des Bußsakramentes, das eine Form der Tauferneuerung ist; Tage der inneren Orientierung wie Besinnungstage, Exerzitien, Tage geistlicher Erneuerung usw.[34]

Liturgische Orte der Tauferneuerung

Zwei liturgische Orte der Tauferneuerung sind besonders hervorzuheben: die österliche Bußzeit und das sonntägliche Taufgedächtnis.

(2) Die österliche Bußzeit

Die vierzig Tage vor der Osterfeier sind als „Fastenzeit" unzureichend gekennzeichnet. Das Fasten kann ein Element in dieser Zeit sein, die ausgerichtet ist auf die Feier der Auferstehung Jesu und darin auf die Tauferneuerung der Gemeinde in der Osternacht. Wo die Aufnahme neuer (erwachsener) Christen zum Leben einer Gemeinde hinzugehört, beginnt die Gemeinde mit ihnen am Aschermittwoch den Weg der näheren Taufvorbereitung

34 Möglichkeiten der Tauferinnerung in der Verkündigung des Kirchenjahres finden sich in dem von Franz-P. Tebartz-van Elst herausgegebenen Buch „Entflamme in uns die Sehnsucht nach dem Licht", Stuttgart 1996.

als Weg der eigenen Tauferneuerung. Das Anliegen der Bußzeit ist die Hinwendung zum wahren Leben. Mit dem Zeichen der Asche bekennt sich die Glaubensgemeinschaft dazu, dass sie hinfällig ist und keine Vollmacht über das Leben hat. Dazu steht sie, um frei zu werden, das Leben dort zu suchen, wo Gott es schenkt. Das Wort bei der Austeilung der Asche „Bedenke, o Mensch, dass du Staub bist und wieder zum Staub zurückkehren wirst" bedarf der Ergänzung durch etwa folgendes Wort: „Der Herr aber ruft dich zum Leben." Das Todeszeichen der Asche gehört zusammen mit dem Lebenszeichen des Wassers. Die Annahme der Todeswirklichkeit führt auf den Weg der Erneuerung des Lebens.

Nimmt man das Anliegen der österlichen Bußzeit als Zeit der Tauferneuerung auf, dann ergeben sich daraus eine Reihe von möglichen näheren Sinngebungen dieser Zeit, von denen einige benannt seien:

- Sensibilität pflegen mit dem, was dem wahren Leben dient, bzw. mit dem, was vom wahren Leben ablenkt und sogar es verhindert,
- Begegnung suchen mit Jesus Christus als dem neuen Menschen, von dem der Geist neuen Menschseins ausgeht,
- Fragen nachgehen: Wer ist Herr in meinem/unserem Leben? Wem gebe ich, geben wir Macht über uns?
- aktuelle Formen der „Sünde der Welt" besprechen (z. B. Konsumismus, zerstörerischer Umgang mit der Schöpfung) und Möglichkeiten des Widerstandes erkunden,
- geistliche Erfahrungen erwarten und austauschen, in der Übergabe an Gott als „Vater" das innere Zeugnis zu bekommen, angenommen und beansprucht zu werden.

Es kann auch die oben (A 4.4) angesprochene Frage einer verbindenden christlichen Lebensart als Konsequenz aus dem gemeinsamen Getauftsein aufgenommen werden.

(3) Das sonntägliche Taufgedächtnis

Der Brauch, beim Betreten der Kirche Weihwasser zu nehmen, hat den Sinn, an das eigene Getauftsein zu erinnern. Dass Christen sich zur Feier ihres Glaubens als Getaufte versammeln, kann am Sonntag ausgestaltet werden in einem eigenen Ritus. In ihm wird nicht nur die Taufe in ihrer reinigenden und belebenden Kraft vergegenwärtigt, sondern auch der Zusammenhang von Taufe und Eucharistie und der Sonntag als Festtag der Getauften herausgestellt. Das Besprengen der Versammelten mit geweihtem Wasser wird in einem Gebet ausgedeutet. Dazu sei ein Vorschlag aus dem Missale wiedergegeben.

Liebe Brüder und Schwestern!
Wir bitten den Herrn, dass er dieses Wasser segne, mit dem wir nun besprengt werden. Das geweihte Wasser soll uns an die Taufe erinnern; Gott aber erneuere uns seine Gnade, damit wir dem Geist treu bleiben, den wir empfangen haben. – (Es folgt eine Gebetsstille.)
Allmächtiger, ewiger Gott, du hast das Wasser geschaffen als Quell, aus dem das Leben kommt, und als Element, das alles Unreine abwäscht.
Durch das Wasser machst du unsere Seelen rein und schenkst uns das ewige Leben.
Segne dieses Wasser, Herr, damit der Lebensstrom der Gnade
heute an deinem Tag aufs Neue in uns fließe.
Dieses Wasser, das über uns ausgesprengt wird, umgebe uns wie ein Schutzwall.
Es bewahre uns vor allem Bösen, damit wir mit reinem Herzen zu dir kommen können
und dein Heil empfangen. Darum bitten wir durch Christus unseren Herrn.

(4) Mitverantwortung der Taufpraxis

Die Taufpraxis als Aufnahmepraxis einer Gemeinde

Oft wird die Taufe als Familienfeier begangen. Der Pfarrer handelt in ihr als Amtsträger, der ein Sakrament spendet. Nicht erkennbar wird, dass er einer Gemeinde vorsteht und mit der Taufe ein Kind in diese Gemeinde und dadurch in die Kirche aufnimmt. An immer mehr Orten geht man dazu über, die Taufe in der Versammlung der Gemeinde zur Eucharistie am Herrentag zu feiern. Dieses liegt insbesondere dann nahe, wenn die Eltern in der Gemeinde bzw. in einer ihrer kleineren Gemeinschaften beheimatet sind. Dann wird unmittelbar erfahrbar, wie ein Kind hineingenommen wird in den gemeinsamen Glauben und dessen Feier. Verstärkt gilt dies, wenn der katechumenale Weg erwachsener Taufbewerber als Weg in eine konkrete Gemeinde gegangen wird. Nur in geduldig zu suchenden Schritten lässt sich das Bewusstsein entwickeln, dass die Taufe ein Symbolhandeln der Gemeinde durch und mit ihrem Amtsträger ist bzw. dass eine Amtshandlung ohne Gemeinde nicht beachtet, dass es das Amt nicht ohne Gemeinde gibt, sondern nur in ihr und für sie. Gespräche über die Taufpraxis als Aufnahmepraxis einer Gemeinde werden dort möglich, wo sich Formen gemeindlichen Lebens entwickeln. Das gemeinsam zu verantwortende und zu gestaltende Handeln braucht dabei eine taufkatechetische Grundlegung.

Nimmt man diese Perspektive auf, dann ergeben sich aus der Praxis der Kindertaufe Fragen an die Lebenswirklichkeit in unseren Gemeinden bzw. Pfarreien. Für die Kindertaufe ist nicht nur der Glaube der Eltern erforderlich. Die Eltern brauchen einen gemeindlichen Raum der gegenseitigen Anregung und Bestärkung des Glaubens. Und die Heranwachsenden brauchen einen Raum miteinander gelebten Glaubens, in den Eltern sie aus dem Raum der Familie entlassen können. Die Taufe als Sakrament der Eingliederung stellt so vor die Frage, in welches konkrete kirchliche Leben Kinder (oder auch Erwachsene) durch ihre Taufe eingegliedert werden können. Eine Teilfrage ist hier z. B., ob und wie der kirchliche Kindergarten ein Raum ist, in dem eine Gemeinde Kindern die Begegnung mit dem christlichem Lebens- und Wortzeugnis ermöglicht.

2. Die Firmung

2.1 Zur Situation

Gemeinden bemühen sich um ihre Jugendlichen.

Die Hinführung zur Firmung ist in den vergangenen 35 Jahren zu einem wichtigen Handlungsfeld der *Gemeindekatechese* geworden. Wurden davor oft ganze Klassen relativ kurz im schulischen Religionsunterricht auf die Firmung vorbereitet, so melden sich heute fast überall die jüngeren oder älteren Jugendlichen selber an, um in Gruppen – meist unter Beteiligung ehrenamtlicher Katechetinnen und Katecheten – auf ihre Firmung zuzugehen. Die Bemühungen um die Heranwachsenden wurden vor allem darum intensiviert, weil viele von ihnen nicht mehr kontinuierlich in das Mitleben mit der Kirche hineinwachsen. Am Beispiel der Firmung wird besonders deutlich, dass wir uns in einer regional unterschiedlich fortgeschrittenen *kirchengeschichtlichen Übergangssituation* befinden. Wurden in volkskirchlicher Situation nahezu alle gefirmt, so melden sich heute etwa zwischen 20 und 80 Prozent (bei hoher Integration der Lebenswelten noch mehr) zur Firmung an.[35]

Begleitet wurde die Entwicklung der letzten Jahrzehnte durch anhaltende Diskussionen zur Frage des *Firmalters*. Die Synode der bundesdeutschen Bistümer in Würzburg empfahl die Firmung nicht vor dem 12. Lebensjahr und ermutigte zugleich Versuche mit der Firmung junger Erwachsener.

Drei mögliche pastorale Optionen

Entscheidungen in der Frage des Firmalters hängen damit zusammen, welche *pastorale Option* mit der Firmung verbunden wird. Drei Möglichkeiten seien kurz charakterisiert.

a) *Die Vollendung möglichst vieler Taufen*: Argumentiert wird, dass die Kirche denen, die getauft wurden, auch ihre Firmung schuldet. Der Wille von Menschen, irgendwie – wenn auch sehr

35 Vgl. Hilberath/Scharer, Firmung – wider den feierlichen Kirchenaustritt (siehe Anhang, Nr. 7).
Zum aktuellen Stand der Diskussion mit einem Überblick über konkrete Handlungsmodelle siehe: Hofrichter/Strifler, (Hrsg.), Firmvorbereitung mit Esprit (siehe Anhang, Nr. 7).

lose und unverbindlich – zur Kirche zu gehören, soll aufgegriffen werden, um die Beziehung zu ihnen zu behalten. Bei dieser Option liegt es nahe, zur Firmung in einem Alter einzuladen, in dem die Heranwachsenden möglichst umfassend erreicht werden können.

b) *Die mündige Übernahme der Taufberufung*: Argumentiert wird hier, dass das Christsein in der entfalteten Moderne eines persönlichen Ergriffenseins vom Evangelium und einer entschiedenen Zustimmung zu den dadurch eröffneten Lebensmöglichkeiten bedarf. Die Glaubensentscheidung, die bei den Erwachsenen der Taufe vorangeht, muss bei denen, die als Kinder getauft wurden, eingeholt werden. Bei dieser Option wird ein Firmalter angestrebt, in dem die Heranwachsenden über ihren Lebensentwurf entscheiden können und wollen.

c) *Die Feier gefundener Glaubensgemeinschaft*: Bei dieser Option wird davon ausgegangen, dass als Kinder Getaufte in unserer individualisierten Gesellschaft auf sehr unterschiedliche Weise in kirchliche Glaubensgemeinschaft hineinfinden. Es kann sein, dass sie sehr früh mit ihren Familien in einem gemeindlichen Glaubensort beheimatet sind. Es kann sein, dass sie als Jugendliche von dem, was die Christen verbindet, angezogen werden. Es kann sein, dass sie als junge Erwachsene durch einen Freund oder eine Freundin dem begegnen, worum es im christlichen Glauben an Gott geht und daran teilhaben wollen. Andere können erst im Erwachsenenalter zu ihrer Lebensberufung als Getaufte finden. Es kann argumentiert werden, dass die Taufe dann durch die Firmung zu vollenden ist, wenn sie ihr Ziel, nämlich verbindende und verbindliche Glaubensgemeinschaft gefunden hat. Dies bedeutet den Abschied von einem bestimmten Alter und die Berücksichtigung individueller Glaubensgeschichten.

Offener Austausch mit Jugendlichen und Firmkatechese im engeren Sinne

Im Hintergrund der konkurrierenden Optionen steht die oben (C.I. 3.3) angesprochene *Spannung zwischen Offenheit und Identität*. Die Kirche muss sich für alle Menschen offen halten, besonders für die Getauften. Wenn dies jedoch dazu führt, dass Menschen gefirmt werden, die die fundamentalen Glaubensüberzeugungen der Kirche nicht teilen und denen ihre eucharistischen Versammlungen am Herrentag fremd geblieben sind, geht diese Offenheit auf Kosten von Identität. Zur anderen Seite hin kann es eine Betonung der Identität geben, durch die die Chance ausgelassen wird, mit Jugendlichen in einen Austausch zu kommen und ihnen eine – wenn auch entfernte und unverbindliche Zugehörigkeit zur Kirche anzuzeigen.

Mit der hier kurz vergegenwärtigten Situation hängt zusammen, dass die Inhalte und Ziele der verbreiteten Firmkurse nur zum geringen Teil *Firmkatechese im engeren Sinn* betreiben. Manche Konzepte gehen eine fundamentale Glaubenseinführung an. Andere stellen Katechesen zum Heiligen Geist in den Vordergrund. (Dabei hat die Firmung nicht mehr und nicht weniger als die anderen Sakramente mit dem Heiligen Geist zu tun.) Wieder andere führen in das Leben der konkreten Pfarrgemeinde ein. Die unterschiedlichen katechetischen Vorstellungen hängen dabei mehr oder minder bewusst und begründet mit den unterschiedlichen pastoralen Zielsetzungen zusammen. Die folgenden Überlegungen begrenzen sich auf die Firmkatechese im engeren Sinn und lassen offen, wie diese in einen größeren pastoralen und katechetischen Kontext eingebracht werden.

2.2 Theologische Orientierung

Bei der Taufe war bereits davon die Rede, dass die Sakramente der Taufe, der Firmung und der Eucharistie gemeinsam die Feiern der Eingliederung (Initiation) darstellen. Diesen Feiern stand in der frühen Kirche der Bischof vor. Bei der Ausbreitung der Kirche bildeten sich Gemeinden, die von Priestern geleitet wurden. Diese bekamen die Vollmacht zur Taufe. Die Firmung blieb dem Bischof vorbehalten. Er feierte dieses Sakrament in den Gemeinden mit den zwischen seinen Besuchen Getauften. Darin kam und kommt auch heute zum Ausdruck, dass Getaufte durch die Aufnahme in eine Gemeinde in die Ortskirche des Bistums und – durch die Zusammengehörigkeit des Bischofs mit allen anderen Bischöfen – darüber hinaus in die Weltkirche aufgenommen werden. Die Firmung ist durch diesen Zusammenhang als *Vollendung der Taufe* wahrzunehmen.

Vollendung der Taufe

Das II. Vaticanum spricht von folgenden *Wirkungen der Firmung*:
(1) vollkommenere Verbundenheit mit der Kirche
(2) Besondere Ausrüstung mit der Kraft des Heiligen Geistes
(3) Strengere Verpflichtung zur Teilnahme an der Sendung der Kirche

Auffällig ist, dass von geistlichen Wirklichkeiten die Rede ist, die gesteigert werden. Die Firmung gibt demnach nicht etwas über die Taufe Hinausgehendes. Das Wort „Firmung" meint „Festigung" oder (nach der Spendeformel) „Besiegelung" und verweist darauf, dass etwas bereits Geschenktes gefestigt bzw. besiegelt wird.

Nicht nur der Zusammenhang von Taufe und Firmung ist zu beachten, sondern auch der Zusammenhang mit der Feier der Eucharistie. Es ist nicht ohne Probleme, dass in der Praxis der Westkirche Kinder ohne die Firmung in die Eucharistiegemeinschaft aufgenommen werden. Wenn dies geschieht, muss in der Firmung nicht nur die Vollendung der Taufe, sondern auch die *Besiegelung der Eucharistiegemeinschaft* gesehen und gefeiert werden. Weil Menschen durch Taufe und Firmung in die Gemeinschaft der Eucharistie Feiernden aufgenommen werden, wird die Firmung in einer Eucharistiefeier begangen. Wenn der Firmende die Neugefirmten begrüßt „Der Friede sei mit dir!", ist dies nicht zuletzt die Begrüßung in der Eucharistiegemeinschaft.

2.3 Die Symbolhandlung

Die Neuordnung der Firmliturgie von 1971 formuliert: „Das Sakrament der Firmung wird gespendet durch die Salbung mit Chrisam auf der Stirn unter Auflegen der Hand und durch die Worte: Sei besiegelt durch die Gabe Gottes, den Heiligen Geist." Der Handlung am einzelnen Firmling geht voraus die Ausbreitung der Hände über alle Firmlinge mit einem Gebet, in dem der

Zelebrant die stille Fürbitte der Versammelten um die Gabe des Geistes zusammenfasst.

Die Hand-
auflegung

Die *Handauflegung*, für die sich manche Firmende so viel Zeit nehmen, dass sie von den Firmlingen leibhaftig erfahren werden kann, hat bei der Firmung die doppelte Bedeutung der Mitteilung und der Beanspruchung. Mitgeteilt wird die Gabe des Geistes. Damit wird die Teilhabe des Firmlings an dem inneren Lebensgeheimnis der Kirche gefestigt. Wichtig ist die Priorität der Gabe. Mit der Gabe wird dann der Firmling beansprucht. Er wird gestärkt in seiner Teilhabe an der Sendung der Kirche.

Firmkatechese als Hilfe zum leibhaftigen Mitvollzug der Symbolhandlung hat hier das Ziel:

> Die Firmlinge sollen im Herantreten und im Hinhalten ihres Kopfes zur Handauflegung ihre innere Bereitschaft ausdrücken, mit Heiligem Geist begabt zu werden und sich mit ihrer Begabung für Gottes Geschichte mit den Menschen beanspruchen zu lassen.

Im Zusammenhang dieses Zieles ist zu erschließen, wie die „Gabe Gottes" das fundamentale Geschenk meint, dass Christen ein „Herz von Fleisch" (vgl. Ez 36,26–27) gegeben ist, d. h. ein Herz, das von Gott angerührt und bewegt werden kann und das empfindsam dafür ist, wie ihm Gott in Freude und Leid, in anderen Menschen und in den Gaben der Schöpfung begegnet. Zur Konkretisierung ist zu erkunden, wie diese eine Gabe in einer Vielfalt von Gaben zur Wirkung kommt. Dabei sollen die Firmlinge bei sich selbst (auch durch die Hilfe anderer) zu entdecken suchen, was ihnen gegeben ist und wie Gott sie darin für seinen guten Willen mit den Menschen in Dienst nehmen will. Firmlinge sollen sich fragen, was sie gut können, wie sie dies für andere einsetzen können und wozu sie sich im Inneren gerufen erfahren. Es soll deutlich werden, wie die Gaben (Charismen) einander ergänzen. Es gibt Christen, die gut versöhnen können. Manche können gut zuhören und, wo nötig, trösten oder mit einem Rat weiterhelfen. Für die Gemeinschaft sind andere, die etwas gut organisieren können, ebenso wichtig wie Christen, die einen Raum schön gestalten oder für gemeinsames Singen sorgen können. Christen, denen es leicht fällt, fröhlich zu sein, können anderen mit ihrer Freude aufhelfen. Dass die Freude nicht oberflächlich wird, kann die Aufgabe anderer sein, die von schweren Gedanken bedrängt werden. Es gibt Christen, die es besonders zum Dienst an den Kranken drängt. Anderen ist es besonders wichtig, Zeit für das Gebet zu haben. Wieder andere finden ihre Aufgabe darin, sich politisch für Gerechtigkeit einzusetzen. Mit dem Hinhalten des Kopfes zur Handauflegung halten Firmlinge ihre je eigene Gabe hin, damit sie ihnen gestärkt wird.

Die Chrisamsalbung

Die *Chrisamsalbung* kann in ihrer Bedeutung erst wahrgenommen werden, wenn an folgende Sätze aus der Feier der Ölweihen erinnert wird:

> *„Deshalb bitten wir dich, o Herr: Heilige dieses Olivenöl mit deinem Segen und erfülle es mit der Kraft des Heiligen Geistes durch deinen Sohn Jesus Christus. Von ihm hat der Chrisam seinen Namen, das duftende Öl, mit dem du Priester, Könige, Propheten und Märtyrer gesalbt hast. Mache dieses Chrisam für alle, die wiedergeboren werden im Wasser der Taufe, zu einem Zeichen vollendeten Heiles und Lebens. Wasche von ihnen ab die ererbte Verderbnis und mache sie durch die Salbung mit Chrisam zu deinem Tempel, der erfüllt ist vom Duft eines gottgefälligen Lebens. Erhebe sie nach deinem ewigen Ratschluss zur Ehre von Königen, Priestern und Propheten und bekleide sie mit dem Gewand ihrer unvergänglichen Berufung. Dieses Öl sei allen, die wiedergeboren werden aus Wasser und Heiligem Geist ein Chrisam des Heiles, der ihnen Anteil gibt am ewigen Leben und an der Herrlichkeit des Himmels.“*

Diese feierlichen Sätze machen deutlich, wie wichtig es ist, dass das Öl duftet und dass dieser Duft in seiner Symbolik wahrgenommen wird. Firmkatechese als Hilfe zum Mitvollzug der Symbolhandlung hat hier das Ziel:

> Die Firmlinge sollen in der Wohltat der Salbung und des Duftes Heiligen Geist empfangen, der sie mit Gedanken, Worten und Werken beschenken will, die ihnen selbst und anderen wunderbar wohl tun sollen.

Im Zusammenhang dieses Zieles ist daran anzuknüpfen, wie Menschen mit Hilfe von Düften ein Umfeld zu schaffen suchen, in dem sie sich selbst wohlfühlen und das auch von anderen als angenehm wahrgenommen wird. Ob man sich in der Nähe eines Menschen oder im Raum des Zusammenseins von Menschen wohlfühlt, hängt jedoch nicht nur von Düften ab, sondern davon, ob von Menschen Anteilnahme und Güte, Versöhnung und Verständnis ausgeht. Wo Menschen Missgunst und Neid, Hass und Angeberei verbreiten, entsteht eine Luft, die ein Miteinander und Füreinander behindert oder sogar verdirbt. Das geistliche Klima, in dem einzelne Menschen oder Menschengruppen leben und das sie verbreiten, entscheidet darüber, ob das Leben, nach dem Menschen sich sehnen, Raum bekommt oder verdrängt wird. Der Heilige Geist ist die dem Leben aufhelfende, es heilende und erneuernde Luft, die von dem Gesalbten, Jesus Christus, ausgeht. Davon sollen Firmlinge erfüllt werden, damit sie selbst ein Klima verbreiten, das von der Liebe Gottes in zwischenmenschlicher Zuwendung erfüllt ist.

Die Würdetitel König, Priester und Prophet

Das Gebet bei der Weihe des Chrisam spricht von der dreifachen Würde der Christen als Könige, Priester und Propheten. Die Firmkatechese kann auch dies aufnehmen und mit dem Ziel verbinden:

> Die Firmlinge sollen ihre Salbung mit Chrisam erfahren als feierliche Bestätigung ihrer Christenwürde als Könige, Priester und Propheten.

Voraussetzung ist hier, dass eine Aktualisierung der drei Würdetitel König, Priester und Prophet gelingt.

a) Beim Amt des Königs ist biblisch daran zu denken, dass Könige Macht bekamen, um sie für die Ohnmächtigen einzusetzen. Königen wurde das Recht derer anvertraut, die sich nicht selbst ihr Recht verschaffen konnten. Ihre Freiheit von anderer Herrschaft sollten sie befreiend für andere einsetzen. Herrschaft war Auftrag Gottes, fürsorglich dem Leben zu dienen.

b) Beim Amt des Priesters ist christlich nicht an Kulthandlungen zu denken, sondern an die Teilhabe an der priesterlichen Existenz Jesu. Sie bestand darin, dass er sein Leben verfügbar machte, damit in ihm der Wille Gottes geschieht. Das gemeinsame priesterliche Amt der Christen ist ihr würdevoller Auftrag, nicht irgendwelche Gaben zu opfern, sondern sich selbst Gott zu übereignen, damit er sich in ihnen für unsere Welt zur Wirkung bringen kann.

c) Zum Amt des Propheten gehört weniger die Vorhersage von Zukunft als das Erkunden der Gegenwart. Prophetischer Auftrag ist das Lesen in den Zeichen der Zeit, um das auszumachen, was in ihr das Leben bedroht und was dem Leben dient. Propheten haben all das zu ermutigen und zu stärken, was ihnen vom Geist als Wirken Gottes durch Menschen gezeigt wird, und dort zu widersprechen und Widerstand zu leisten, wo ihnen vom Geist Verweigerungen von Menschen gegenüber den guten Eingebungen Gottes offenbart werden.

Kann man mit Firmlingen dieser Sinngebung der Titel König, Priester und Prophet nachgehen, dann kann die Chrisamsalbung so erfahren werden, dass Christen sich ihrer Würde und der damit verbundenen Sendung bewusster werden. Es kann deutlich werden, dass – trotz sprachlich wohl bleibender Fremdheit – in der Gesellschaft und in der Kirche königliche, priesterliche und prophetische Menschen gebraucht werden.

2.4 Eucharistiekatechese in der Firmkatechese

Das Leben aus der Gabe des Geistes in der Eucharistie

Wenn Taufe und Firmung in die Kirche als Eucharistiegemeinschaft eingliedern, darf die Firmkatechese nicht nur die Firmhandlung im Blick haben; sie muss auch den Raum sehen, in den die Firmung hineinführen soll. Die Firmung ist ein einmaliges Ereignis. Die darin gestärkte Taufgabe bedarf ein Leben hindurch der dauernden Erneuerung. Die Wirkung der Firmung besteht nicht zuletzt darin, dass sie verbindlicher einbezieht in die Gemeinschaft derer, die als einzelne und als Gemeinde davon leben, dass Gott in den eucharistischen Gaben den Geist gibt. So ist mit der Firmkatechese das Ziel zu verbinden:

> Die Firmlinge sollen die Feier der Eucharistie als das Geschehen mitvollziehen, durch das ihnen die Gabe Gottes, der Heilige Geist, dauernd erneuert wird.

Bei der verbreiteten Praxis, zur Firmvorbereitung auch die einzuladen, deren Beziehung zur Feier der Eucharistie nach der Erstkommunion kaum oder gar nicht wachsen konnte, ist zumindest der Versuch erforderlich, ihnen einen *neuen Zugang* zur Eucharistiefeier zu eröffnen. Wenn es nicht möglich ist, sie kontinuierlich in der Eucharistiefeier der Gemeinde zu beheimaten, muss doch mit ihnen besprochen werden, wie die Feier der Eucharistie nach der Firmung von ihnen glaubwürdig und ehrfürchtig mitvollzogen werden kann. In diesem Zusammenhang ist in gesprächsfähigen Gruppen der Gemeinde zu besprechen, wie die eucharistischen Versammlungen am Herrentag so gestaltet werden können, dass sie von Heranwachsenden als Orte aktualisierter Glaubensgemeinschaft erfahren werden können.

In einem Vorgriff auf das folgende Kapitel soll hier schon auf die Handlungen bzw. Gebete verwiesen werden, in denen zum Ausdruck kommt, dass die Eucharistie ein Sakrament des Geistes ist.

a) Die Herabrufung des Geistes über die Gaben:
Über die Gaben, die symbolisieren, was uns in der Schöpfung gegeben ist und was wir aus den Gaben der Schöpfung bereiten können, wird die Gabe des Geistes herabgerufen, damit sie den Herrn in seiner Hingabe an uns und an die Menschen vergegenwärtige. Im Mitvollzug dieser Gebetsgeste bekennen die Versammelten einerseits ihre Bedürftigkeit, über die Schöpfungsgaben hinaus von Gott begabt zu werden, um als Menschen des Friedens miteinander leben zu können, und andererseits ihr Vertrauen, dass Gott diese Gabe für sie hat und ihnen geben will.

b) Die Kommunionbitte im Hochgebet:
Diese Bitte ist darauf gerichtet, dass die Versammelten durch die Teilhabe am Leib und Blut Christi von seinem Geist erfüllt werden. In der leibhaftigen Kommunion geht es um das Geschehen, dass in Christen der Geist erneuert wird, aus dem sie seit ihrer Taufe und Firmung leben dürfen. Durch diesen Geist werden sie zur Gabe an Gott im Dienst aneinander. Dieser Geist verbindet sie zur Gemeinschaft der Gemeinde. Im Mitvollzug dieses Gebetes lassen die Versammelten ihre Bereitschaft und ihr Verlangen aufleben, mit Christus zur Gabe an den Vater zu

werden und dies im alltäglichen Dienst aneinander zu verwirklichen. Mit dieser Bitte zur Kommunion zu gehen meint, die Erneuerung des Geistes zu suchen und zu empfangen. Dadurch wird der Empfang der Kommunion zum leibhaftigen Bekenntnis des Glaubens, dass Gott in aller menschlichen Gebrochenheit doch damit beginnt, alle und alles in sich zu vereinen.

3. Die Feier der Eucharistie

3.1 Der Plural eucharistiekatechetischer Aufgaben

(1) Eucharistiekatechese mit Erwachsenen

Lebenslanges Hineinwachsen in das Geheimnis der Eucharistie

Eucharistiekatechese meint mehr als die Hinführung von Kindern zur Erstkommunion. Kinder und Jugendliche können anfangen, die Eucharistie mitzufeiern. Doch spricht die eucharistische Symbolhandlung Lebenserfahrungen an, die vor allem Erfahrungen Erwachsener sind. Sie sind auch die primären Adressaten der Eucharistiekatechese. Das ist hier nicht nur gesagt im Blick auf diejenigen, die erst als Erwachsene zum Glauben finden und einer Ersthinführung zur Eucharistie bedürfen. Es geht hier auch und sogar zuerst um eine Katechese, die das unabschließbare *Hineinwachsen von Christen in das Geheimnis der Eucharistie* begleitet. Als wesentlichen und wichtigsten Inhalt der Katechese benennt Johannes Paul II. in seinem Schreiben über die Katechese „das Geheimnis Christi“, und er fährt fort: „Katechisieren heißt in gewisser Weise jemanden anleiten, dieses Geheimnis in all seinen Dimensionen zu erforschen“ (CT Nr. 5). Dieses Geheimnis feiert die Eucharistie, und die Geschichte von Christen in ihrer Beziehung zum Geheimnis Christi ist oft im Kern auch die Geschichte ihrer Eucharistiefeiern in den wechselnden Situationen ihres Lebens. Die Gelegenheiten, in *Gruppengesprächen* Erfahrungen mit der Feier der Eucharistie auszutauschen, sind vielfältig. Besonders nahe liegt die weiterführende Eucharistiekatechese in Gruppen, die Liturgie mit vorbereiten oder in ihr Dienste übernehmen (Lektüren, Kommunionhelferinnen und -helfer, Scholen, Chöre, Ministranten). Wo Brautpaare eine Beziehung zur Eucharistie haben, bietet die gemeinsame Vorbereitung der Liturgie eine gute Möglichkeit, die Gabe der Eucharistie für den Weg einer Ehe von Christen wahrzunehmen.

Die *Homilie* in der Liturgie ist zwar keine Katechese; sie hat aber eine katechetische Dimension. Ist sie doch nicht irgendeine Predigt, sondern eine Predigt, die die jeweils zu feiernde Liturgie zu berücksichtigen, also deren Mitvollzug zu dienen hat. So ist die Homilie in der eucharistischen Versammlung zum Herrentag eine Predigt, die die sonntägliche Freude an Gott vergegenwärtigt und zum Mitvollzug der an die Wortfeier anschließenden Symbolhandlung anleitet.

(2) Die Ersthinführung von Kindern und die Differenzierung von Zielen

Unterschiedliche Möglichkeiten mit Kindern und ihren Eltern

Die feierliche Erstkommunion von Kindern, die es erst seit der Einführung der Schulpflicht gibt, hat sich zu einem Festtag für die Kinder entwickelt, der mit manchen berechtigten und manchen problematischen sekundären und tertiären Erwartungen verbunden ist. Das Wort „Erst"-Kommunion zeigt an, dass an den Anfang einer bleibenden und wachsenden Kommuniongemeinschaft der Kinder mit einer Gemeinde gedacht ist. Nüchternerweise ist heute davon auszugehen, dass dieses Ziel bei einer Mehrheit der Kinder unrealistisch ist. Manche Verantwortliche sehen sich vor der Alternative, entweder die Erstkommunion nur mit den Kindern zu feiern, die bereits eine anfängliche Vertrautheit mit dem Gemeindegottesdienst haben und bei denen die eucharistische Gemeinschaft nach der Erstkommunion zu erwarten ist, oder die Ziele der Katechese zurückzunehmen. Eine andere – m. M. nach zu bevorzugende – Möglichkeit liegt darin, die *Ziele* der Katechese mit Kindern und Eltern nach deren Voraussetzungen und Motivationen zu *differenzieren*[36]. Dieser Weg kann hier nur angedeutet werden.

36 Dieser differenzierten Vorgehensweise entsprechen auch die beiden Baustein- und Materialbücher für Kinder und deren Eltern: Arnold, Markus, Neue Wege zur Erstkommunion; und: Buhleier, Karlheinz, Materialbuch Erstkommunion (beide siehe Anhang, Nr. 8).

- **Das Ziel mit allen Kindern:** eine „saisonale" Glaubensgemeinschaft und eine ehrfürchtige Erstkommunionfeier
- **Das Ziel mit möglichst vielen (manchmal nur sehr wenigen) Kindern:** die Aufnahme kontinuierlicher Kommuniongemeinschaft durch weitere Begleitung nach der Erstkommunion (z. B. in einer Ministrantengruppe).
- **Das Ziel mit allen Eltern:** deren freundliche Annahme mit ihrer Lebens- und Glaubensgeschichte; Informationen über den Weg mit den Kindern; das Angebot weiterer Elternbegegnungen; die Besprechung der Mitfeier der Erstkommunion ohne Beziehung zur Feier der Eucharistie.
- **Das Ziel mit möglichst vielen (evtl. wenigen) Eltern:** die Vermittlung von Anregungen, wie die Eltern den Weg ihrer Kinder begleiten können, in mehreren Elterntreffen.
- **Das Ziel mit den Eltern, die aus Anlass der Erstkommunion ihrer Kinder eine Annäherung an Glaube und Kirche prüfen wollen:** Eröffnung eines Zugangs zu einem Glaubensort in der Pfarrgemeinde (evtl. in einer Gruppe von Erstkommunioneltern).

Bei der skizzierten Differenzierung von Zielen der Katechese ist es wichtig, dass die Eltern und Kinder selber wählen, welchen Weg sie mitgehen wollen und können. Die Verpflichtung der Eltern zu „katechetischen Strapazen", zu denen sie nicht motiviert bzw. mit denen sie sogar überfordert sind, die sie aber um des Festes ihrer Kinder willen auf sich nehmen, eröffnet keine neue und zukunftswirksame Glaubensgemeinschaft. Andererseits kann und soll Eltern gezeigt werden, dass sie für den Weg ihrer Kinder Mitverantwortung tragen und dass die Begleitung ihrer Kinder für sie die Chance bedeutet, mit ihren Kindern etwas ganz Wichtiges zu teilen. Den Eltern soll angeboten werden, dass die Katechetinnen und Katecheten ihnen beim Aufnehmen dieser Chance beistehen wollen. In der Versammlung für alle Eltern kann versucht werden, möglichst viele Eltern für die Begleitung ihrer Kinder zu gewinnen. Dazu können vier bis sechs weitere

Elterntreffen einladend angezeigt werden. Die Eltern müssen dann sehen, ob und wie sie sich darauf einlassen. Für die Kinder der Eltern, die ihre Kinder nicht begleiten können oder wollen, ist es besonders wichtig, dass sie in der katechetischen Gruppe am Glauben der Katechetinnen bzw. Katecheten und anderer Kinder Anteil haben können. Die Offenheit für alle Kinder, für die die Erstkommunionfeier erwartet wird, muss dort eine Grenze haben, wo Kinder nicht bereit sind, sich auf die ihnen mögliche Glaubensgemeinschaft in einer Gruppe einzulassen.

Familienkatechese als Herausforderung in der Gemeindekatechese

Wenn die Beteiligung von Eltern bei der Erstkommunionkatechese unter die Leitidee „Familienkatechese" gestellt wird, ist eine Klärung wichtig. In den Jahren nach 1965 gab es in manchen Bistümern (z. B. in Münster durch Bischof Michael Keller, anfangs intensiv begleitet durch Adolf Exeler) das Konzept einer Hinführung der Kinder zur Eucharistie durch die Eltern, näherhin die Mütter, und zwar bereits vor ihrer Einschulung. Hier sei die Frage des Alters der Erstkommunion nicht aufgenommen, sondern nur die Verlagerung der Eucharistiekatechese auf die Familie. Die Erfahrungen zeigten, dass es zu einer Art Familialisierung der Eucharistie kommen konnte. D. h.: Die Familie konnte als die primäre Eucharistiegemeinschaft erfahren werden. Die Eucharistie aber ist die Feier der christlichen Gemeinde, und die Erstkommunion ist ein Schritt in der kirchlichen Initiation. Darum gehört die Hinführung zur Eucharistie primär in den Lernort Gemeinde. Eben diese Einsicht führte zur neuen Wahrnehmung der Aufgabe der Gemeindekatechese. Es bleibt zugleich wichtig, die Eltern so intensiv wie möglich an der Gemeindekatechese zu beteiligen. Wenn dazu motivierte Eltern in der Gemeinde zu katechetischen Gemeinschaften zusammenfinden, ist dies *Familienkatechese in der Gemeindekatechese.*

Die folgenden Hilfen für die Eucharistiekatechese beziehen sich nicht auf konkrete Einzelaufgaben und können nicht die unterschiedlichen Voraussetzungen berücksichtigen. Sie bieten eine fundamentale Erschließung der Symbolhandlung und ihrer Bedeutungen. Weil die Hinführung von Kindern in der Praxis einen besonderen Stellenwert hat, sollen dazu einige Anregungen angefügt werden.

3.2 Kirche als Eucharistiegemeinschaft

Kirche als „Gemeinschaft am Heiligen“

Bei der Feier ihrer Eingliederung (Initiation) werden Christen durch ihre Taufe und Firmung aufgenommen in die *Kirche als Eucharistiegemeinschaft*. Diese wird im Apostolicum „Gemeinschaft der Heiligen“ (besser ist die Übersetzung „Gemeinschaft am Heiligen“) genannt. Christen bekommen gemeinsam daran Anteil, wie sich ihnen Gott in der Hingabe seines Sohnes mitteilt und sie mit seinem Geist erfüllt. Immer wieder kommen die Christen dazu zusammen, damit sie in dieser Gemeinschaft *bleiben und wachsen*, wie Reben dem Weinstock verbunden bleiben und dadurch Frucht tragen (vgl. Joh 15,1–8).

Der primäre Tag ihrer *Versammlung* zur Feier der Eucharistie ist der *Herrentag oder Sonntag*, der Tag der Auferstehung. Diese drei sind immer zusammenzudenken: Versammlung der Gemeinde, das Wochenfest der Auferstehung Jesu und die Feier der Eucharistie. Der die Christen identifizierende Festtag ist der Tag der Auferstehung Jesu. An ihm werden sie von ihrem Gott zusammengerufen; sie sind nicht Versammlung (Kirche) aus eigener Initiative, sondern die Einladung Gottes. Sie feiern die neue und endgültige Zuwendung Gottes in dem Zeichen, das ihnen anvertraut ist: im Herrenmahl (ein anderes Wort für die Feier der Eucharistie).

Wenn die Kirche in ihren konkreten Gemeinden sich zum Brotbrechen (einem weiteren Namen für die Eucharistiefeier) versammelt, begegnet sie in *vier Weisen der Gegenwart des Auferstandenen*:
Der *Versammlung im Namen Jesu* ist zugesagt, dass er in ihr da sein wird, wie Gott sich dem Moses zugesagt hat als der, der da ist, um sein Volk zu retten, zu führen, zu nähren und zu erneuern. Am Anfang steht der gegenseitige Wunsch, dass der Auferstandene für die Versammelten da sein möge: „Der Herr sei mit euch!“
Der *Priester* vergegenwärtigt in seinem Gegenüber zur Gemeinde, dass diese nicht von dem lebt, was sie von sich aus hat, sondern von dem, was ihr von ihrem Herrn her gesagt und gegeben wird.

Der Auferstandene teilt sich der Versammlung zunächst mit in seinem *Wort*. Wo er in ihm glaubend aufgenommen wird, bleibt dies nicht bloßes Wort, sondern hat es nährende, heilende, aufrichtende Kraft.
Über die Gaben von *Brot und Wein* wird der Heilige Geist herabgerufen, damit in ihnen die Hingabe Jesu an den Vater und an die vielen Gegenwart wird. Im Empfang der Gaben werden die Versammelten mit Gott verbunden und untereinander zur Einheit geführt.

3.3 Die Symbolhandlung

(1) Das Abendmahl

Die Symbolhandlung der Hingabe Jesu beim Abendmahl

Im hier vorgegebenen Rahmen kann nicht der ganzen liturgischen Handlung nachgegangen werden. Fundamental ist die *Vergegenwärtigung des Abends vor dem Leiden und Sterben Jesu*. Da war er noch einmal mit denen zusammen, die er in seine besondere Nähe gerufen hatte. Bei diesem letzten Mahl schenkte er ihnen die Handlung, an der sie ihn als den Auferstandenen später wiedererkennen und durch die sie dauernd mit ihm verbunden bleiben sollten. In dieser Handlung greift Jesus zurück auf sein ganzes bisheriges Leben. Zugleich schaut er voraus auf den Weg seines Leidens. Er wird ihn annehmen. Auf ihm will er zur Gabe werden, die durch die Übermacht seiner Liebe die Menschen mit Gott und untereinander zur Versöhnung führt. Der vor ihm liegende Tod bleibt dunkel, aber er will ihn verwandeln in ein Geschenk, aus dem die vielen Menschen neues Leben empfangen.

So nahm Jesus bei diesem letzten Mahl zuerst das Brot. Er teilte es aus, indem er dazu sprach: „Nehmt und esst; das ist mein Leib, der für euch hingegeben wird.“ Ähnlich nahm er den Kelch mit Wein, reichte ihn den Jüngern und sagte dazu: „Nehmt und trinkt; das ist mein Blut, das für euch und für die vielen vergossen wird zur Vergebung der Sünden.“ Dieses Tun Jesu wird Gegenwart in der christlichen Versammlung. *Jesus wird Gegenwart, und zwar als Gabe an die Versammelten*, um zu ihnen zu kommen und in ihnen zu leben. Es ist eine einfache Handlung, die in ein uneinholbares Geheimnis führt. „Leib und Blut“ stehen in der Sprache Jesu für den ganzen Menschen. Jesus fasst sich selbst in der Geste der Hingabe zusammen. Von Anfang seines Lebens an ist er für die Menschen da, die er mit Gott und untereinander vereinen möchte. Dafür will er da sein bis in seinen Tod und noch darüber hinaus. Sein Leben für die vielen reicht er in den eucharistischen Gaben hin: Nehmt mich auf in meiner Liebe bis in den Tod; lasst euch dadurch in euren Herzen verwandeln, damit sie Anteil bekommen an meiner Liebe zum Vater und zu euren vielen Schwestern und Brüdern; empfangt von mir Leben, über das der Tod keine Macht mehr hat; lasst euch erfüllen von meinem Geist, der eine neue versöhnte Menschheit schafft!

Was den Jüngern in diesem Mahl gegeben wurde und was sie dann weitergeben durften in die Geschichte der Kirche hinein, konnte ihnen erst in der Begegnung mit dem Auferstandenen aufgehen. Sie konnten beginnen zu verstehen, dass der Tod Jesu in seiner furchtbaren Dunkelheit zugleich der Sieg der Liebe über die „Sünde der Welt“ war. „Sünde der Welt“ meint das bedrängende Geheimnis all der Verweigerungen der Menschen gegenüber ihrer Berufung zur Gemeinschaft mit Gott und untereinander. Diese Macht, die die Menschen von Gott trennt und untereinander zu Fremden, ja zu Feinden macht, wird von Jesus erlitten. Sie wird zugleich durch die größere Macht der Liebe Jesu überwunden. Die versöhnende Kraft des Gekreuzigten und Auferstandenen kann nur zur Wirkung kommen in denen, die an ihn glauben und sich von ihm beschenken lassen. Darum ist die Feier der Eucharistie das Gedächtnis an Tod und Auferstehung Jesu. Ihre Mitfeier setzt voraus, dass die Versammelten eine *Beziehung zum Tode Jesu* für sie und die Vielen haben und *seiner Liebe den Sieg über Sünde und Tod glauben.* Zugleich wird ihnen diese Beziehung und ihr Glaube in der Mitfeier vertieft und erneuert.

(2) Empfangen: essen und trinken

Die Symbolhandlung Jesu, mit der dieser sich als Gabe darbietet, wird von den Versammelten beantwortet, indem sie empfan-

Der Empfang der Hingabe Jesu im Essen und Trinken

gen, essen und trinken. Das Hinhalten der Hände (oder auch des Mundes) zum Empfangen ist *eine kindliche und darin demütige Geste*. In ihr bringen Menschen handelnd zum Ausdruck, dass sie nicht alles haben, was sie für das Gelingen ihres Lebens brauchen. Sie nehmen die Aufforderung Jesu auf, das neue Nahekommen Gottes wie Kinder anzunehmen und sich beschenken zu lassen. Sie verhalten sich damit alternativ zu einem Erwachsenenbewusstsein, in dem Menschen alles selber machen, sich selbst bereichern und rechtfertigen, sich selbst tragen und vollenden wollen. Das Hinzutreten in Ehrfurcht ist leibhaftiges Bekenntnis, angewiesen zu sein auf das Geschenk der Liebe Gottes und dieses in der Hingabe Jesu zu erhalten.

Konkreter wird dies noch im Essen und Trinken. Essen und Trinken sind Handlungen, die den Menschen nicht nur in seinem Leib angehen. *Nahrung und Trank verweisen darauf, dass der Mensch nicht aus sich lebt.* Um leben zu können, müssen Menschen aufnehmen, wovon sie leben können. Das gilt für den ganzen Menschen. Auch der „innere Mensch" braucht Nahrung und Trank. Er muss Zuneigung und Trost, Ermutigung und Anteilnahme empfangen, wenn er leben soll. Brot und Wein können dabei einander ergänzende Zeichen sein. Das Brot entspricht der alltäglichen Notwendigkeit, unser Leben zu nähren. Der Wein verweist zugleich auf das Verlangen des Menschen nach Freude. Während das Brot eher das gesunde, vielleicht wohl schwache Leben nährt, ist Wein auch eine Gabe für das kranke, versehrte Leben. Die „andächtige Kommunion" besteht in einem „andächtigen Essen und Trinken", bei dem im leibhaftigen Vollzug sich der ganze Mensch der nährenden und heilenden Nähe seines Gottes anvertraut.

(3) Mahl der Einheit und des Friedens

Das Friedenszeichen des Mahles

Mit dem individuellen (wenn auch in Gemeinschaft vollzogenen) Symbolhandeln beim Empfangen, Essen und Trinken ist in der Feier der Eucharistie das gemeinsame Symbolhandeln des Mahlhaltens zu verbinden. Wo Menschen gemeinsam miteinander essen und trinken, also Mahl halten, wollen sie mehr miteinander teilen als Nahrung und Trank. Das Mahl ist auch Zeichen gegenseitiger Anteilnahme, von Mitfreude und Mitleid. Es gelingt nur, wo Menschen einander gut sind. Das Mahl ist *Zeichen der Gemeinschaft*. Getrennte Tische, an denen Menschen gegen andere sich zusammenfinden, sind Zeichen der Fremdheit oder der Feindschaft. In seinen Erdentagen achtete Jesus keine Trennungen unter den Menschen und lud alle in seine Gemeinschaft. Er erregte Ärgernis damit, dass er mit Menschen zusammen aß und trank, mit denen die Frommen nichts zu tun haben sollten. Er wollte damit zeigen, dass Gott durch ihn alle und gerade die Verlorenen sucht und mit sich versöhnen will. Dieses Werk der innigsten Vereinigung der Menschen mit Gott und der Einheit der Menschen untereinander setzt er fort im Geschenk der Eucharistie mit ihrer Symbolhandlung des Mahlhaltens.

Der *Frieden*, den die Christen am Tisch des Herrn teilen dürfen, ist nicht nur die Abwesenheit von gegenseitiger Verletzung und Zerstörung. Er meint vor allem etwas Positives. Friede – Schalom in der Sprache Jesu – meint ein Gut- und Heilwerden des Lebens in allen seinen Zusammenhängen. Wenn Christen zur Kommunion einander wünschen, dass der Friede des Herrn sie ergreife, dann meinen sie mehr als die Beendigung von Streit und Missgunst. Sie wünschen einander von Gott her auch Trost und Zuversicht, die Gewissheit seiner mitgehenden Nähe, eine alle Bitterkeiten überwindende Hoffnung und ein Leben in einem grenzenlosen Wohlwollen.

3.4 Fülle der Bedeutungen

(1) Innerer Reichtum des Geheimnisses

Die Fülle im einfachen Zeichen

Das Geheimnis der Eucharistie lässt sich mit einem geschliffenen Diamanten vergleichen, der bei unterschiedlichem Lichteinfall immer neue Farbwunder offenbart. Wenn Jesus sich in ihm für die Menschen aller Zeiten und Räume zusammenfasst, hat sie Anteil an der Lebensfülle Jesu selbst. Die Feiernden können davon immer nur das wahrnehmen und aufnehmen, wofür sie in ihren wechselnden Lebenssituationen offen sind. In der Freude schenkt die Eucharistie zwar die gleiche Gabe wie in der

Trauer. Die Beschenkten werden sie doch anders erfahren. Kranken bedeutet die Eucharistie etwas anderes als einem Paar, das seine Hochzeit feiert. Christen, die in ihr Leben aufbrechen, werden anderes entdecken als Alte, die mit der Nähe ihres Todes leben. Nicht zuletzt wird im Reichtum des Kirchenjahres vom Tisch des Wortes her eine Vielfalt von Bedeutungen der Eucharistie aufgeschlossen. Von Karl Rahner (Die siebenfältige Gabe, München 1974) wurde das folgende Bedeutungsspektrum zusammengestellt:

Hier ist das Mysterium der absoluten Nähe Gottes,

- das Geheimnis seines Christus,
- das Sakrament seines Todes,
- das Opfer seiner Kirche,
- die Kraft des Lebens,
- das Band der Einheit und der Liebe,
- die Vergebung der alltäglichen Sündigkeit,
- die Verheißung des ewigen Lebens,
- die Vorfeier der Ewigkeit,
- der neue und ewige Bund zwischen Gott und der Schöpfung,
- das Ereignis der zarten Begegnung des Herzens mit dem Gott der Herzen,
- die Annahme des Todes und des Lebens.

Aus der Fülle der Bedeutungen sind einige bereits etwas erschlossen worden: das Geschenk des Geistes (bei der Firmung), Nahrung und Stärkung, das Bleiben und Wachsen in der Christusgemeinschaft, das Mahl der Einheit und es Friedens. Die folgenden Ergänzungen sind wegen ihres Zusammenhangs mit dem Fundamentalen des Christseins ausgewählt.

(2) Danksagung

Danken

Das griechische Wort „Eucharistie" heißt „Danksagung". Die Christen kommen zusammen, um ihrem Gott auf das zu antworten, was er getan hat. Sie müssen ihm danken – immer wieder. Mit dem Aufruf zum Dank beginnt das Hochgebet in der Mitte der eucharistischen Feier. Christen danken ihrem Gott, weil sie erfüllt sind von seinem wunderbaren Handeln an ihnen und an der Welt. Sie sind ergriffen davon, wie der Vater in Jesus, seinem Sohn, ihnen und der Welt seine ganze Liebe geschenkt hat. Dieser Liebe trauen sie zu, dass an ihr wirklich alles gut werden kann. So gibt es für sie keine Erfahrungen von Sünde und Tod mehr, die – obwohl sie sehr belasten können – ihnen das Licht ihrer Freude an Gott auslöschen könnte.

Dankend und preisend auf Gott zu antworten, verbindet die Christen mit den Juden. Viele in Israel lebten und leben heute aus der Zusage, in der Freude an Gott ihre Kraft zu haben. (Vgl. Is 8,10) Danksagung meint, dass Glaubende ihrer Freude an Gott Raum in sich geben. Weil nicht sie selbst oder ihr augenblickliches Wohlergehen der Grund ihrer Freude ist, sondern die Gewissheit des guten und machtvollen Willens ihres Gottes für alles, was er geschaffen und gewollt hat, darum können alle an der Danksagung teilhaben. Auch die Beladenen, die Verwundeten und Trauernden sollen mitfeiern, damit die Hoffnung in ihnen nicht erstirbt. Gerade sie sollen erfahren, wie Gott ihnen in machtvoller Güte zugewandt ist.

(3) Das ganz andere Opfer der Kirche

Die Christen hörten mit dem Opferkult auf, den Israel mit Religionen seiner Umwelt teilte. In Israel hatte sich schon anfanghaft die Überzeugung herausgebildet, dass Gott eigentlich kein Gefallen an den vielerlei Opfern hat; ihm liegt vielmehr an Menschen, die seinen Willen tun und so sich selbst ihm darbringen. (z.B. Ps 40, 7–9) Die Christen erinnerten sich daran, wie Jesus diese Überzeugung lebte – bis in seinen Tod. (Vgl. Hebr 10,5–7) So wurde er ihr neuer Priester, der sich selbst Gott schenkte in einer Tag für Tag bis in sein Sterben gelebten Offenheit für den Willen des Vaters. Diese Hingabe Jesu wird gegenwärtig, wenn die Christen daran in der Feier der Eucharistie denken. Dies ist das Opfer der Kirche. Es ist ein ganz anderes Opfer als sonst in den Religionen. Nicht Menschen versuchen Gott mit sich durch ihre Opfer zu versöhnen. Gott beschenkt vielmehr die Versammelten mit der Hingabe seines Sohnes. Durch diese Gabe werden sie mit Gott versöhnt und erhalten sie Zugang zu Gott als ihrem Vater.

Wo Christen sich das schenken lassen, werden sie mit hineingenommen in das Leben Jesu, das Hingabe an den Vater im Dienst an den Schwestern und Brüdern ist. Das meint das gemeinsame Priestertum aller Christen. Christen werden in der Gemeinschaft mit Christus zur Gabe an ihren Gott – mit ihren Möglichkeiten und Grenzen, mit ihren Freuden und Nöten, in ihrem Leben und in ihrem Sterben. Das ist der Sinn ihrer Freiheit und das innerste Geheimnis ihrer Menschenwürde. So nennt das II. Vaticanum die Feier der Eucharistie „Quelle und Höhepunkt des ganzen christlichen Lebens". Aus ihr leben Christen in ihren Diensten aneinander. In sie hinein tragen sie ihr immer auch hinter ihrer Berufung zurückbleibendes Leben. Sie verbinden es mit der Hingabe Jesu und werden durch seinen Geist erneuert.

Das gemeinsame Priestertum: Teilhabe an der Hingabe Jesu

(4) Heilmittel für Seele und Leib

Für Menschen in schwerer Krankheit und Schuld hat die Kirche eigene Zeichen. Krankheit und Schuld können aber auch zur alltäglichen Wirklichkeit des Menschen gehören. Es gibt das Tag für Tag erfahrbare Zurückbleiben der Christen hinter ihrer Berufung. Christen können ermüden. Selbstzweifel können ihren Lebenswillen unterwandern. Dauernde oder immer wiederkehrende Schmerzen können zu ihrem normalen Leben dazugehören. Kummer und Sorgen können sie niederdrücken. In all dem dürfen und sollen sich Christen in der Eucharistie die Nähe ihres Heilandes suche. Sie dürfen und sollen es tun im Vertrauen, dass die Liebe Gottes in Jesus ein wirkliches und wirksames Heilmittel für Leib und Seele ist. Die Eucharistie ist eine heilende und vergebende Kraft, auch wenn aus ihr nicht einfach gesunde und heile Menschen hervorgehen. Menschen können doch erfahren, wie sie erneuert und aufgerichtet werden.

Heilende und vergebende Kraft

(5) Gedächtnis und Vergegenwärtigung

Mit dem Auftrag „Tut dies zu meinem Gedächtnis!" ist mehr gemeint, als dass die Christen nicht vergessen sollen, was Jesus getan hat. Durch das Gedächtnis will er selbst in seiner Hingabe immer neu gegenwärtig werden. Oben war bereits von den vier

Die wirkliche Gegenwart

Weisen der Gegenwart des Auferstandenen in der Feier der Eucharistie die Rede. Die wirkliche Gegenwart (Realpräsenz) in den Gaben von Brot und Wein kann durch zwischenmenschliche Erfahrung erschlossen werden. Menschen können Dinge als Zeichen einer Beziehung so in Dienst nehmen, dass diese Dinge dadurch mit einer neuen Bedeutung erfüllt werden. Ein Ring als Zeichen von Liebe und Treue ist nicht mehr nur ein Gegenstand. Ein Blumenstrauß, der Dankbarkeit und Verehrung mitteilen soll, ist nicht mehr nur eine Zusammenstellung botanischer Gewächse. Menschen können sich allerdings mit keinem Ring und mit keinem Strauß so gleichsetzen, dass sie ihn geben könnten mit dem Wort: „Das bin ich für dich." Eben dieses tat Jesus mit Brot und Wein, und eben dieses geschieht in der Feier der Eucharistie. Er selbst wird wirklich Gegenwart, und zwar als der, der aufgenommen werden will. Wo er als der Gegenwärtige in den eucharistischen Gaben angebetet wird – innerhalb und außerhalb der Feier der Eucharistie –, wird er als der angebetet, der sich gibt und der empfangen wird.

(6) *Zeichen des Anbruchs, der Verheißung und des Aufbruchs*

Feier in der Erwartung „bis du kommst in Herrlichkeit"

Die Versöhnung von Menschen mit Gott und ihre Vereinigung untereinander hat begonnen und wird schon hier und heute wirksam gefeiert am Tisch des Herrn. Christen können dabei erfahren, wie die Liebe Gottes sie erfüllt, stärkt und reinigt. Es bleibt die Erfahrung mit einem Anfang. Nicht in jeder Feier wird dieser Anfang gleich erfahren. Es gibt auch das Leiden an der Verborgenheit Gottes und an mangelnder Offenheit der Menschen für Gottes Nähe.

Wo der Anfang der neuen Gemeinschaft Gottes mit den Menschen erfahren wird, kann er einen „Vorgeschmack" auf die alle und alles umgreifende Freude eines Lebens ohne Tod und ohne Trennung geben. Was die Glaubenden empfangen, macht sie nicht satt. Es wird ihnen nicht schon alle Sehnsucht gestillt. Durch den Vorgeschmack ewiger Freude wird ihnen die Sehnsucht sogar am Leben gehalten und gesteigert. Sie rufen zu dem, dessen Tod und Auferstehung sie verkünden: „bis du kommst in Herrlichkeit." Darin sind sie ausgespannt auf ein Kommen ihres Herrn, in dem der unverhüllte Glanz seiner Liebe für alle sichtbar wird. Dieser Glanz wird alles erneuern und erfüllen.

Der durch diese Verheißung bereits heute wirksame Trost ist von einer resignativen Vertröstung zu unterscheiden. Die begonnene Versöhnung der Menschen mit Gott und untereinander lässt aufbrechen in eine Zukunft, in der die Menschen immer tiefer und umfassender davon ergriffen werden. Der eine Tisch, der die Menschen in der Eucharistie verbindet, drängt zur Entwicklung von Lebensweisen, in denen die Menschen solidarisch miteinander teilen. Diejenigen, die das Kommen ihres Herrn in Herrlichkeit erwarten, sind aufgerufen, sich auf seine Ankunft zu bereiten; sie müssen ihm entgegengehen.

3.5 Übungen mit Kindern auf ihrem Weg zur Erstkommunion

Die Hinführung von Kindern durch Einübungen

Ohne die Berücksichtigung konkreter Voraussetzungen ist es nicht möglich, das Konzept für einen „Kommunionkurs" zu entwickeln. Allerdings sollen zwei Aufgaben vorgestellt werden, die wohl in jedem Konzept enthalten sein müssen und die sich an dem oben für alle Erstkommunionkinder formulierten Ziel orientieren. „Übungen" werden diese Aufgaben genannt, weil es in ihnen nicht um kognitive Mitteilungen über die Hl. Messe oder die Vermittlung elementarer Glaubenslehren, sondern um den Aufbau von Haltungen und Bereitschaften, von Beziehungen und Erwartungen geht. Vor allem in (2) spielt leibhaftiges Handeln eine entscheidende Rolle. Daran sind psycho-motorische Zielsetzungen zu veranschaulichen.

(1) Die Einübung in die Gegenwart Gottes in Jesus Christus

Oben wurde als erstes mit allen Kindern zu verfolgendes Ziel formuliert: eine „saisonale" Glaubensgemeinschaft. Gedacht ist dabei an eine Kindergruppe, in der möglichst zwei Erwachsene

Kindern die Teilhabe an ihrer glaubenden Beziehung zu Gott in Jesus Christus ermöglicht. Die Kinder können in die Gemeinschaft gestufte Vorerfahrungen oder auch keine bisherigen Erfahrungen mit Gemeinschaft im Glauben einbringen. Gedacht ist zugleich an die vorzubereitende Feier der Eucharistie, die anfanghaft als Gemeinschaft im Glauben von den Kindern erfahren und mitvollzogen werden soll.

Das Zusammensein in der Gegenwart des Auferstandenen

Glaubensgemeinschaft ist „Zusammensein in seinem Namen". Das Zusammensein in der Gruppe ist zu identifizieren als ein Zusammensein eigener Art. Ihm ist von Jesus versprochen worden, dass er – wenn auch unsichtbar – da sein wird und dass mit ihm Gott da sein wird. Eine Kerze kann daran erinnern. Die Kinder müssen zur Ruhe kommen und still werden können. Die Bereitschaft, sich auf Gottes Gegenwart einzulassen, ist nicht zuletzt in der Körperhaltung aufzubauen und auszudrücken. Das muss geübt werden, ist also nicht ein für alle Mal erreicht. Auch dass man in der Gruppe einander gut ist, ist wichtig und muss durch manche Störungen hindurch öfter neu gewonnen werden. Wenn der Raum für Gottes Nähe geschaffen ist, können in ihm zwei Vollzüge geübt werden.

a) Das Hören auf sein Wort: Es muss geübt werden, biblische Geschichten so zu hören, dass in ihnen Gott der Gruppe etwas mitteilen will. Bevorzugt sind Jesusgeschichten zu wählen, um den Kindern eine Beziehung dazu zu ermöglichen, dass er es ist, in dem Gott bei uns ist und etwas von sich mitteilen will. Er ist es auch, durch den die Kinder sich die Liebe Gottes in der Kommunion schenken lassen sollen. Das Zuhören kann durch die Aktionsform gemeinsamer Bildbetrachtung ergänzt werden. Bei ihr ist zu üben, wie die Kinder ein inneres Bild von Jesus und vom Dasein Gottes in ihm aufbauen können.

b) Das Zeigegebet: Glaubensgemeinschaft ist Gebetsgemeinschaft. Elementar ist, dass die Kinder sich dem zu zeigen üben, in dessen Namen sie zusammen sind. Das Zeigegebet ist ursprünglicher als das Lob-, Dank- oder Bittgebet. In ihm tun Menschen, was Kinder gegenüber Erwachsenen ihres Vertrauens tun: Sie zeigen sich mit ihren Freuden und Nöten in der Erwartung, dass sie mit Wohlwollen angeschaut werden. Natürlich kann das Zeigegebet in ein Lob-, Dank- und Bittgebet übergehen. Mit der ursprünglichen Gebetsgeste kann das Verweilen der Kinder in der Gemeinschaft mit Jesus nach dem Kommunionempfang eingeübt werden; denn dieses Verweilen meint im Grunde, dass Menschen sich ihm zeigen, der ihnen so unsagbar nahe gekommen ist.

(2) Die Einübung der Empfangsgeste

Die innerlich gefüllte Geste des Empfangens

Der Kommunionempfang ist leibhaftiges Glaubenshandeln. Dieses ist in etwa folgenden Schritten einzuüben:

- *Wir bilden mit unserer einen Hand eine Schale*:
  Zuerst ist zu erkunden, was Menschen mit ihren Händen tun können: schlagen und streicheln, malen und zeigen usw. Wir machen eine unserer Hände zu einer Schale, mit der wir Jesus in seiner Liebe zu uns empfangen wollen. Die Kommunionsschale, auf die wir schauen, ist kostbar durch Gold. Die Schale unserer Hand wird kostbar durch unser liebendes Vertrauen zu Jesus.

- *Wir tragen die Schale der einen Hand mit unserer anderen Hand und strecken diese bittend aus*:
  Wir antworten auf Jesu Aufforderung, dass er zu uns kommen will, damit, dass wir ihm uns als Schale entgegenhalten. Wir sagen durch die auf den Kommunionausteilenden hin ausgestreckte Hand: Ich möchte dich aufnehmen, wie du dich mir schenken willst. (Manche Kinder können sich damit so schwer tun, dass man ihren Armen und Händen direkt helfen muss, sich auszustrecken und zu öffnen. Die Geste muss wiederholt geübt werden und kann sogar nach einer gewonnenen Sicherheit verschleißen, wenn daran nicht mehr erinnert wird.)

- *Wir führen mit der freien Hand ehrfürchtig das Brot zum Mund und essen in großer Ruhe entweder vor oder nach der langsamen Rückkehr zum Platz*:
  Dass es nicht um irgendein Brot geht, können die Kinder vor allem durch den Umgang mit ihm beachten. Durch Übung können sie das Vermeiden von Hast lernen und ein nicht zuletzt

leibhaftig-andächtiges Empfangen und Essen (im Unterschied zu einem eiligen Stopfen und Verschlingen).

- *Wir verweilen bei Jesus, der uns nahe gekommen ist, danken ihm und zeigen uns ihm*:
  Mit den Kindern kann erkundet werden, was ihnen zu diesem Verweilen hilft – ein Knien oder ein aufrechtes Sitzen – mit den Händen zugedeckte oder einfach geschlossene bzw. auf die Hände im Schoß gerichtete Augen. Vielen Kindern wird ein vorgeformtes Gebet helfen können. Ein sehr einfaches Beispiel dafür ist dieses:

  Ich danke dir, Herr Jesus Christ,
  weil du zu mir gekommen bist.
  Ich bete dich an, Herr Jesus Christ,
  weil du mein Gott und Heiland bist.
  Ich liebe dich, Herr Jesus Christ,
  weil du so nah und gütig bist.
  Ich bitte dich, Herr Jesus Christ:
  Lass alle Menschen, Groß und Klein
  in Frieden miteinander sein.

Wie offen Kinder dafür sind, durch den leibhaftigen Vollzug am Glauben der Erwachsenen teilzuhaben, zeigt die Beobachtung, dass viele die Erwachsenen in ihren Gesten beobachten und diese nachzuahmen versuchen. Es liegt darum mit an den Erwachsenen, ob Kinder das, was sie in der Katechese geübt haben, in der Gemeinschaft mit den Erwachsenen wiederentdecken und festigen können (z. B. das ehrfürchtige Herantreten in der Kommunionprozession). Leider ist es nicht selbstverständlich, dass ihnen die Kommunion mit eine Ruhe gereicht wird, die sie mit ihrer bewussten Geste beantworten können.

4. Das Bußsakrament

4.1 Theologische Orientierung

Ein Blick in die Geschichte des Bußsakramentes

Beim Bußsakrament soll der Wahrnehmung der Situation eine theologische Orientierung vorangestellt sein; denn erst durch theologische Differenzierungen wird deutlich, wie Veränderungen in der Praxis des Bußsakramentes einzuschätzen sind.

(1) Das primäre Bußsakrament der Kirche ist die Taufe (im Apostolicum: „Vergebung der Sünden"). Dies wird bis heute erfahrbar bei der Taufe Erwachsener. Nach ihrer Eingliederung sind die Christen zu einer dauernden Umkehr und Erneuerung ihres Lebens in der Christusgemeinschaft aufgerufen. Dem Ruf zur Umkehr können Christen in vielfältigen Formen folgen.

(2) Die sakramentale Feier der Buße war ursprünglich die Feier der Wiederversöhnung (Rekonziliation) mit den Christen, die ihrer Taufberufung so untreu wurden, dass sie damit die Kirchengemeinschaft verloren. Nach einer Zeit, in der die Büßer die Ernsthaftigkeit ihrer Umkehr deutlich machten, wurden sie wieder in die Kirche als Eucharistiegemeinschaft aufgenommen. Das Bußsakrament ist von daher als eine „zweite Taufe" oder als Erneuerung der Taufe zu verstehen: Es wird gefeiert, dass Gott dem, was er mit dem Menschen in der Taufe begonnen hat, treu bleibt, auch wenn der Mensch untreu geworden ist. Dieses Sakrament konnten die Christen nur einmal in ihrem Leben empfangen.

(3) In einer längeren kirchengeschichtlichen Entwicklung entstand die sog. Privatbeichte. Bei ihr bekennen Christen in einer nicht-öffentlichen Situation ihre Sünden und empfangen unmittelbar die Zusage der Vergebung. In dieser Form konnten und können Christen das Sakrament öfter empfangen, ja wird sogar der regelmäßige Empfang empfohlen.

(4) Dabei wird eine Unterscheidung wichtig:

a. Das Bußsakrament als Feier der Wiederversöhnung für die Christen, die das Leben in ihrer Taufberufung und damit in der Kirchengemeinschaft aufgegeben haben. Wo Christen neu zu ihrer Taufberufung finden und durch Umkehr wieder Kirchengemeinschaft suchen, werden sie im Bußsakrament in die Kirche als Eucharistiegemeinschaft wieder eingegliedert.

b. Das Bußsakrament als sakramentale Form der Umkehr und Vergebung für die Christen, die zwar als Getaufte zu leben suchen und an der Feier der Eucharistie teilhaben, die sich aber der Differenz zwischen ihrer Berufung und ihrer Lebenspraxis bewusst sind und dafür erneuernde Vergebung suchen. Diese sog. Andachtsbeichte wird Christen als eine mögliche (nicht notwendige) Form der Umkehr und Vergebung empfohlen.

4.2 Zur Situation[37]

In welche gelebte Praxis kann und soll die Katechese einführen?

(1) Der häufige, z. T. sogar sehr häufige (z. B. wöchentliche) Empfang des Bußsakramentes ging zurück vor allem durch die beiden folgenden Veränderungen:

a. Eine wachsende Zahl von Christen folgte der Einladung, bei der Mitfeier der Eucharistie an der *Kommunion* teilzuhaben. Sie gingen dann zur Kommunion, ohne – wie bei seltenem Kommunionempfang – vorher das Bußsakrament zu empfangen.

b. Eine wachsende Zahl von Christen kam zu einer *geistlichen Selbstwahrnehmung*, in der sie in ihrem bleibenden Sündersein nicht eine Aufgabe ihrer Taufberufung bzw. Trennung vom Tisch des Herrn sahen. Mit „Schwund des Sündenbewusstseins“ ist diese Entwicklung ungenau beschrieben. Wohl erfahren sich weniger katholische Christen normalerweise im „Stand der schweren Sünde“ und damit zum Empfang des Bußsakraments verpflichtet.

An die Stelle der früheren Andachtsbeichte sind bei denen, die das Anliegen der dauernden Umkehr leben wollen, vielfältige Formen der Buße getreten, z. B. die gemeinsame Bußfeier.

37 Vgl.: Umkehr und Versöhnung im Leben der Kirche; und: Grom/Kirchschläger/Koch, Das ungeliebte Sakrament (beide siehe Anhang, Nr. 9).

(2) Es erweist sich als schwierig, zu einer *erneuerten Gestalt* der Feier zu finden. Neben dem traditionellen Beichtstuhl sind mancherorts Beichtzimmer eingerichtet, in denen gewählt werden kann zwischen einer unmittelbaren Begegnung und der Anonymität eines Beichtgitters. Während in vielen Pfarrkirchen die Beichtorte weniger angenommen werden, bilden sich in immer mehr Regionen sog. Beichtkirchen (Hauptkirchen in Städten oder Klosterkirchen) heraus. Kaum aufgenommen ist die Reform, die die Feier des Bußsakramentes wieder als Liturgie, also als gottesdienstliche Feier erfahrbar machen soll.

(3) Nach Jahren, in denen in vielen Gemeinden die Kinder erst nach ihrer Erstkommunion zum Bußsakrament angeleitet wurden, ist wieder die Erstbeichte im Rahmen der Erstkommunion die Regel geworden. Kinder können nicht zum Empfang des Bußsakramentes verpflichtet werden, weil ihnen eine Entscheidung, durch die sie ihrer Taufe zutiefst widersprechen, nicht möglich ist. Wohl kann begründet werden, dass es sinnvoll ist, wenn Kinder eine anfanghafte Erfahrung mit der sakramentalen Feier der Buße machen. Wie zukunftswirksam diese Erfahrung wird, hängt davon ab, wie Kinder in eine überzeugte und überzeugende Bußsakramentspraxis von Erwachsenen hineinwachsen können.

4.3 Hinweise zum katechetischen Gespräch mit Jugendlichen und Erwachsenen

(1) Der Aufbau einer Beziehung zur Buße als christlichem Lebensvollzug

Buße als Lebenserneuerung

Keines Menschen Leben kann gelingen und sich entfalten ohne die Bereitschaft zur dauernden und von Zeit zu Zeit bewusst gesuchten Erneuerung. Es wird wohl kein Weg so konsequent gegangen, dass er nicht gelegentliche Neuorientierung braucht. Wo Menschen sich engagieren, erfahren wir normalerweise, wie sie ermüden und eine anfängliche Hingabe zurücknehmen können. Zwischenmenschliche Beziehungen sind bedroht durch Mangel an Aufmerksamkeit, durch ein Ausweichen vor den gemeinsamen Möglichkeiten oder durch Verweigerungen von Mitfreude und Mitleid. Lebendig bleiben diese Beziehungen durch immer neu gesuchte gegenseitige Zuwendung. In ihr wird zugleich auf vielfältige Weise Vergebung gelebt.

Auch in einer Glaubensgeschichte gibt es die Erfahrung, wie die Aufmerksamkeit für Gott nachlassen kann. Christen kennen es, dass sie ausweichen können vor dem, was sie als Gottes guten Willen erkannten und wie ihre Lebensart weniger von Jesus Christus als von ihrer Umwelt geprägt wird. Diese Wahrheit zuzulassen, ist nicht immer angenehm. Darum verbinden viele mit dem Wort „Buße" eher dunkle Erfahrungen. Wichtiger ist die andere Seite der Buße: dass Gott denen neues Leben gibt, die es bei ihm suchen; dass sein Geist Wunden heilt; dass seine Vergebung belastende Schuld vernichtet; dass sein Zuspruch neu auf den Weg bringt.

(2) Die Wahrnehmung des Plurals von Formen der Buße[38]

Plural der Formen

Für die Buße als dauernde und gelegentlich bewusst gesuchte Erneuerung christlichen Lebens gibt es eine Vielfalt von Formen:

- Wo Christen sich auf Gottes Wort einlassen, kann dies reinigen und vertrauter machen mit wahrem Leben.
- Die Mitfeier der Eucharistie hat vergebende Kraft und verbindet tiefer mit Jesus Christus.
- Werke der Nächstenliebe können das Herz aus seiner Enge befreien in die Weite der Liebe Gottes.
- Wo Glaubende sich ihrem Gott in einer sog. Herzensbeichte mit ihren Schwächen und Wunden, mit ihren Lieblosigkeiten und ihrer für sie selbst nie ganz durchschaubaren Angewiesenheit auf Erbarmen anvertrauen, finden sie Erbarmen und erfahren sie, wie sie daraus gestärkt und aufgerichtet hervorgehen.

38 Die Vielfalt des Bußsakraments wird insbesondere in dem Orientierungsschreiben der deutschen Bischofskonferenz herausgearbeitet: Umkehr und Versöhnung im Leben der Kirche (siehe Anhang, Nr. 9).

- Die 40-tägige Vorbereitung auf Ostern ist als Zeit der Tauferneuerung (s. oben C. II.1.4) die Zeit der Rückkehr zur „ersten Liebe“ (Offb 2,4) und des Geschenks des reinen, d. h. für Gott empfindsamen Herzens.
- In der zwischenmenschlichen Vergebung folgen Menschen dem inneren Drängen des Geistes, sich zu versöhnen, und der Geist schenkt der Vergebung unter Menschen die Kraft erneuerter Beziehung.
- Wo Gemeinden sich zur gemeinsamen Bußfeier versammeln, am Wort Gottes Orientierung suchen, ihr Sündersein bekennen und Vergebung erbitten, dürfen und sollen sie darauf vertrauen, dass ihnen Gott seine Wege zeigt und behindernde Schuld von ihnen nimmt.

(3) Die Identifizierung der sakramentalen Feier der Buße

Die sakramentale Feier

Auch wenn gegenwärtig das Bußsakrament nur ausnahmsweise als liturgische Feier ausgestaltet wird, muss doch wenigstens die Mitte dieser Feier hervorgehoben und für ihren Mitvollzug erschlossen werden. In dieser Mitte wird Christen, die sich zu ihrem individuellen Sündersein bekannt haben, das Versöhnungshandeln Gottes verkündet:

> *„Gott, der barmherzige Vater, hat durch den Tod und die Auferstehung seines Sohnes die Welt mit sich versöhnt und uns den Heiligen Geist gesandt zur Vergebung der Sünden.“*

Unter Handauflegung wird diese Versöhnung dem konkreten Christen zugesprochen:

> *„Durch den Dienst der Kirche schenke er dir Verzeihung und Frieden. So spreche ich dich los von deinen Sünden im Namen des Vaters und des Sohnes und des Heiligen Geistes.“*

Es ist die Analogie zur Taufhandlung aufzudecken. Durch das reuige Bekenntnis wird das benannt, was sterben soll – wie bei der Absage an falsches Leben bei der Taufe. Im Hinhalten des Kopfes zur Handauflegung bzw., wo dieses nicht möglich ist, in empfangender Körperhaltung, wird erneuertes Leben erwartet.

Das ist leibhaftiges Glaubensbekenntnis. Dieser glaubenden Übereignung wird statt „Ich taufe dich ...“ gesagt „Ich spreche dich los ...“, und beides geschieht „im Namen des Vaters und des Sohnes und des Heiligen Geistes“.

> Dass einzelne Christen in der Feier der Buße zu ihrer je eigenen Situation stehen und auf ihre je eigene Geschichte mit Gott dessen vergebende Treue zu ihrer Taufe feierlich zugesprochen bekommen, ist das besondere der sakramentalen Feier der Buße.

(4) Die Unterscheidung von Verpflichtung und Einladung zur sakramentalen Feier der Buße

Verpflichtung und Einladung

a) Verpflichtet sind katholische Christen zur sakramentalen Form der Buße, wo sie nicht mehr als Christen gelebt haben. Glaubensabfall dürfte in unserer Situation eher selten vorkommen. Christen können aber ihren Glauben so verblassen lassen, dass er schließlich nicht mehr lebt. Christen werden bei uns eher ausnahmsweise durch schwere Verbrechen (z. B. Mord oder Folter) gegen ihre Taufe handeln. Sie können aber in einem erkannten Gegensatz zum Evangelium auf Kosten anderer leben, ihre Nächsten durch Treulosigkeit schwer verwunden, durch Habgier unempfindlich werden für das Recht der Armen. Wo sie zur Umkehr finden, soll die Vergebung gefeiert werden. Zu denken ist dabei an das Fest, das der barmherzige Vater dem verlorenen und heimgekehrten Sohn ausrichten ließ (Lk 15).

b) Eingeladen zur sakramentalen Feier sind alle katholischen Christen, auch wenn sie in einer lebendigen Beziehung zum Gott ihres Glaubens zu leben suchen. Die sakramentale Feier kann für sie eine der Formen sein, in denen ihr Glaube, ihre Hoffnung und ihre Liebe gereinigt und mit neuem Leben erfüllt wird. Ob Christen darauf zugehen, wird von den geistlichen Erfahrungen abhängen, die sie im Mitvollzug der Feier machen können. Darum kann motivierende Kraft von Zeugnissen ausgehen, in denen Christen sich mit Erfahrungen mitteilen, wie sie durch die sakramentale Feier aufgerichtet wurden.

4.4 Die Hinführung von Kindern zum Sakrament der Buße

Mit Kindern die Freude an der Vergebung Gottes teilen

Der Streit um die Frage, ob Kinder nach ihrer Erstkommunion oder im Rahmen ihrer Erstkommunionvorbereitung zum Empfang des Bußsakramentes geführt werden sollen, ist zurückgetreten hinter dem Anliegen, ihnen in jedem Fall eine Erfahrung zu ermöglichen, in der sie miteinander die Freude an der Vergebung Gottes teilen können. Zwei Grundorientierungen können dabei leitend sein.

(1) Der Hinführung von Kindern zum Bußsakrament muss eine christliche Gewissensbildung und Bußerziehung vorausgehen.

Die christliche Gewissensbildung ist nicht auf das Kennenlernen von Sünden ausgerichtet. In ihr geht es positiv um die Entwicklung einer *Freude am Guten.*

Das Evangelium ist die frohe Botschaft, wie Gott die Menschen zu einem Leben im Frieden mit ihm und untereinander ruft und ihnen die innere Kraft und Freiheit für ein Leben im Frieden schenkt. Kinder können anfangen, ein Gespür dafür zu entwickeln, wie sie mitwirken können und sollen an einem friedvollen Miteinander. Sie können auch anfangen, ein Gespür dafür zu entwickeln, wie sie Mitschuld haben an Störungen des Friedens in der Familie, im Zusammensein mit anderen Kindern, in der Schulklasse oder auch Katechesegruppe. Manchmal können sie anfangen, ein Gespür dafür zu entwickeln, wie Gott sie in ihren Herzen zum Guten ruft und sie ihm folgen oder ausweichen. Wie Kindern solche Anfänge möglich sind, hängt stark vom Erziehungsverhalten und der Gesprächsfähigkeit der Eltern ab.

Christliche Bußerziehung meint im Blick auf Kinder das *Vertrautmachen mit kindgemäßen Formen der Buße*. Kindern ist es ganz wichtig, in guten Beziehungen mit Eltern und Geschwistern, mit anderen Kindern in der Klasse und in der Spielgemeinschaft zu leben. Sie können anfangen, Gott ihr Verlangen nach diesen guten Beziehungen bzw. ihre Trauer darum, wenn etwas nicht gut ist, zu zeigen, ihn um Hilfe zu bitten, dass es wieder gut wird, und ihm zu danken, wo er Vergebung gewirkt hat. Eine Bußerziehung, die einen kontrollierenden oder gar strafenden Gott in den Vordergrund stellt, ist nicht christlich. Christlich hat Vorrang, dass Kinder eine Beziehung zu dem Gott aufbauen, der überall darauf hinwirkt, dass Menschen durch Versöhnung zusammenfinden und Freude wie Leid miteinander teilen.

(2) Bei der Vorstellung der sakramentalen Feier der Buße soll nicht das Bekenntnis der Kinder, sondern das Geschenk Gottes herausgestellt werden.

Dazu muss im Zugehen auf den Mitvollzug des Sakramentes die Aufmerksamkeit darauf gerichtet sein, was der Priester im Auftrag Gottes tun darf und wie Christen sich dieses schenken lassen. Dazu muss geklärt sein, wie die Zusage der Vergebung konkret gestaltet sein wird. Es muss besprochen werden, wie man sich dabei fühlt, wenn einem gesagt wird, dass alles gut ist. Es muss möglichst geübt werden, in welcher Haltung man sich die Vergebung Gottes mitteilen lässt.

Das Bekenntnis der Kinder ist unter keinen höheren Anspruch zu setzen, als dass sie etwas sagen sollen, was nicht gut war und von dem sie möchten, dass es vergeben wird. Da Kinder keine Schuld auf sich laden können, die wegen ihres schweren Widerspruchs zum Christsein notwendig bekannt werden muss, sind für sie Kategorien wie „Vollständigkeit des Bekenntnisses" nicht nur unangebracht, sondern sogar gefährlich. Für Kinder, die sprachliche Schwierigkeiten haben, kann es hilfreich sein, ihnen in Beispielen eine Hilfe anzubieten, was sie möglicherweise sagen können. Wo Kinder nichts zu sagen haben (Kinder haben für ihre Schuld ein kurzes Gedächtnis und können sich in einer aktuellen Situation unschuldig fühlen), sollen sie sagen dürfen, dass da gerade nichts ist, was nicht gut ist. Sie können dann einen Segen empfangen, durch den sie die Freude mit den anderen Kindern teilen können.[39]

39 Vgl. zur praktische Hinführung von Kindern den Materialbrief GK: Umkehr, Buße und Versöhnung (siehe Anhang, Nr. 9).

5. Die Krankensalbung

5.1 Zur Situation

Von der „letzten Ölung" zur Krankensalbung

In einer einseitigen kirchengeschichtlichen Entwicklung war die Krankensalbung zur „letzten Ölung", also zu einem Sterbesakrament geworden. Die Neuorientierung, die sich im II. Vaticanum durchsetzte fand 1975 ihren Niederschlag in dem liturgischen Dokument „Feier der Krankensakramente". Darin wird die *ursprüngliche Bedeutung* des Sakramentes für Christen in schwerer Krankheit wieder unmissverständlich herausgestellt. Mancherorts wirkt noch die Tradition der „letzten Ölung" nach. Die Neuorientierung hat sich bisher vor allem im Rahmen der Krankenhausseelsorge durchsetzen können. Dies hängt u. a. damit zusammen, dass die Situation der schweren Krankheit sehr oft im Krankenhaus und selten in den Familien erlitten wird.

Die Situation der *schweren Krankheit* ist nicht allein unter medizinischer Perspektive zu beschreiben. Es ist auch zu berücksichtigen, wie der Kranke seine Krankheit existentiell erfährt. Wo immer die Krankheit zu einer bedrängenden Situation wird, in der der Kranke für die gläubige Annahme und Bewältigung dieser Situation das Sakrament als aufrichtendes Zeichen der Hoffnung suchen und erfahren kann, hat die Krankensalbung ihren Ort. Schwer ist eine Krankheit nicht erst dort, wo sie mit Todesgefahr verbunden ist.

Um die erneuerte Praxis der Krankensalbung zu fördern, steht die *Katechese* vor drei Aufgaben:

a) Die Bewusstseinsbildung in der Gemeinde:
Das katechetische Gespräch in unterschiedlichen Gruppen kann helfen, eine Beziehung zur Krankensalbung nicht erst in der Krankheitssituation aufzubauen. Auch wenn Schwerkranke sehr oft im Krankenhaus sind, geht es nicht nur um die Vorbereitung auf die sakramentale Praxis im Krankenhaus. Es muss auch miteinander gefragt werden, wo und wie in den Häusern der Gemeinde mit Schwerkranken die Krankensalbung gefeiert werden soll.

b) Das Gespräch mit Kranken und ihren Angehörigen:
Wegen der noch relativ jungen Neuorientierung bitten Kranke bzw. deren Angehörige eher selten von sich aus um das Sakrament. Darum wird im Rahmen seelsorglicher Zuwendung zu Schwerkranken danach zu suchen sein, wie ihnen und ihren Angehörigen das Geschenk der Krankensalbung nahe gebracht werden kann. Dabei kann es notwendig sein, überlieferte Missverständnisse abzubauen.

c) Katechese mit Ärzten und Pflegenden:
Damit die medizinische und pflegende Zuwendung zu Kranken nicht neben dem seelsorgerlichen Beistand bleibt, ist es in einem Miteinander der Sorge um die Kranken wichtig, dass Ärzte und Pflegende erfahren, wie die Kirche ihr Sakrament der Krankensalbung versteht und es mit den Kranken feiern möchte. In diesem Zusammenhang kann ein ganzheitliches Verständnis von Krankheit heute dafür öffnen, dass die Hoffnung, die ein Schwerkranker in einer Gemeinschaft des Glaubens geschenkt bekommt, für die Behandlung der Krankheit bedeutsam sein kann.

5.2 Theologische Orientierung

Vergegenwärtigung der Zuwendung Jesu zu den Kranken

Es darf als historisch sicher gelten, dass *Jesus* mit seiner Botschaft der nahegekommenen Herrschaft Gottes *Zuwendung zu den Kranken* und ein heilendes Wirken verband. Nicht zuletzt in Krankenheilungen wurde sichtbar, wie Gott durch Jesus seine rettende Macht gegen alle lebensfeindlichen Mächte zur Geltung bringt. Darum verband Jesus mit der Sendung der Jünger, seine Botschaft weiterzutragen, den Auftrag der Krankenheilung (z. B. Mt 10,8). Krankenheilungen waren zunächst in missionarischer Situation Zeichen, die die Predigt begleiteten. Im Jakobusbrief wird dazu aufgerufen, in Krankheitssituationen die Ältesten der Gemeinde zu rufen, damit diese über den Kranken Gebete verrichten und ihn mit Öl salben (5,14). Die Zuwendung zu den Kranken gehört hier zu den vom Evangelium inspirierten *Lebensvollzügen der Gemeinde*. Kranke gehören mit den Armen und den Sündern zu denen, denen die Sorge Gottes um ihr Leben besonders dringlich zu bezeugen ist. Dieses Zeugnis bekommt leibhaftige Gestalt in liebevoller Pflege und in sakramentaler Feier.

Die Frage nach der *Wirkung der Krankensalbung* ist zugleich die Frage nach der *Hoffnung*, mit der Kranke dieses Sakrament empfangen dürfen und sollen. Meint die Aufrichtung, um die gebetet wird, die Gesundung oder die Kraft zur Ergebenheit und zum Leiden, ein Heilwerden hier und heute oder die Ausrichtung auf ein letztes Heilwerden aus der neuschaffenden Kraft Gottes im Tode? Umgangssprachlich ist ausgemacht, woran gedacht wird, wenn von einem Schwerkranken gesagt wird, es gebe für ihn noch Hoffnung bzw. keine Hoffnung mehr. Es geht um die Aussichten möglicher Heilung, und dies zeigt, wonach der Mensch spontan verlangt: nach Wiederherstellung seiner Gesundheit. Dieses Verlangen kann und darf nicht in falscher Frömmigkeit beschwichtigt werden mit der Vertröstung auf letztes Heil. Andererseits aber ist die Hoffnung auf Gott nicht einfach zu verkürzen auf die Wiederherstellung der Gesundheit.

Feier der Hoffnung auf Gott

In der angedeuteten Spannung ist zu klären, wie der Empfang der Krankensalbung ein Ausdruck der *Hoffnung auf Gott* ist und in dieser Hoffnung aufrichtet.

> Hoffnung auf Gott meint christlich: von Gott erwarten, dass er das Verlangen des Menschen nach Heilsein sieht und mit seinen Möglichkeiten, das Leben zu heilen, beantwortet. Sie hofft, dass Gott sich als Gott für den Menschen zeigt.

In dieser Hoffnung darf der Schwerkranke seine Gesundung von Gott erhoffen; diese seine Hoffnung ist aber nicht enttäuscht und erledigt, wenn die Krankheit nicht geheilt wird. Sie erwartet weiter, dass Gott darum weiß, wie er sich als der Rettende und Heilende erweist und erweisen wird. So unterscheidet sich die Krankensalbung von fragwürdiger Gesundbeterei. Es geht um eine *Begegnung*, in der sich der glaubende Christ mit seinem ganzen Leben so dem Gott seiner Hoffnung anvertraut, dass darin auch der kranke Leib des Menschen eingeschlossen ist. Dies kann dem Schwerkranken umfassend gut tun – ob es zu seiner Heilung beiträgt oder ihn im Erleiden seiner Krankheit stärkt.

5.3 Die Symbolhandlung

(1) Die gottesdienstliche Feier

Die Symbolhandlung in der liturgischen Feier

Die frühere „Letzte Ölung" wurde als ein „Gnadenmittel" praktiziert, für dessen Vollzug vor allem die Kategorien „gültig" und „erlaubt" leitend waren. Der erneuerte Ritus der Krankensalbung lässt wieder deutlich hervortreten, dass die Krankensalbung in den Rahmen einer gottesdienstlichen Feier gehört. Der zentrale Ritus ist in einem Zusammenhang gebracht, der die Krankensalbung verdeutlichen und den Kranken wie die mitfeiernde Gemeinde für die Wirkungen des Sakramentes aufschließen wollen. Die gottesdienstliche Feier dient dabei nicht nur der zentralen Symbolhandlung, sie hat auch eine eigene Bedeutung:

> Wenn Christen mit ihren Kranken einen Gottesdienst feiern, bringen sie darin zum Ausdruck, dass sie sich immer und überall – auch in dunklen und bedrängten Zeiten – von ihrem Gott tragen lassen.

Lobpreis und Bitte, das Hören auf Gottes Wort und die Erinnerung an sein rettendes Handeln an Menschen richten einen Raum des Glaubens auf. In ihm wird das Vertrauen gestaltet, dass die Hoffnung auf Gott Licht in die menschlichen Situationen bringt. Nicht zuletzt von der Gesamtgestalt der Feier geht eine aufrichtende und stärkende Wirkung auf die Menschen aus. In diesem Zusammenhang kann auch begründet werden, dass zur Gestalt der Feier nach Möglichkeit Mitfeiernde (Angehörige, Pflegende, andere Kranke, ein Teil der Gemeinde) dazugehören, um mit ihrer Hoffnung die Hoffnung der Kranken mitzutragen und selbst in der Hoffnung gestärkt zu werden.

(2) Handauflegung und Salbung

Die *Handauflegung* ist bei der Krankensalbung eine Kontaktgeste, die Schutz und Segen vermitteln soll. Kontaktzeichen – wie z. B. das Halten der Hände – sind am Krankenbett alltägliche Erfahrung. Die Handauflegung soll im Zusammenhang des Sakramentes mehr anzeigen und vermitteln als die beistehende

Nähe des Menschen. Sie soll im menschlichen Zeichen Nähe Gottes anzeigen und schenken.

Im *Gebet über das Öl* wird ein natürliches Heilmittel für einen neuen Handlungszusammenhang in Dienst genommen: Es soll in der Salbung der Begegnung zwischen dem heilenden Gott und dem nach Heilung verlangenden Menschen dienen. Die *Salbung* ist eine Zuwendungsgeste, die die um Hilfe bemühte Zuwendung zum Menschen in Not zum Ausdruck bringt. Der glaubende Mensch, der diese Geste an sich geschehen lässt und darin sowohl seine Bedürftigkeit als auch sein Vertrauen ausdrückt, soll sinnenhaft Gottes Sorge um sich erfahren. Dazu helfen ihm die begleitenden Worte, die in sich einfach und verständlich sind, und der gottesdienstliche Zusammenhang der Feier.

> Wenn Schwerkranke sich unter Gebeten die Hände auflegen und sich mit Öl salben lassen, ist dies ein leibhaftiges Glaubensbekenntnis. Die Handauflegung und Salbung ist leibhaftige Gotteszusage: „Ich bin da – bei dir in deiner Not – und will helfen und trösten, aufrichten und stärken."

(3) Die Feier der Eucharistie als Krankensakrament

Die Beziehung zu Jesus Christus als „Heiland" in der Eucharistie

Die Krankensalbung kann im Zusammenhang mit einer Eucharistiefeier oder einer Krankenkommunion begangen werden. In dieser Situation kann die Bedeutung der Eucharistie als „Heilmittel für Leib und Seele" eröffnet werden. Die Beziehung der oder des Kranken zu Jesus Christus wird durch die Krankensalbung auf eine besondere Weise geprägt als Beziehung eines Menschen zu seinem „Heiland". Dies kann in die eucharistische Begegnung eingehen. (Bei Schwerkranken ist zu bedenken, dass die Kommunion in Gestalt des Weines für sie ein entsprechenderes Zeichen sein kann als die Teilhabe am eucharistischen Brot.)

Die Anbindung der Krankensalbung an die Eucharistie kann besondere Bedeutung bekommen, wo Kranke längere Zeit hindurch oder sogar auf Dauer an ihrer Situation leiden müssen. Gelegentlich wird in den immer wieder bedrängenden Erfahrungen nach einer Art Erneuerung der Krankensalbung gesucht. Eine Hilfe kann es sein, die Eucharistie als das Sakrament des Bleibens und Wachsens in der durch die Krankensalbung gestalteten Beziehung zu Jesus Christus als Heiland und zur aufrichtenden Kraft seines Geistes mitzufeiern.[40]

6. Das Sakrament der Ehe

6.1 Zur Situation[41]

(1) Die Ehe in unserer Gesellschaft

Gesellschaftliche Voraussetzungen für das Eheleben

Trotz der Möglichkeit, Alternativen zur Ehe zu wählen, gilt sehr vielen Paaren die Ehe als die Lebensform, die ihrer Beziehung zueinander entspricht. Der Ehe geht dabei sehr oft ein eheähnliches Zusammenleben voraus. Von der Ehe wird erhofft, dass in ihr eine lebenslange Gemeinschaft gelingt. Zugleich ist vielen Paaren bewusst, wie bedroht dieses Gelingen ist. Früher wirksame äußere Stützen der Ehe (z. B. als Wirtschaftsgemeinschaft) haben ihre Kraft verloren. Damit ist die anspruchsvolle Herausforderung gewachsen, das *personale Miteinander* in der Ehe dauernd zu suchen und zu gestalten. Einige Schwierigkeiten, die in vielen Ehen erfahren werden, seien kurz benannt:

- Die Paare können für ihre gemeinsame Lebensgestalt nur sehr begrenzt auf Tradition zurückgreifen bzw. müssen diese bewusst wählen. Einerseits sind sie freigegeben, ihre eigene Ehe zu gestalten, andererseits sind sie dabei allein gelassen.
- Die Paare kommen oft aus sehr unterschiedlichen Lebensgeschichten und müssen herausfinden, was sie in der gemeinsamen Geschichte verbinden kann und soll. Dabei steht u. a. die Frage möglicher Glaubensgemeinschaft an.
- Die ehelichen und familialen Rollen werden nicht ein für alle Mal gefunden, sondern müssen im Verlauf der Ehegeschichte

40 Zur Hinführung und Feier der Krankensalbung siehe Anhang, Nr. 10.
41 Zu Situation und Aufgabenstellung der Ehepastoral siehe vor allem: Auf dem Weg zum Sakrament der Ehe; und: Liebe in der Erlebnisgesellschaft (s. Anhang, Nr. 11).

neu aufeinander abgestimmt werden. Damit ist ein Konfliktpotential gegeben, in dem beiderseits zustimmungsfähige Lösungen gesucht werden müssen.
- Die im Vergleich zur Vergangenheit längere Dauer der Ehe verändert in den unterschiedlichen Ehephasen die jeweiligen Chancen und Schwierigkeiten des Miteinanders. Durch die höhere Lebenserwartung hat insbesondere die postfamiliale Phase der Ehe an Bedeutung gewonnen.

Die *Erwartungen*, einander in der Ehe Erfahrungen ganzheitlicher Annahme, gegenseitigen Verstehens und verlässlicher Beheimatung zu geben, sind oft sehr hoch. Wo sie nicht erfüllt werden, sind viele Paare nicht mehr bereit, eine unbefriedigende Ehe aufrecht zu erhalten. Sie suchen in einer neuen *Verbindung* zu verwirklichen, was ihnen vorher nicht gelungen ist.

(2) Die Bitte um kirchliche Trauung

Die kirchliche Trauung wird vielerorts als Dienst der Kirche gesucht.

Es ist regional sehr unterschiedlich, wie die Eheschließung mit einer kirchlichen Feier verbunden wird. Wo kirchliches und gesellschaftliches Leben noch stark miteinander verbunden sind, gehört die kirchliche Trauung noch mehr oder minder selbstverständlich zu einer Hochzeit hinzu. Wo das Leben sehr stark individualisiert und die neue Diaspora (Christen als gesellschaftliche Minderheit) Wirklichkeit ist, müssen sich Paare gegen Erwartungen ihrer Umwelt bewusst für die kirchliche Trauung entscheiden. Dazwischen gibt es ein breites Spektrum unterschiedlicher Situationen. Wo die standesamtliche und die kirchliche Trauung nicht zusammen begangen werden, ist die kirchliche Trauung in der Regel mit der Feier der Hochzeit verbunden. Darin kommt eine Wertschätzung der kirchlichen Trauung zum Ausdruck. Den Dienst der Kirche suchen hier viele Paare, die sonst wenig Gemeinschaft mit der Kirche wollen.

(3) Katechetische Aufgaben

Plurale Herausforderung der Katechese

Der kirchlichen Trauung gehen Gespräche mit einzelnen Paaren voraus. In ihnen geht es nicht zuerst um Fragen der kirchenrechtlichen Dimension der Ehe (Protokoll zur Eheschließung), sondern um die Klärung, was für die Kirche eine Ehe im Glauben meint und wie die Brautleute dies miteinander leben können und wollen. Die Glaubenssituation der Paare wird nicht zuletzt in der gemeinsamen Vorbereitung der Trauungsliturgie besprechbar.

Vielerorts wird die Teilnahme an einem *Ehevorbereitungskurs*[42] erwartet. Bei diesen Kursen stehen oft Fragen partnerschaftlichen Lernens im Vordergrund. Die Gruppen der Teilnehmenden können auf sehr unterschiedliche Weise dazu bereit sein, damit die Frage zu verbinden, wie ein christlicher Gottesglaube zum Gelingen einer ehelichen Beziehung beitragen kann. Auch wenn die katechetischen Chancen gering sind, kann doch nach Möglichkeiten eines christlichen Zeugnisses gesucht werden. Wie dieses von den Paaren aufgenommen und bei ihnen wirksam wird, muss dabei offen gelassen werden.

Katechetische Dimensionen haben die Bemühungen um *Ehebegleitung*[43], wenn es in ihnen darum geht, die Ehegeschichte auch als Glaubensgeschichte zu leben. In Ehepaarkreisen können Paare einander begleiten. In den sonntäglichen Eucharistiefeiern kann mitbedacht werden, was deren Mitfeier für das Leben in der Ehe bedeuten kann. Es gibt besondere Einladungen an Ehepaare zur Feier eines Ehejubiläums. Nicht zuletzt können Gespräche in der Eheberatung berücksichtigen, wie der Glaube der Partner Inspirationen und Energien für die Suche nach einem Weg miteinander geben kann.

6.2 Theologische Orientierung[44]

Die Ehe von Christen als Sakrament

Die Rede von der Ehe als Sakrament kann über ähnliche Erfahrungen zugänglich gemacht werden wie die oben bei der Taufe angesprochenen Erfahrungen mit der Kraft der Annahme von Kindern durch ihre Eltern. Wo Mann und Frau füreinander wichtig

42 Neben dem praktischen Materialteil bietet folgende Mappe zur Ehevorbereitung eine hervorragende Einführung: Kremser/Krieg/Kremer, Unterwegs zur Ehe. Vgl. auch: Liebe und Ehe. Grundlagen und Konzepte ... (Beide Titel siehe Anhang, Nr. 11).

43 Ein katechetisches Konzept zur Ehebegleitung hat Thomas Kiefer vorgelegt in: ders., Ehekatechese. Einen aktuellen Überblick zur Ehepastoral bietet das Themenheft Ehepastoral (siehe für beide Literaturhinweise im Anhang, Nr. 11).

44 Vgl.: Aktuelle Entwicklungen im Eheverständnis (siehe Anhang, Nr. 11).

werden, können sie darin eine über ihre Zweierbeziehung hinausreichende Kraft gegen bedrängende Selbstzweifel empfangen. Wo sie einander in Liebe und Treue annehmen, können sie einander eine verheißungsvolle Ahnung von Liebe und Treue im Grunde des Lebens schenken. In zwischenmenschlicher Liebe geht immer etwas mit vom Geheimnis der Liebe Gottes. Das gilt in besonderer Weise für die liebende Begegnung zwischen Mann und Frau. In ihr sind Menschen in ihrer menschlichen Liebe zugleich ermutigende und tröstende, aufrichtende und Hoffnung stiftende *Zeichen für das gute Geheimnis des Lebens*. Das gilt für alle treu und verlässlich gelebten ehelichen Beziehungen unter den Menschen.

Wo zwei Menschen aus ihrer *Taufberufung* heraus einander in der Ehe annehmen, sind sie nicht mehr „irgendwie" füreinander Zeichen einer Güte im Grunde des Lebens. Sie sind hineingenommen in die Sendung Jesu, für andere Menschen ein Symbol der Liebe seines Vaters zu sein. Diese Sendung geht in ihre eheliche Beziehung zueinander ein.

Christen dürfen und sollen einander in ihrer ehelichen Liebe anfanghaft Erfahrung damit schenken,

- wie erfüllend gut Gott den Menschen zugewandt ist,
- wie er sie in seiner verlässlichen Treue hält,
- wie unermüdlich er sie in seiner Vergebung sucht,
- wie zärtlich er um sie besorgt ist,
- wie stark sein Trost angeht gegen alle dunklen Traurigkeiten.

Das ganze eheliche Leben mit seinen vielen alltäglichen und seinen hervorragenden Situationen, in Gesundheit und Krankheit, im Jungsein und im Altern, in hellen und in dunklen Tagen ist das Sakrament der Ehe, Symbol für Gottes treues und liebevolles Dasein bei den Menschen und Verheißung einer Heimat ohne Abschied. Auch schon vor ihrer Trauung können christliche Paare füreinander Zeichen der Liebe Gottes sein. Zur sakramentalen Ehe wird ihre Beziehung zueinander jedoch erst, wenn sie in der kirchlichen Trauung vor Gott und der Kirche einander ihr Jawort geben und das Ja Gottes für ihren Lebensbund erbitten.

7. Die Weihe

7.1 Zur Bedeutung der Katechese zur Weihe

Die Weihe geht die Gemeinden an, für die Christen geweiht werden.

(1) Die Katechese zur Weihe betrifft nicht nur die Weihekandidaten. Sie geht auch die an, für die die Kandidaten geweiht werden. Das Amt, das mit der Weihe übertragen wird, ist immer ein Amt in einer kirchlichen Gemeinschaft. Christen werden nicht für sich selbst geweiht – um etwa als Geweihte eine intensivere „Nachfolge Christi“ zu leben. Die Weihe nimmt in Dienst für andere bzw. für ihr christliches Miteinander und Füreinander.

(2) Vom Verständnis der Weihe her werden die *Erwartungen an die Amtsträger* mitbestimmt. Wenn oben von „Pfarreien“ die Rede war, dann waren diese stark auf das Amt ausgerichtet, das in ihnen die Sakramente zu verwalten hatte. Wenn von „Gemeinden“ gesprochen wird, wird vom Amt als einer Geistesgabe unter anderen gedacht und werden entsprechend die Sakramente als Vollzüge gemeindlichen Lebens begangen, die nicht allein an der amtlichen Vollmacht für diese hängen. Wo solche Veränderungen nicht mitvollzogen werden, können Christen nach wie vor von Amtsträgern Amtshandlungen erwarten, ohne sich auf die kirchliche Gemeinschaft einzulassen, in der und für die die Amtsträger ihren Dienst zu versehen haben.

(3) Viele Pfarrgemeinden haben schon heute keinen eigenen Priester mehr. Ihre Zahl wird noch wachsen. Damit kann die Chance verbunden sein, dass der Plural der Begabungen in einer Gemeinde Raum bekommt. Es kann aber auch zur *Entfremdung vom Dienst des Priesters* kommen – bis dahin, dass Pfarrgemeinden verunsichert sind, wie wichtig für sie ihre eucharistischen Versammlungen am Sonntag sind. Die Zusammenkünfte ohne Priester zu Wortfeiern können ihnen so kostbar dargestellt werden und ihnen bei liebevoller und kompetenter Gestaltung so wichtige geistliche Erfahrungen ermöglichen, dass sie lernen, weder die Eucharistie noch den priesterlichen Dienst zu entbehren. Wo zu den hier angesprochenen Fragen nähere Orientierungshilfe gesucht wird, sei auf meine Artikelserie „Leben mit Weihemangel“ im „Anzeiger für den pastoralen Dienst“ 2000 verwiesen.

(4) Vom Verständnis des Weiheamtes her muss das Gespräch darüber geführt werden, wer vom Geist die Gaben bekommen hat, die bei der Weihe für den amtlichen Dienst beansprucht und gestärkt werden. Die Frage der *Zugänge* zum Weiheamt bleibt bedrängend, solange Pfarrgemeinden darunter leiden, dass sie keinen Priester haben. Am Gespräch über diese Fragen müssen die beteiligt werden, für die das Fehlen von Priestern eine geistliche Not darstellt. Der Priestermangel stellt sich als Weihemangel dar, wenn der Kirche geeignete Christen für den amtlichen Dienst geschenkt sind, diese aber nicht geweiht werden.

7.2 Hinweise für das katechetische Gespräch über das Weiheamt

Stufen des Amtes

(1) In der unmittelbaren Wahrnehmung wird für sehr viele das Amt des *Priesters* im Vordergrund stehen. In den Medien findet hervorgehobene Aufmerksamkeit der Papst. Es kann wichtig sein, hier zu klären, dass das eigentliche Weiheamt der Kirche das Amt des *Bischofs* ist. Der Bischof beteiligt durch die Priesterweihe eine Gemeinschaft von Helfenden (das Presbyterium) an seinem amtlichen Auftrag. Der Papst ist der erste im Bischofskollegium, weil er Bischof von Rom und darin Nachfolger der hl. Petrus ist. Es gibt keine Papstweihe. An seiner Verantwortung für die Notleidenden kann der Bischof seit dem II. Vaticanum wieder durch eine Weihe *Diakone* beteiligen. Diese werden in Dienste in der Liturgie und der Verkündigung einbezogen, damit durch sie die Sendung der Kirche für die Armen vergegenwärtigt wird.

(2) Der Bischof beteiligt nicht nur durch Weihe an seiner Sendung, sondern auch durch *Beauftragung*. So gibt es z.B. Beauftragungen für den pastoralen Dienst in Gemeinden oder für Menschen in besonderen Situationen (z.B. im Krankenhaus). Längere Tradition hat die Sendung für den Religionsunterricht (Missio). In diesem Bereich der Teilhabe am amtlichen Dienst durch Beauftragung übernehmen zunehmend auch Frauen Leitungsaufgaben.

Die Weihe als Symbolhandlung, dass die Kirche aus der „Kraft von oben“ lebt

(3) In vielen menschlichen Gemeinschaften werden Trägerinnen oder Träger des Amtes in einer Symbolhandlung in ihr Amt eingeführt, wobei sie die ihrer Aufgabe zukommenden Vollmachten übertragen bekommen. In der Demokratie werden sie vorher gewählt. Auch in der Kirche gibt es die Tradition der Wahl von Kandidaten für das Amt. Die Amtsübertragung selbst geschieht in der Kirche durch die *Weihe* und in ihr durch die *Herabrufung des Geistes*. In dieser Symbolhandlung wird die Eigenart der Kirche deutlich. Die Kirche entsteht nicht aus der eigenen Initiative und Kraft von Menschen. Die Kirche wird durch das Wort des Evangeliums zusammengerufen. Die Sendung zur Verkündigung des Evangeliums empfangen die Boten von Jesus Christus in der Mitteilung seines Geistes. Die Kirche lebt nicht von dem, was die einzelnen in sie einbringen. Sie entsteht durch das, was Gott an den Christen in ihrer Taufe und Firmung tut, und sie lebt von dem, was ihr in der Feier der Eucharistie gegeben wird. Für die Kirche ist kennzeichnend, dass sie hört und empfängt. Sie sagt sich das Evangelium nicht selbst. Sie gibt sich die Hingabe ihres Herrn nicht selber. Darum werden die, die das Amt übernehmen oder an ihm teilhaben sollen, in ihrer Weihe durch die „Kraft von oben“ ausgestattet und beansprucht, den Dienst am Wort und an den Sakramenten zu versehen. – Amtsträger sind der Kirche auf unterschiedliche Weise zugeordnet. Sie müssen sich das Evangelium immer wieder selber sagen lassen. Sie müssen immer neu aus der Gabe des Geistes in der Eucharistie leben. Sie gehören so zu der hörenden und empfangenden Gemeinde. Zugleich stehen sie ihr im Auftrag des Amtes auch gegenüber. Sie verkünden ihr das Evangelium und sie handeln an der Stelle Jesu Christi, wenn sie seine Liebe bis zum Letzten in der Hingabe seines Leibes und Blutes vergegenwärtigen.

Dienst an der Einheit

(4) Das Weiheamt hat besondere Bedeutung als *Dienst an der Einheit*. Der Bischof wird durch seine Weihe hineingenommen in das Kollegium der Bischöfe, das durch das Petrusamt des Bischofs von Rom in der Einheit gehalten wird. Dadurch steht jede Ortskirche in *Gemeinschaft* mit der Weltkirche. Die Priesterweihe nimmt in die Gemeinschaft der Priester eines Bistums auf. Durch den Priester ist so jede Gemeinde verbunden mit den

anderen Gemeinden des Bistums, und der Priester bekommt den Auftrag für die Einheit der jeweiligen Gemeinde in sich selbst. Die Einheit der Kirche in der Vielfalt ihrer einzelnen Christen, Gemeinden und Bistümer soll ein Zeichen für den Willen Gottes sein, die eine Menschheit in sich zu versöhnen.

7.3 Das Amt im Dienst an den vielen Gaben einer Gemeinde

Dienst am Plural der Geistesgaben

(1) Das Amt des Priesters in der Gemeinde darf und kann die gemeinsame Verantwortung für das Leben der Gemeinde nicht ersetzen. Dies gilt zuerst im Blick auf das *gemeinsame Priestertum*. Alle bekommen durch ihre Taufe und Firmung Anteil am Priestertum Jesu. Jesus war Priester durch seine Hingabe an den Willen des Vaters. Den Christen wird der Geist Jesu geschenkt und erneuert, damit hier und heute durch sie der gute Wille Gottes für die Menschen geschieht. Dadurch werden sie mit Christus zur Gabe, die Gott gefällt (vgl. Röm 12,1). Das ist das gemeinsame Priestertum, das auch Gabe und Aufgabe des geweihten Priesters bleibt. Sein amtliches Handeln ist nur dort geistlich gefüllt, wo er in ihm sein mit den anderen gemeinsames Priestertum lebt. Der geweihte Priester hat die Christen durch seinen Dienst der Verkündigung und in der Feier der Sakramente für ihre priesterlichen Aufgaben auszurüsten und zu stärken.

(2) In der Vielfalt der Gaben einer Gemeinde wirkt der eine Geist. Er hält die Christen in der gegenseitigen Glaubensstärkung (Maryria), im Dienst am Nächsten (Diakonia) und in der Feier der Geheimnisse Gottes (Liturgia) am Leben und fügt sie zur Gemeinde (Koinonia) zusammen. Auf dieses Geschehen der *Liebes- und Glaubensgemeinschaft* ist der *Leitungsdienst* des Priesters bezogen. Damit hängt zusammen, dass ihm das Vorsteheramt in der Feier der Eucharistie anvertraut wird. Weil die Feier der Eucharistie Quelle und Höhepunkt des ganzen christlichen Lebens ist, findet in ihr die Gemeinde mit ihren vielen Gaben und Diensten ihre Mitte. Der Priester, der dieser Feier vorsteht, braucht darum eine Beziehung zu dem Leben der Gemeinde, das in ihr zusammengetragen und aus ihr erneuert wird.

Anhang

Literaturauswahl

Zusammengestellt von Thomas Kiefer

1. Katechese allgemein und grundsätzlich

1.1 Neuere kirchenamtliche Dokumente

Allgemeines Direktorium für die Katechese. Verlautbarungen des Apostolischen Stuhls 130, hrsg. vom Sekretariat der Deutschen Bischofskonferenz, Bonn 1997.

Den Glauben anbieten in der heutigen Gesellschaft. Brief an die Katholiken Frankreichs von 1996, deutsche Übersetzung aus dem Jahr 2000, hrsg. vom Sekretariat der Deutschen Bischofskonferenz, Bonn 2000.

Sakramentenpastoral im Wandel. Überlegungen zur gegenwärtigen Praxis der Feier der Sakramente am Beispiel von Taufe, Erstkommunion und Firmung, Erklärung der Pastoralkommission der Deutschen Bischofskonferenz, hrsg. vom Sekretariat der Deutschen Bischofskonferenz, Bonn 1993.

Zeit zur Aussaat. Missionarisch Kirche sein. Schreiben der Deutschen Bischöfe, hrsg. vom Sekretariat der Deutschen Bischofskonferenz, Bonn 2000.

1.2 Arbeitshilfen und Materialien

Ball, Matthias, Zukunft der Gemeindekatechese – Gemeindekatechese der Zukunft. „Das Katechetische Wirken der Kirche" nach zwanzig Jahren neu gelesen, in Katechetische Blätter, 120. Jg. (1995), Heft 6, S. 400–407.

Biemer Günter, Symbole des Glaubens leben – Symbole des Lebens glauben. Sakramentenkatechese als Lernprozess (Taufe, Firmung, Eucharistie), Ostfildern 1999.

Bitter Gottfried/Gerhards Albert (Hrsg.), Glauben lernen – Glauben feiern. Katechetisch-liturgische Versuche und Klärungen, Stuttgart u.a. 1998.

Deutscher Katecheten-Verein, Gemeindekatechese an ihren Grenzen. Einladung zum aufrechten und aufrichtigen Dialog, in: Katechetische Blätter, 117. Jg. (1992), Heft 5, S. 268–374.

Emeis Dieter, Anleitung zum Glaubensbekenntnis. Ein Kleiner Katechismus, Deutscher Katecheten-Verein, München 2000 – überarbeitete Neuauflage der Erstausgabe 1984.

Emeis Dieter, Didaktische Analyse von Themen und Texten. Schritte der Vorbereitung auf Katechese und Religionsunterricht, Bildungsarbeit und Predigt, Deutscher Katecheten-Verein, München 1997.

Handreichung zur Sakramentenpastoral in der Erzdiözese Freiburg: Taufe, Eucharistie, Firmung. Erzbischöfliches Ordinariat Freiburg (Hrsg.), Impulse der Pastoralen Initiative Miteinander Kirche sein – für die Welt heute, Heft 6, Freiburg 1998 (Bezug: Erzbischöfliches Ordinariat, Herrenstraße 35, 79098 Freiburg i. Brsg.).

Hofrichter Claudia, Leben – Bewusstwerden – Deuten – Feiern. Rezeption und Neuformulierung eines katechetischen Modells am Beispiel „Taufgespräche in Elterngruppen", Ostfildern 1997.

Hübinger Willi, Sakramentenkatechese im Wandel. Gemeinsam neue Wege finden, Limburg 1997.

Roter Faden Sakramentenpastoral, hrsg. vom Bistum Essen, Dezernat Seelsorge, Essen o.J. (Bezug Bistum Essen, Dezernat Seelsorge – Abteilung Sakramentenpastoral, Zwölfling 16, 45127 Essen.

Schmitt Karl Heinz, Erfolgreiche Katechese. Ermutigungen für die Praxis, München 2000.

Spölgen Johannes, Zu unserem Heil. Sakramentenkatechese in kirchenferner Zeit, München 1992.

Tebartz-van Elst Franz-Peter (Hrsg)., Katechese im Umbruch. Positionen und Perspektiven, Festschrift für Dieter Emeis, Freiburg u.a. 1998.

Zimmermann Dietrich (Hrsg.), Leben – Deuten – Feiern. Eine Orientierung für Katechese und Pastoral, Deutscher Katecheten-Verein, München 1994.

2. Erwachsenenkatechese

Ball Matthias/Kaune Matthias/Koch Ulrich (Hrsg.), Werkbuch Erwachsenenkatechese. Katechese im Spannungsfeld zwischen anhänger- und kundenorientierter Verkündigung, München 1999.

Bitter Gottfried, Die zweite Bekehrung – Notwendige Erneuerung der Erwachsenenkatechese, in: Feifel Erich/Kasper Walter (Hrsg.), Tradierungskrise des Glaubens, München 1987, S. 212–221.

Blasberg-Kuhnke Martina, Erwachsene glauben, Voraussetzungen und Bedingungen des Glaubens und Glaubenslernens Erwachsener im Horizont globaler Krisen, St. Ottilien 1992.

Erwachsenenkatechese, Themenheft, Katechetische Blätter, 116. Jg. (1991), Heft 4.

Habersetzer Marianne, Leben und Glauben – ein katechetischer Weg mit älteren Menschen. Studien zur Theologie und Praxis der Seelsorge Nr. 30, Würzburg 1998.

Hinsen Peter, Spüren, dass Gott nahe ist, Katechese mit Erwachsenen, Mainz 1993.

Lutz Bernd, Perspektiven einer lebensbegleitenden Gemeindekatechese, in: Gottfried Bitter u.a. (Hrsg.), Glauben lernen – Glauben feiern, Stuttgart u.a., 1998, S. 235–252.

Nipkow Karl Ernst, Erwachsenenwerden ohne Gott? Gotteserfahrung im Lebenslauf, München (4. Auflage) 1992.

Neu- und Wiederbegegnung Erwachsener mit dem Glauben, Themenheft, Lebendige Seelsorge, 51. Jg. (2000), Heft 4/5.

3. Familie als Lernort des Glaubens

Biesinger Albert/Bendel Herbert (Hrsg.), Gottesbeziehung in der Familie. Familienkatechetische Orientierungen von der Kindertaufe bis ins Jugendalter, Ostfildern 2000.

Biesinger Albert, Gott in die Familie. Erstkommunion als Chance für Eltern und Kinder. Mit Beiträgen von Herbert Bendel und Christoph Schmitt, München 1996.

Biesinger Albert, Kinder nicht um Gott betrügen. Anstiftungen für Mütter und Väter, Freiburg, Herder 1994.

Kiefer Thomas, Damit der Funke überspringt. Eltern lassen ihr Kinder an ihrem Glauben teilhaben. in: Burkhart, Petra (Hrsg.), Kinder, Gott und die Welt, Ein Ratgeber zur religiösen Erziehung, Speyer 1997, S. 11–15.

Mit Kindern leben, glauben, hoffen. Kurs zur religiösen Erziehung im Vorschulalter – Kurspaket für die Elternbildung, AKF (Arbeitsgemeinschaft der kath. Familienbildung), Bonn o.J. (Bezug: AKF, Mainzer Straße 47, 53179 Bonn).

Roos Klaus, Mein Kind geht zur Erstkommunion. Eine Vorbereitung für Eltern, Mainz 1996.

Scheidler Monika/Emeis Dieter/Biesinger Albert, Konkurrenz zwischen Gemeindekatechese und Familienkatechese? In: Katechetische Blätter, 124. Jg. (1999), Heft 3, S. 199–206.

4. Mitarbeiterinnen und Mitarbeiter in der Katechese

Ehrenamtliche und Gemeindekatechese, Materialbrief Gemeindekatechese 2/1995, Deutscher Katecheten-Verein, München 1995.

Kiefer Thomas, Der Ehrenamtliche Dienst in der Kirche: Zeugnis für lebendige Gemeinde, in: Bischöfliches Ordinariat Speyer (Hrsg.), Charisma, Impulse für Gemeindeseelsorge im Bistum Speyer, 2. Jg., 1/2000, S 2–3.

Moser Martin/Rimmele Helena, Leben ist Begegnung. Praktisches Werkbuch für die Gemeindekatechese, Freiburg 1999.

5. Erwachsenen-Katechumenat

(Die Literaturempfehlungen zum Thema Katechumenat hat Franz-Peter Tebartz-van Elst zusammengestellt. Vgl. Kap. A.6).

5.1. Liturgische Bücher und kirchenamtliche Dokumente

Die Feier der Eingliederung Erwachsener in die Kirche. Nach dem Rituale Romanum, Studienausgabe, Überarbeitete Ausgabe zur Erprobung, Frühjahr 2001. Deutsches Liturgisches Institut, Postfach 2626, 54216 Trier.

Die Eingliederung von Kindern im Schulalter in die Kirche. Studienausgabe für die katholischen Bistümer des deutschen Sprachgebietes. Erarbeitet von der Internationalen Arbeitsgemeinschaft der Liturgischen Kommissionen im deutschen Sprachgebiet, hg. von den Liturgischen Instituten Salzburg, Trier, und Zürich, Benzinger/Herder, Einsiedeln/Köln/Freiburg/Wien 1986.

Erwachsenentaufe als pastorale Chance. Impulse zur Gestaltung des Katechumenats. Arbeitshilfe der deutschen Bischofskonferenz, hrsg. vom Sekretariat der deutschen Bischofskonferenz, Bonn 2001.

5.2. Arbeitshilfen und Materialien zum Katechumenat

Ball Matthias/Tebartz-van Elst Franz-Peter/Waibel Artur/Werner Ernst, Erwachsene auf dem Weg zur Taufe. Werkbuch Erwachsenenkatechumenat, erarbeitet im Auftrag der Zentralstelle Pastoral der Deutschen Bischofskonferenz und des Deutschen Liturgischen Instituts, Kösel Verlag, München 1997.

Ball Matthias u. a., Aussiedler fragen nach der Taufe. Erfahrungsberichte – Katechesen – Liturgische Feiern, Deutscher Katecheten-Verein, München 1995.

Tebartz-van Elst Franz-Peter (Hrsg.), Öffne uns den Brunnen der Taufe. Die Feier der Eingliederung in die Kirche, Katholisches Bibelwerk Stuttgart, 1995.

Tebartz-van Elst Franz-Peter; Handbuch der Erwachsenentaufe. Liturgie und Verkündigung im Katechumenat, Aschendorf Verlag Münster, 2001.

Video „... ich gehe zur Quelle" – Video zur Gestaltung des Erwachsenenkatechumenates. Münster 2000 (Bezug: Deutsches Liturgisches Institut, Postfach 2628, 54216 Trier, Bestell-Nr.: 7115; incl. der Begleitbroschüre „Pastoralliturgische Hilfen 18")

Werner Ernst (Hrsg.), Erwachsene fragen nach der Taufe. Eine katechetisch-liturgische Handreichung zur Gestaltung des Katechumenats, erarbeitet im Auftrag des Deutschen Liturgischen Instituts und der Zentralstelle Pastoral der Deutschen Bischofskonferenz, völlig überarbeitete Neuauflage, Deutscher Katecheten-Verein, München 2000.

6. Taufkatechese – Taufelternkatechese

Anregungen zur Taufpastoral. Erste Erfahrungen aus einer veränderten Praxis im Bistum Osnabrück, hrsg. vom Seelsorgeamt Osnabrück 1998 (Bezug: Bischöfliches Generalvikariat, Domhof 12, 49074 Osnabrück.

Lebenswende Geburt. Bausteine für die Gemeindekatechese, Materialbrief Gemeindekatechese1/94, hrsg. v. Deutschen Katecheten-Verein e.V., München 1994.

Hofrichter Claudia, Leben – Bewusstwerden – Deuten – Feiern, Ostfildern 1997. Dort insbesondere S. 219–261: Zur Neuformulierung des Modells am Beispiel „Taufgespräche in Elterngruppen".

Hofrichter Claudia, Wir möchten, dass unser Kind getauft wird. Eine Handreichung für Taufgespräche in Elterngruppen, München 1995.

Taufgespräche in der Elterngruppe, Arbeitshilfe (Manuskript) des Bistums Eichstätt, Abteilung Pastoral (Hrsg.), Eichstätt 1996 (Bezug über Bischöfliches Ordinariat, Luitpoldstraße 2, 85072 Eichstätt).

Taufkatechese, Themenheft, Lebendige Katechese, 13. Jg. (1991), Heft 2 (S. 101–171).

7. Firmkatechese

Bienemann Georg (Hrsg.), Im Geist erwachsen. Ein Werkbuch zur Firmkatechese mit Jugendlichen, Kevelaer 1992.

Hilberath Bernd Jochen/Scharer Matthias, Firmung – wider den feierlichen Kirchenaustritt. Theologisch-praktische Orientierungshilfen, Mainz, 1998.

Hofrichter Claudia/Strifler Barbara (Hrsg.), Firmvorbereitung mit Esprit, Band 1, Stuttgart 2001; Band 2 mit Firmmodellen folgt im Jahr 2002.

Remmert Hans-Joachim, Firmung vorbereiten. Ein Werkstattbuch, Freiburg, 2. Auflage 1998.

Firmung, Themenheft, Lebendige Katechese, 23. Jg. (2001), Heft 1.

Wehrle Paul, Fragen und Impulse zur Pastoral der Sakramente, insbesondere der Firmung. Freiburger Texte, Schriftenreihe des Erzbistums Freiburg Nr. 1, Freiburg i. Brsg. 1991.

8. Eucharistiekatechese

Arnold Markus, Neue Wege zur Erstkommunion. Bausteine und Modelle, Luzern/Stuttgart 1997.

Buhleier Karlheinz, Materialbuch Erstkommunion. Elternkatechese, Kinderkatechese, Gottesdienste, Mainz, 2. Auflage 1994.

Erstkommunion zwischen Gemeinde und Familie. Themenheft, in: neue gespräche, Handreichungen für Familien und Gruppen 29. Jg. (1999), Heft 5, hg. von der Arbeitsgemeinschaft für kath. Familienbildung (AKF) e.V., Bonn 1999.

Roos Klaus, Mein Kind geht zur Erstkommunion, s.o.: Familie als Lernort des Glaubens

Scharer Matthias/Niewiadomski Jósef, Faszinierendes Geheimnis. Neue Zugänge zur Eucharistie in Familie, Schule und Gemeinde, Mainz/Innsbruck/Wien 1999.

9. Katechese zum Bußsakrament

Grom Bernhard/Kirchschläger Walter/Koch Kurt, Das ungeliebte Sakrament. Grundriss einer neuen Bußpraxis, hrsg. v. Joachim Müller, Freiburg, Schweiz 1995.

Ott Rudi, Arbeitshilfen zur Bußkatechese, in: Katechetische Blätter, 116. Jg. (1991), Heft 1, S. 67–69.

Raile Markus, Das Bußsakrament in der Gemeindekatechese, in : Informationen für Religionslehrer, hrsg. vom Dezernat für Schule und Hochschule des Bistums Limburg (Postf. 1355, 65533 Limburg) 1998, Heft 1, S. 14–16.

Scharer Matthias/Hofmann Bernhard F. (unter Mitarbeit von Brunhilde Sigl), Leicht gesagt, schwer getan. Versöhnung und Vergebung im Alltag, Anregungen für die Elternarbeit in den Gemeinden, München 1990.

Umkehr und Versöhnung im Leben der Kirche. Orientierungen zur Bußpastoral, hrsg. vom Sekretariat der Deutschen Bischofskonferenz, Bonn 1997.

Umkehr, Buße und Versöhnung. Bausteine für die Gemeindekatechese, Materialbrief Gemeindekatechese 2/2000, hrsg. v. Deutschen Katecheten-Verein e.V., München 2000.

Werner Ernst, Neue Akzente zur Bußpastoral. Anmerkungen zu einer Schrift der deutschen Bischöfe, in: Katechetische Blätter, 123. Jg. (1998), Heft 4, S. 232–236.

10. Katechese zum Sakrament der Krankensalbung

Die Sorge der Kirche um die Kranken. Zu einigen aktuellen Fragen des Sakramentes der Krankensalbung. Erklärung der Deutschen Bischofskonferenz, hrsg. vom Sekretariat der Deutschen Bischofskonferenz, Bonn 1998.

Michanickel Elisabeth, In der Krankheit nicht allein gelassen. Unterrichtsskizze zum Sakrament der Krankensalbung, in: IRP-Mitteilungen, 29. Jg. (1999), Heft 1, S. 44–48 (Bezug: Institut für Religionspädagogik, Habsburgerstr. 107, 79104 Freiburg).

Seitz Dieter (Hrsg.), Krankenseelsorge in der Gemeinde – eine pastorale Herausforderung. Hintergründe, Perspektiven und Bilder, Würzburg 2001 (Bezug: Bischöfl. Ordinariat, Ständiger Diakonat, 97067 Würzburg).

11. Ehekatechese

Aktuelle Entwicklungen im Eheverständnis. AKF-Bericht Nr. 30, Bonn 1994, 136 Seiten. (Bezug: Arbeitsgemeinschaft für kath. Familienbildung, Mainzer Str. 47, 53179 Bonn).

Auf dem Weg zum Sakrament der Ehe. Überlegungen zur Trauungspastoral im Wandel, hg. vom Sekretariat der Deutschen Bischofskonferenz, Bonn 2000.

Kiefer Thomas, Ehekatechese. Ein didaktisches Modell zur Ehevorbereitung und -begleitung, Freiburg 1995 (Freiburger theologische Studien; Bd. 156).

Kremser Norbert/Krieg Monika/Kremer Franz-J./Sanders Rudolf, Unterwegs zur Ehe. Wegweiser und Bausteine für die Ehevorbereitung, Deutscher Katecheten-Verein, München 1995 – überarbeitete und ergänzte Neuauflage.

Liebe in der Erlebnisgesellschaft. AKF-Bericht Nr. 32, 1994, 76 Seiten (Bezug s.o.).

Liebe und Ehe. Grundlagen und Konzepte in Ehevorbereitung, Ehebegleitung und der Arbeit mit jungen Erwachsenen. AKF-Bericht Nr. 36, 96 Seiten (Bezug s.o.).

Lüken Christian, Auf dem Weg zu einer christlichen Ehe. Empirische Beobachtungen und ihre Herausforderung für christliches Handeln, in: Franz-Peter Tebartz-van Elst (Hrsg.), Katechese im Umbruch, Freiburg i. Brsg. 1998, S. 505 bis 512.

Ehepastoral, Themenheft, Lebendige Seelsorge, 52. Jg. (2001), Heft 1.

12. Katechese zum Weihesakrament

Branten Hubertus, Lebenskultur des Priesters, Freiburg 1998.